# 교양 고전 독서

두번째

노명우 지음

지배받지 않는 삶을 살려면
어떤 책을 읽어야 할까요?

# 고전은 꽤 괜찮은 친구입니다

책이 모여 있는 곳이라면 그곳이 서점이든 도서관이든 상관없이 그 공간만이 자아내는 독특한 분위기가 있습니다. 독서애호가라면 머물기만 해도 정신이 풍족해질 것 같은 그곳 특유의 느낌을 잘 아실 겁니다. 그래서 전 도서관 구경을 좋아합니다.

도서관에 들어가봅니다. 도서관은 개인 장서와 비교될 수 없을 정도로 많은 책을 소장하고 있습니다. 도서관 자체가 책으로 이뤄진 거대한 숲과도 같습니다. 서가가 열을 지어 있는 도서관 풍경은 산에 또 다른 산이 더해지고, 능선과 능선이 겹쳐 보이는 장엄한 산맥에서 느낄 수 있는 광경을 닮았습니다.

산책하듯 서가 사이를 걸어봅니다. 탄성이 절로 나옵니다. 서가를 거닐면 '원 플러스 원'이나 '할인특가'로 소비자를 유혹하는 대형마트의 상품 매대 사이를 걸을 때와는 뭔가 확실히 다른 설렘이 느껴집니다. 원시림에서 피톤치드 향을 느낄 수 있다면, 책

숲 길에선 책 더미가 풍기는 듯한 지혜의 향기가 납니다. 넋을 잃고 책과 책이 이어지는 서가 사이를 거닐고 있는데 돌연 이 많은 책을 다 읽어낼 수 없으리라는 절망감이 엄습합니다.

계몽주의 철학자 볼테르가 쓴 《불온한 철학사전》에는 도서관에 관한 짤막한 에세이가 실려 있는데요, 그 에세이에서 볼테르는 도서관을 찬양합니다. 도서관은 스스로 교양을 쌓고 싶은 사람 누구에게나 열려 있는 곳이며, 교양을 쌓기 위해 책을 읽으려는 사람은 도서관에서 자신이 찾는 책을 즉각 손에 넣을 수 있으니 도서관은 한마디로 공공경비가 가장 멋있고 쓸모 있게 지출된 사례라며 볼테르는 도서관을 한껏 추켜세웁니다.

그런데 볼테르도 도서관에서 우리가 흔히 느끼는 '두려움'을 마주한 적이 있었나봅니다. 처음에는 고를 수 있는 책이 너무 많아서 황홀경에 빠졌으나, 이내 어떤 책을 골라야 할지 망설여지고 이 많은 책을 다 읽어낼 수 없을 거라는 그 '두려움'을 볼테르도 알고 있습니다.

경이감이 탄식으로 바뀌는 상황을 묘사하던 볼테르 에세이의 중간 부분에 이 두려움을 다스리는 볼테르만의 노하우가 슬쩍 등장합니다. 우리를 좌절하게 만드는 장서의 수를 그는 파리의 인구와 비교합니다. 볼테르가 살던 당시 파리에는 대략 70만 명 정도가 살았던 듯싶습니다. 그는 묻습니다. 70만 명에 달하는 파리 사람 모두와 알고 지내는 것이 가능하겠느냐고요. 당연히 불가능합니다.

우리는 이 세상의 모든 사람과 친교를 맺지 않습니다. 가깝게 지내고 서로 안부를 묻고 좋은 일이 있으면 함께 기뻐하고 슬픈 일이 있을 때 그 고통을 함께하는 관계를 친구라 한다면, 아무리 사교적인 사람이라 하더라도 파리 시민 70만 명 모두와 친구가 될 수는 없습니다. 누구에게나 진정한 의미의 친구는 그다지 많지 않지요. 많다고 좋은 게 아니라 깊은 관계여야 좋은 게 친구입니다.

띄엄띄엄 아는 사람이 수백 명 있는 사람보다 제대로 된 친구가 더 중요하듯, 책을 많이 읽는 것보다는 좋은 책을 제대로 읽어내는 것이 더 본질적일 것입니다. 볼테르가 그러했듯이 도서관에 책이 파리 시민만큼이나 많다고 불평할 필요는 없습니다. 그저 수백만 권의 책 중에서 친구가 될 것 같은 책을 고르고 독서를 통해 그 책과 친구가 되면 됩니다.


**수많은 책 중에서 어떤 책만이 고전으로 분류됩니다**


세상에는 책이 정말 많습니다. 그 내용이 무엇이든 종이에 인쇄되어 펼쳐볼 수 있도록 제본된 형식을 갖추면 모두 '책'이라 부릅니다. 수많은 책 중에서 어떤 책은 '고전'이라는 이름으로 특별한 의미를 부여받습니다. 누구나 인생을 살면서 이러저러한 위기에 처합니다. 위기는 도통 답이 안 보이는 난제와도 같지요. 만약 우리가 위기를 맞았는데 주변에 현명한 친구가 있다면 당연히 그 친구에게 도움을 청할 겁니다. 친밀한 현인이 있다면, 응당 그 현인을 찾아가 인생의 난제를 풀 수 있는 지혜를 정중히 요청하겠지요. 우리 곁에 그러한 친구와 현인이 있다면 좋겠으나, 친구와 현인이 필요한 그 순간 주변에 그런 도움을 줄 수 있는 사람이 아무도 없는 경우도 있습니다. 그럴 때 우리는 주저앉아야 할까요?

우리가 인생의 위기에 당면했을 때 비록 현인은 내 주변에 없으나, 결정적인 도움을 줄 수 있는 현인이 책을 남겨 오랜 세월 동안 수많은 사람에게 정신적인 힘과 도움을 주었다면 우리는 그 책에 특별한 이름을 붙여야 할 것입니다. 그래서 우리는 그런 책에 '고전' 또는 '클래식'이라는 특별한 수사를 더해 그 가치를 기립니다.

세상의 모든 책이 아니라 그 어떤 책만 '고전'이라는 호칭을 부여받습니다. 하지만 '고전'으로 분류되는 책의 규모 역시 만만치 않습니다. 평생 '고전'만 읽는다고 해도 다 읽는 것이 불가능할 정도입니다.

세상의 모든 책을 볼테르 당시의 파리 시민이라 합시다. 그 많은 파리 시민 중 특별한 관계를 맺고 친교를 나누는 사람을 '친구'라 합시다. 우리는 '고전' 중에서도 친교를 맺기 위해 고른 '친구'와도 같은 '고전'을 또 골라내야 합니다. 책 읽기는 결코 수월한 과정이 아닙니다. '고전'이라면 두께도 두께지만 난이도도 상당한 경우가 많지요. 아무리 칭송받는 '고전'이라고 하더라도, 독자가 그 책을 읽어야 할 강력한 이유를 찾아내지 못한다면 읽는 도중 이러저러한 이유로 포기하게 될 겁니다.

'고전' 중에서도 친구로 삼을 만한 책을 또 골라내기 위해서는 읽는 사람의 절실하고 핵심적인 질문이 요청됩니다. 《교양 고전 독서》 첫번째 책에서 우리는 '더 나은 삶'이라는 질문에 대한 해답의 실마리를 찾을 수 있는 고전을 읽어냈다면, 《교양 고전 독서》 두번째 책에서는 인류의 가장 오래된 고전인 《길가메시 서사시》부터 그 어느 책보다 현대적인 질문과 고민을 담고 있는 《에코페미니즘》에 이르기까지 열 권의 책을 친구로 삼아 여러분과 함께 '지배받지 않는 삶'에 대한 성찰을 나누려 합니다. 그 책들은 쓰인 연대와 언어, 작가의 기질, 집필 당시의 상황 등이 모두 다르지만 그럼에도 불구하고 삶을 살면서 친구로 삼을 만한 책이라는 점에서는 공통적입니다.

**지배받지 않는 삶을 핵심질문 삼아**
**함께 읽을 열 권의 책을 골랐습니다.**

고전은 종교 경전이 아닙니다. 고전은 어디까지나 우리에게 자극을 주는 책이어야 합니다. 막스 베버는 《직업으로서의 학문》이라는 책에서 일상의 '삶'에 긍정적인 기여를 하는 학문이 참된 학문이라 했고, 학문의 사명은 지식 자랑이 아니라 사고의 방법을 배우는 것이라 했습니다. 21세기의 우리는 삶 속으로 들어가 삶에서 책을 읽어야 하는 이유를 찾아내고, 고전 읽기로 얻는 통찰을 다시 삶의 실질적 개선을 위한 수단으로 삼아야 합니다.

교양의 목적은 어디까지나 삶에서 지향해야 할 바의 방향과 옳고 그름을 판단할 수 있는 분별력을 높이는 것입니다. 21세기의 교양독자는 우리 모두를 위한 더 나은 삶의 실마리를 찾고자 고전을 읽습니다. 교양은 학벌과 일치하지 않습니다. 교양은 우리 삶의 곳곳에 뿌리를 내리고 있는 다양한 형태의 차별적 사유에 의한 왜곡을 뿌리뽑고 성찰을 게을리하지 않으며 다 함께 인간 향상이라는 오래된 노력의 여정에 동참하는 행위입니다.

그렇기에 친구로 삼기 위해 고른 열 권의 책에 담긴 메시지를 그저 외우려 하지 마시고 그 친구와 대화를 나누며 친구의 이야기를 경청하며 친구와 함께 생각한다는 느낌으로 읽어주시기 바랍니다. 우리에겐 열 명의 친구가 생겼으니, 우리의 교양으로 고전 읽기를 본격적으로 시작해보겠습니다.

# 차례

# 1

인간의 운명에 맞서는
고대의 방법을 배웁니다

《길가메시 서사시*Epic of Gilgamesh*》,
기원전 2000년경 추정

김산해, 《최초의 신화
길가메쉬 서사시》,
휴머니스트, 2020.

앤드류 조지, 《길가메시
서사시》, 공경희 옮김,
현대지성, 2021.

46억 년 전, 상상조차 할 수 없는 먼 과거인 그때 지구가 탄생했습니다. 한참의 세월이 흐른 후인 약 20만 년 전, 호모 사피엔스가 지구에 등장했죠. 언어학자들의 추정에 의하면 호모 사피엔스는 10만 년 전부터 언어를 사용하기 시작했다고 합니다. 언어가 있었기에 각자의 생각을 교환할 수 있었고, 생각에 생각이 더해져 지식이 등장했고, 그 지식의 총량은 집단생활의 장점에 힘입어 눈덩이처럼 커졌습니다. 호모 사피엔스가 지구상의 다른 생명체를 압도하는 우월한 지적 능력을 발전시켜나갈 수 있었던 것도 그 때문입니다.

발생순서로 보자면 말은 글보다 앞섭니다. 언어는 생겼으나 문자가 채 발명되지 않아 구술성에 의존해 의사소통해야 하는 상당히 오랜 기간이 있었습니다(여기에 대해서는 《교양 고전 독서》 첫번째 책에서 다룬 월터 옹의 《구술문화와 문자문화》 편을 참고하시기 바랍니다). 구술의 세계는 나름의 장점이 있습니다. 목소리는 생생합니다. 현장감도 있습니다. 말의 형식으로 상대에게 전달되는 음성언어엔 감정도 실을 수 있습니다.

고대 헬라스(우리는 그 나라 사람이 부르는 이름을 존중하자는 의미에서 영어식 표현인 그리스 대신 헬라스라는 표현을 사용하고 있습니다)의 음유시인은 아주 오래전에 벌어진 트로이아 전쟁을 후대의 사람들에게 말로 전했습니다. 음유시인은 자신의 기억에 의존해 아킬레우스의 분노를 그리고 장례를 치를 수 있게 아들 헥토르의 시신을 건네달라는 프리아모스의 간절한 호소를(이 역시 《교양 고전 독서》 첫번째 책의 《일리아스》 편을 참고해주세요) 귀로 듣는 청중에게 입으로 전합니다. 그런데 음유시인이 세상을 떠나면 구술성의 세계 속 트로이아 전쟁 이야기도 사라질 위험에 처합니다. 이야기의 소멸을 막으려면 말을 기록하여 저장할 수 있는 수단이 필요합니다. 그 수단이 문자입니다. 말의 한계를 극복하려는 인간의 노력은 문자라는 인류 최초 미디어의 발명으로 귀결되었습니다.

말이 문자로 기록되어 글이 되면 공간적, 시간적, 생물학적 한계를 뛰어넘어 후대에까지도 전달될 수 있습니다. 사람의 생각을 글로 적은 것을 폭넓은 의미의 문학이라고 정의한다면, 인류의 가장 오래된 문학의 자취는 박물관의 유물에서 찾아낼 수 있을 것입니다. 인류의 가장 오래된 문학을 만나러 런던의 영국박물관British Museum으로 가보겠습니다.

인류의 가장 오래된 문학의 자취를 만나러
영국박물관 55번 방으로 갑니다

　그레이트 러셀 거리Great Russell Street 쪽에서 영국박물관의
주출입구로 들어가면, 유리 지붕이 덮여 있어 변덕스런 런던의
날씨로부터 방문객을 보호해주는 대중정Great Court이 나타납니
다. 그 유리 천장에서 쏟아져내리는 자연광 덕택에 영국박물관
의 방문객은 관람을 시작하기 전, 실내이지만 야외인 듯한 묘한
느낌을 주는 대중정의 카페에서 차를 마시며 숨을 고를 수 있습
니다. 잘 알려진 것처럼 영국박물관은 매우 넓기에 둘러보기 전
에 체력관리 차원에서 제대로 배를 채우는 걸 잊지 말아야 합니
다. 저도 그랬습니다. 도착하자마자 설렘을 뒤로하고 카페에서
샌드위치부터 먹었습니다. 곧 인류 역사의 아주 먼 시간 속으로
의 여정을 시작해야 하니까요.
　영국박물관에 관람객이 가장 붐비는 곳은 대중정의 왼쪽에
있는 이집트 전시실일 것입니다. 이집트 상형문자 해독의 계기를
준 로제타Rosetta 석과 람세스 2세Ramesses II 입상이 있는 4번 전
시실엔 사람이 어찌나 북적이는지 관람객을 피해 유물 사진을
찍는 게 불가능할 정도입니다. 각종 미라가 가득한 61번 방을 지
나 재빨리 위층으로 올라갑니다. 영국박물관에서 제가 가장 사
랑하는 전시실은 55번 방입니다.
　아래층과 달리 위층은 상대적으로 관람객이 늘 적습니다. 워
낙 큰 박물관이어서 1층부터 방의 순서대로 유물을 보기 시작

대홍수 토판, 영국박물관 소장.

한 관람객은 55번 방쯤에 오면 체력이 고갈되었는지 전시 유물에 별 눈길을 주지 않으며 통과하기에 바쁩니다. 그렇지만 책을 좋아하는 분이라면, 인류 최초의 문학이 궁금한 분이라면 55번 방을 무심히 지나쳐서는 안 됩니다. 그 55번 방에는 현재의 북이라크 지역에 있었던 도시 니느웨Nineveh에서 발견된 쐐기문자 토판이 전시되어 있습니다. 유독 한 개의 토판이 별도의 유리 진열장에 보관되어 있습니다. 그 토판을 들여다봅니다. 물론 토판에 새겨진 문자를 읽을 수는 없습니다. 하지만 다행스럽게 현대

영어로 쓰인 전시품 설명을 통해 우리는 그 토판의 정체를 알 수 있습니다.

영국박물관의 안내문에 따르면 이 토판의 이름은 '앗슈르바니팔 왕의 홍수 토판King Ashurbanipal's Flood Tablet'입니다. 기원전 7세기경에 제작된 것으로 추정되는 이 토판이 발견되었기에, 현대인은 우르 제1왕조의 왕 길가메시에 관한 서사시의 존재를 알게 되었습니다.

길가메시는 기원전 2900-2700년 사이에 재위한 것으로 추정되는 우루크의 왕이었습니다. 길가메시는 정말 오래전 사람입니다. 우리가 잘 알고 있는 사람들과 비교해볼까요? 히브리족의 조상인 아브라함은 기원전 2100년에 태어납니다. 아시리아제국이 등장한 게 기원전 2450년(추정), 함무라비가 메소포타미아 지역을 통일한 맹주로 등장하여 바빌로니아제국의 왕위에 오른 게 기원전 1792년입니다. 모세는 기원전 1260년경(추정)에 이집트에서 탈출했습니다. 히브리족의 다비드가 최초로 이스라엘왕국을 건립한 때가 기원전 1000년, 호메로스가 구전으로 전해지던 트로이아 전쟁 이야기를 서사시로 기록한 게 기원전 800년이니, 길가메시는 멀고 먼 과거의 사람입니다.

## 그 모든 것은 영국박물관 55번 방의 토판으로부터
## 시작되었습니다

 우루크의 왕 길가메시가 죽고 난 이후 그의 행적을 다룬《길가메시 서사시》는 수메르인의 고대 언어인 수메르어로 기록되었습니다. 《길가메시 서사시》의 기록 역사를 살펴볼 때 먼저 주목해야 하는 두 명의 왕이 있는데요. 첫번째 왕은 슐기Shulgi 왕입니다. 기원전 2094년에서 기원전 2047년에 재위했던 우르 제3왕조의 왕입니다. 슐기 왕은 필경학교를 다녔습니다. 지금의 대학에 해당되는 필경학교에서 학생들은 축축한 점토를 눌러서 납작하게 서판으로 만드는 법, 그 위에 선을 긋는 법, 그리고 끝이 뾰족한 갈대로 흔적을 새겨넣는 법을 배웠습니다. 슐기 왕은 출중한 실력을 뽐내는 학생이었다고 합니다. 필경학교에서의 경험으로 슐기 왕은 왕위에 오른 후 열렬한 예술과 학문의 후원자로 자리 잡았습니다. 메소포타미아 문명의 고대도시 우르Ur와 니푸르Nippur에 도서관도 설립했다고 알려졌지요.
 두번째로 기원전 669년에서 627년 사이 아시리아제국의 왕이었던 앗슈르바니팔(성경 이름 오스납발, 에스라 4:10)을 기억하는 게 중요합니다. 앗슈르바니팔이 통치하던 당시 니느웨는 아시리아제국의 수도이면서 당대 세계에서 가장 큰 도시였습니다. 앗슈르바니팔의 아버지 에사르하돈Esarhaddon(기원전 680-669 재위)은 문자의 힘을 일찌감치 알아챈 사람이었습니다. 장남의 사망으로 인해 갑작스레 왕세자의 자리를 앗슈르바니팔이 물려받게 되자 아버지 에사르하돈은 문학교육을 강화했습니다. 새 왕세자가 고급 글쓰기 기술을 갖추어야 제국을 통치할 수 있는 힘을 갖게 된다고 생각하고 앗슈르바니팔을 교육하기 위해 당대 최고의 필기 교사를 섭외했습니다. 문학교육을 체계적으로 받은 앗슈르바니팔은 최초의 왕이자 동시에 작가인 사례입니다.

앗슈르바니팔은 이집트를 정복하고 아시리아제국을 확장했을 뿐만 아니라 문자의 귀함을 누구보다 잘 알고 있었기에 서기를 고용하여 옛 텍스트를 필사하고 소장하는 도서관을 지었습니다. 앗슈르바니팔은 고전으로 전해지던 길가메시 이야기를 매우 좋아했다고 합니다. 앗슈르바니팔이 기원전 7세기 인물이니, 그의 기준으로 봤을 때 길가메시는 고대 인물이죠.

그 어느 것도 세월을 버틸 수 없습니다. 수메르어와 쐐기문자의 고대 문명 메소포타미아 지역도 영원할 수 없었지요. 앗슈르바니팔이 활동하던 당시 수메르어는 구어로는 사멸되었지만 문어로는 필경학교에서 여전히 사용되고 있었습니다. 당시 필경학교 학생들은 아카드어로 쓰는 법을 익히려면 사어死語가 된 수메르어를 아카드어로 번역하면서 아카드어로 읽고 쓰는 법을 배웠다고 합니다. 앗슈르바니팔은 당대의 기준으로 고대 문학에 관심이 많았습니다. 특히 길가메시 이야기를 매우 좋아해서 수메르어 길가메시 이야기를 아카드어로 옮겼고, 별도의 도서관을 만들어 고대 문학이 새겨진 토판을 보관했습니다.

도서관에 수장되어 있던 토판은 아시리아제국의 멸망과 함께 통째로 묻혔습니다. 그러다 1842년 프랑스의 고고학자 폴-에

밀 보타Paul-Émile Botta가 티그리스 강변 모술 부근의 니느웨 발굴을 시작했습니다. 1843년 보타는 왕궁터에서 쐐기문자 토판을 발견했지만, 쐐기문자에 대한 지식이 없었기에 토판의 가치를 알아채지는 못했지요.

한편 1839년 식민지 행정관으로 부임하기 위해 실론으로 향하던 영국인 오스틴 헨리 레이어드Austen Henry Layard는 중동을 가로질러 가게 됩니다. 1840년 그는 모술에 도착해서 현지인이 님루드Nimrud(성경 이름은 갈라calah)라 부르는 지역에서 아시리아제국의 유적을 알게 되고 매료됩니다. 님루드는 앗슈르바니팔 2세(기원전 883-859 재위)가 아시리아제국의 수도로 삼았던 곳이지요. 1845년 그는 님루드에서 땅을 파기 시작해서 에사르하돈 왕궁에서 석조 패널을 발굴했고, 1846년부터는 앗슈르바니팔 궁전을 발굴했습니다.

센나케립Sennacherib(기원전 705-681 재위, 성경 이름은 산헤립)은 아시리아제국의 수도를 님루드에서 니느웨로 옮겼는데, 1847년부터 니느웨 발굴에 착수한 레이어드와 그의 현지 파트너 아시리아 학자 호르무즈드 라삼Hormuzd Rassam은 1850년 센나케립 왕궁을 발굴하던 중 토판 무더기를 발견합니다. 라삼은 영국박물관의 의뢰로 발굴을 계속하다가 1853년 앗슈르바니팔 북쪽 궁전에서 또 다른 토판 무더기를 찾아냈습니다. 기원전 612년 메디아와 바빌로니아 동맹이 니느웨를 침략하여 아시리아제국이 몰락하면서 파괴된 왕궁과 함께 땅속에 2500년 가까이 묻혀 있던 앗슈르바니팔 도서관이 세상에 존재를 드러낸 것이죠.

1850년과 1853년 발견된 토판은 영국박물관으로 옮겨졌습니다.

영국박물관에서 아시리아제국의 유물이 전시되자 폭발적인 반응을 얻었습니다. 거대한 입상으로 표현된 아시리아제국의 수호신 라마수(인간의 머리를 하고 사자의 몸통에 새의 날개를 지닌 상상의 존재)를 보고 관람객은 고대 제국의 위용을 느끼며 넋을 잃었습니다. 아시리아제국의 사자 사냥 풍경을 담은 부조도 놀랍습니다. 앗슈르바니팔이 단검으로 사자의 목을 찌르는 장면을 담은 부조는 현대인의 관점에서 보더라도 놀랍기만 합니다. 그가 용맹한 군주였음을 보여주기에 충분하지요. 죽어가는 사자의 표정을 새긴 부조의 미학적 완성도는 혀를 내두르게 할 정도입니다. 토판에 문자로 적힌 내용이 무엇인지 모른다면, 라마수 조각이나 사자 사냥을 담은 부조에 비해 토판은 그저 그런 유물처럼 보입니다. 하지만 그 토판에 눈을 돌린 한 사람이 있었습니다.


조지 스미스가 대홍수 토판을 해독했다고
세상에 알렸습니다


1872년 12월 3일, 세계를 깜짝 놀라게 한 발표가 있었습니다. 영국박물관의 연구원 조지 스미스George Smith는 영국박물관에 소장되어 있던 호르무즈드 라삼이 발견한 토판을 분석하고 해독한 내용을 세상에 알렸습니다. 2만4천 개에 달하는 엄청난 규모의 토판 더미 중에서 토판 하나를 해독해낸 것이지요. 그가 해독했다고 발표한 내용은 다음과 같습니다. 신들이 분노하여 인간을 멸종시키기 위해 홍수를 일으키겠다고 결정합니다. 창조의 신 에아Ea(수메르어로는 엔키Enki)가 우트나피쉬팀Ut-napishtim(히브리 이름으로는 노아Noah)에게 홍수가 도래할 것이니 배를 준비해 피하라고 알리죠. 우트나피쉬팀은 자신과 동물들이 탈 수 있는 배를 만들고 대홍수에서 유일하게 살아남습니다. 우리에게 너무나 익숙한 이야기 아닌가요? 맞습니다. 성경에 등장하는 노아의 대홍수 그 이야기입니다. 대홍수 이야기는 인류의 가장 오래된 문학인 《길가메시 서사시》의 일부분입니다.

1871년 독일인 하인리히 슐리만Heinrich Schliemann이 고대 트로이아 유적을 발굴함으로써 트로이아라는 도시가 실제로 있었음을 알게 된 흥분이 채 가라앉지 않았던 때인데, 조지 스미스의 대홍수 토판 해독은 현대인이 그 존재조차 모르고 있던 고대 문학이 있음을 알리는 신호였습니다. 조지 스미스의 발표 이후 라마수와 사자 사냥 부조의 인기에 눌려 별 관심을 끌지 못하던 토판 더미가 주목받기 시작했습니다. 앗슈르바니팔 도서관에 소장된 토판의 인류사적 의미가 확인된 순간이었지요.

조지 스미스의 아카드어 판본 해독 이후 고대 언어에 대한 지식이 축적되면서, 1923년에 이르면 그간의 연구 성과가 하나둘 결실을 맺기 시작합니다. 고대 수메르어의 문법구조가 밝혀지자 다른 언어로 개작된 《길가메시 서사시》가 아니라 수메르어로 쓰인 《길가메시 서사시》 판독작업은 1930년대부터 가능해졌습니다. 수천 년 전의 이야기가 현대인에게 전해지는 마법이 펼쳐진 것이지요. 아시리아제국의 왕 앗슈르바니팔이 토판에 새겨넣은 메시지가 수천 년의 세월을 견디고 살아남아 20세기의 인류에게 전달되는 순간이었습니다. 《길가메시 서사시》는 문자가 있었기에 가능했던 그 마법의 다른 이름입니다.


번역본이 많은 고전은
어떤 판본으로 읽어야 할까요?


길가메시 이야기는 수메르어로 기록된 토판뿐만 아니라 아카드어로 기록된 토판으로도 전해집니다. 여러 언어로 전해진 길가메시 파편을 학자들이 체계적으로 분류하여 하나의 판본으로 완성해가는 중입니다. 한국어 번역본은 두 종류가 있습니다. 하나는 국제적인 길가메시 표준 판본으로 통용되는, 앤드류 조지 Andrew George가 편집한 판본의 한국어 번역본으로 현대지성 출판사에서 나왔습니다.

앤드류 조지는 이렇게 설명합니다. "《길가메시 서사시》의 경우, 새 텍스트 발굴이 계속된다는 점이 다르다. 70년 전만 해도 40개 이하의 원고(필사본)로 텍스트를 재구성해야 해서 이야기에 큰 구멍들이 있었다. 하지만 이제는 복구한 원고가 갑절로 늘어나 구멍이 훨씬 줄었다."(현대지성, 343쪽) 앤드류 조지는 《길가메시 서사시》는 호메로스의 《일리아스》나 《오뒷세우스》와 다르다고 강조합니다. 《일리아스》《오뒷세우스》는 완성된 판본 형태가 지금까지 전해지고 있지만 《길가메시 서사시》의 완성된 판본은 없다는 것이죠. 토판이 또 발견되고 해독이 증가함에 따라 이야기는 더 풍부해질 수도 있을 가능성을 앤드류 조지는 열어놓습니다. 《길가메시 서사시》를 화재로 반만 남은 두루마리 원고처럼 봐달라고요. 온전한 본문으로 읽을 수 있는 헬라스어 및 라틴어 걸작과 비교하지 말고 불완전하고 단편적인 원고지만 언젠가 다시 살아날 유골처럼 받아들여야 한다고 현대의 독자에게 청합니다. 그는 이야기의 어느 부분이 불완전한지 어느 부분이 해독이 안 돼 있는지를 현대의 독자가 알 수 있도록 해주는 편집이 중요하다고 판단했습니다.

앤드류 조지 판본에는 텍스트 없이 점으로 표시된 부분이 적지 않게 등장합니다. 아직 해독 안 된 부분, 토판의 물리적 훼손이 심해 읽을 수 없는 부분입니다. 토판을 복원한 후 해독한 부분도 어디인지 알 수 있도록 했습니다. 해독은 했으나 학자들 사이에 의견이 일치하지 않거나 해독이 아직은 모호해서 달리 해석될 수 있는 여지가 남은 부분도 숨기지 않습니다. 앤드류 조지 판본은 읽다보면 마치 부분부분이 훼손되어 읽어낼 수 없는 깨진 토판을 손에 쥐고 읽는 느낌이라면, 휴머니스트 판본은 깨진 토판을 잘 봉합하여 균열이 잘 느껴지지 않도록 매끈하게 번역되어 있죠. 앤드류 조지가 현대의 편집자로서 느끼는 유혹을 뿌리친 반면, 휴머니스트 판본은 현대 독자의 가독성을 염두에 두고 있습니다.

두 번역판의 장단점은 서로 엇갈립니다. 그렇기 때문에 제일 좋은 건 한국어 두 개 판본을 비교하면서 독서의 목적에 걸맞은 쪽을 독서의 주된 판본으로 삼는 것이지요. 학술적 목적에 충실한 독자라면 앤드류 조지 판본 번역이, 매끄럽게 줄거리를 이해하고 싶은 분이라면 휴머니스트 번역본이 좋습니다. 저는 내용의 전개에서는 휴머니스트 판본을 따르면서도 한국어 판본이 어떤 토판과 연결되었는지를 알아내기 위해 앤드류 조지 판본을 병행해 읽었습니다.

길가메시 서사시는
호메로스 서사시의 원형 격입니다

이쯤 되면 인류의 가장 오래된 문학, 지금으로부터 수천 년 전의 우루크의 왕 길가메시는 어떤 삶을 살았고 어떤 경험을 했길래 그의 이야기가 수천 년 후인 우리에게까지 전해지게 되었는지 궁금하실 거예요. 이제 우리는 《길가메시 서사시》 안으로 들어가겠습니다. 수메르 신화에 따르면 인간이 만들어지기 전 세상에는 신만 있었다고 합니다. 신의 세상에도 계층이 있었다고 하네요. 낮은 계층의 신은 높은 계층의 신을 공양하기 위해 힘든 노동을 맡았습니다. 노동에 지친 신은 이럴 바에야 노동을 대신할 인간이라는 별도의 존재를 만들어내자고 꾀를 냈습니다. 그렇게 만들어진 인간이기에, 인간은 신을 봉양하기 위해 태어난 것입니다.

수메르의 각 도시에는 그 도시가 받드는 신이 있습니다. 그 신을 모시는 신전은 도시에서 가장 중요한 공공시설입니다. 길가메시의 도시 우루크는 신들의 아버지 아누Anu(수메르어로는 안An)와 사랑과 전쟁의 여신 이쉬타르Isthar(수메르어로는 인안나Inanna)를 모십니다. 아누와 이쉬타르의 거처가 에안나Eanna인데요, "구릿빛 광채로 번쩍거리는 바깥벽"과 "그 무엇도 모방할 수 없는 안벽" 그리고 "장구한 세월의 돌계단"(휴머니스트, 65쪽)을 자랑하는 그 에안나는 길가메시의 지휘하에 지어졌습니다.

영국박물관 55번 방 토판에 기록되어 있는 대홍수로 인해 메소포타미아 남부지역의 도시 슈르파크Suruppak(현재의 텔파라Tell Fara)가 몰락한 이후 급부상한 도시 키쉬Kish는 우루크와 패권을 두고 전쟁을 벌입니다. 우루크의 왕 길가메시는 키쉬의 아가 왕을 제압하며 "홍수가 휩쓸어버린 신성한 곳들을 되돌려놓은 자"(휴머니스트, 68쪽)로 우루크의 영웅이 됩니다.

우루크의 길가메시는 "모든 왕을 압도할 정도로 거대한 풍모"(휴머니스트, 67쪽)를 지녔습니다. 그는 "모든 다른 이를 능가"합니다. 그는 "3분의 2는 신이었고 3분의 1은 인간이어서 그의 형체는 어느 누구와도 같을 수"(휴머니스트, 70쪽) 없습니다. 그의 아버지 루갈반다Lugalbanda는 인간이지만 어머니는 야생 암소의 여신 닌순Ninsun입니다. 길가메시는 인간과 신 사이에서 태어난 반신반인半神半人의 존재입니다. 《교양 고전 독서》 첫번째 책에 수록되어 있는 《일리아스》 편이 연상되지 않으시나요? 아킬레우스가 길가메시처럼 반신반인이었지요. 아킬레우스의 어머니는 테티스 여신이고 아버지는 인간이었습니다.

반신반인 길가메시는 독보적 존재입니다. 엄청난 장신의 거인입니다. 게다가 외모까지도 출중합니다. "성난 이마, 들소의 눈, 청금석 수염, 보리 같은 머리털, 멋진 손가락의 소유자였다. 어른이 되었을 때 그의 남성미는 완벽했으며 세상 최고의 남아였다."(휴머니스트, 71쪽) 길가메시는 한 인간이 가질 수 있는 모든 것을 가진 특출난 존재입니다.

## 처음부터 길가메시가 완벽한 존재였던 것은 아닙니다

길가메시는 "광활한 땅 위에 있는 모든 지혜의 정수를 본" 사람입니다. "모든 것을 알고 있었고, 모든 것을 경험했으므로 모든 곳에 능통했던 자"(휴머니스트, 63쪽)입니다. 그런데 길가메시는 처음부터 우리가 아는 그 길가메시였던 것은 아닙니다. 《일리아스》에 등장했던 아킬레우스의 변신을 연상시키는 구조입니다. 아킬레우스는 《일리아스》의 초반부에 싸움은 잘하지만 자신의 감정을 통제하지 못한 미성숙한 존재로 등장하지요. 트로이아 전쟁을 통해 아킬레우스는 영웅의 면모를 갖춰갑니다. 아킬레우스의 변신 과정, 그것이 《일리아스》의 핵심이었는데, 길가메시도 처음부터 위대한 사람은 아니었어요. 영웅이 아니었던 길가메시를 우리가 알고 있는 길가메시로 만들어준 것은 그의 여정에 있습니다.

길가메시는 민중을 돌보지 않는 폭군이었습니다. 우루크에 성을 쌓겠다고 민중을 강제로 동원했습니다. 강제동원 노동에 지친 민중의 원성이 자자합니다. 민중은 창조의 여신 아루루Aruru에게 탄원합니다. 당신들이 우리를 이렇게 힘들게 하는 길가메시를 만들어냈으니 책임을 지라는 것이죠. 길가메시에 대항할 수 있는 '짝'을 만들어달라고 부탁합니다. 그런 '짝'이 있어야 폭군의 지배에 신음하고 있는 우루크에 다시 평화가 찾아들 것이라는 민중의 탄원이 일리 있다고 판단한 신들의 아버지 아누가 신들의 어머니 아루루에게 길가메시의 '짝'을 만들자고 제안합니다. 아루루는 "손을 물에 넣고 씻고서 찰흙을 떼어낸 후 그것을 대초원에 뿌려"(휴머니스트, 77쪽) 길가메시를 견제할 수 있을 정도로 키가 크고 힘이 센 엔키두Enkidu를 만들었습니다.

엔키두는 신체적 능력은 뛰어났지만 문명화되지 않은 야만적 존재였습니다. 이쉬타르의 여사제 샴하트Shamhat가 야만적 엔키두의 개화를 담당하지요. 샴햐트는 엔키두를 성에 눈뜨게 합니다. 엔키두가 유아적 존재에서 성숙한 존재로 변신합니다. 샴하트는 성숙해진 엔키두에게 과제를 부여합니다. 엔키두는 폭군 길가메시의 우루크로 가야 합니다. "당신은 지혜로워졌어요. 엔키두, 이제 당신은 신처럼 되었어요. 왜 야수들과 그렇게 거친 숲속에서 뛰어다니는 거죠? 자, 이리 오세요. 내가 견고한 성벽으로 둘러싸인 우루크로 당신을 모시고 갈게요. 아누와 이쉬타르의 신선한 신전으로 길가메시가 사는 곳으로 모시고 갈게요."(휴머니스트, 87쪽) 그리고 마치 길가메시에게 닥칠 운명을 예견하듯

"인생의 **기쁨과 슬픔을 한껏 지닌** 길가메시를 보여"(휴머니스트, 91쪽, 강조는 인용자)주겠다고 장담하지요. 우루크의 모든 것을 다 가지고 있는 길가메시에게도 인생의 슬픔이 있을까요?

　엔키두가 우루크로 오고 있는 사이 길가메시는 꿈을 꿉니다. 어머니인 야생 암소의 여신 닌순에게 꿈의 해몽을 부탁하죠. 닌순은 아들 길가메시의 꿈을 이렇게 해독해줍니다. "이것은 동료를 구하는 강한 친구를 의미한다."(휴머니스트, 98쪽) 어머니의 해몽을 통해 길가메시는 자신의 친구가 될 엔키두가 우루크로 오고 있음을 알게 됩니다. 길가메시가 이렇게 답합니다. "제게 친구인 동시에 조언자인 사람을 얻게 되기를 기원합니다! 저는 동료가 필요합니다!"(휴머니스트, 98쪽) 그럴 법합니다. 최고 권력자는 외롭습니다. 주변 사람들은 그의 권력이 무서워 복종하지만 그의 진실한 친구이지는 않습니다. 권력자 주변엔 아부꾼이 있을 뿐 조언자를 찾기 힘들죠.

　엔키두가 우루크에 도착했습니다. 마침 결혼식이 벌어질 예정이었는데, 길가메시는 자신의 무소불위의 권력으로 결혼식을 앞둔 신부를 자신이 먼저 취하겠다며 이른바 초야권 행사를 선포했습니다. 우루크에 도착한 엔키두는 한 사내가 황급히 걸음을 재촉하는 것을 봅니다. 그 사연이 궁금하여 그 남자에게 물었더니, 그 남자는 이렇게 답합니다. "사람들이 초대한 곳으로 갑니다. 예식을 치르는 집으로요. 그곳으로 그가 끼어듭니다! 혼례의 일상적인 관례는 무시됩니다! 도시는 그가 쌓아놓은 망신으로 가득 차 있습니다! 그가 강요하는 이상한 풍습으로 도시 사람들은 저항할 힘을 잃었습니다."(휴머니스트, 104쪽) 엔키두는 초야권 자체를 받아들일 수 없습니다. 야생의 존재로 태어났던 엔키두는 이미 샴하트에 의해 문명개화된 존재로 변모했기에 신성한 결혼을 훼방하는 초야권은 야만입니다. "참을 수 없는 일이다! 나는 우루크성으로 갈 것이다! 길가메시를 만나야겠다. 그의 못된 짓을 끝장내겠다!"(휴머니스트, 105쪽) 엔키두는 길을 나섭니다. 사람들은 길가메시만큼이나 키가 큰 엔키두라는 '짝'을 통해 우루크가 폭군 길가메시로부터 해방되기를 기대합니다. 우루크의 모든 사람이 엔키두에게 몰려오고, 그가 어떻게 길가메시의 '짝'이될지 기대하며 지켜봅니다. "이상한 풍습으로" "저항할 힘을 잃"은 도시 우루크의 운명은 엔키두에 달려 있습니다. 초야권을 행사하러 가는 길가메시가 등장하자 엔키두가 길을 막습니다. 엔키두는 발로 결혼식장의 문을 가로막고 길가메시가 들어가지 못하게 합니다. 둘은 "혼례를 올릴 집의 문 입구에서 서로 맞잡고 젊은 황소처럼"(휴머니스트, 106쪽) 겨루었는데 엔키두가 승리해 길가메시의 초야권 행사를 막아냅니다.

무릎을 꿇은 길가메시는 그의 '짝'을 친구로 받아들입니다. 사실 길가메시는 친구가 없었습니다. 모든 사람이 그를 두려워할 뿐 그와 친구가 되려는 사람은 없었지요. 길가메시는 엔키두를 통해 우정의 의미를 깨닫습니다. 우정을 모르던 길가메시가 우정까지 알게 되었으니, 길가메시는 진정 모든 것을 다 가진 인간이 되었습니다. 샴하트가 예언했던 '인생의 슬픔'은 아직 길가메시를 덮치지 않은 것 같습니다.

## 길가메시는 영웅이 되고 싶습니다

길가메시에겐 영웅이 되어 자기 이름을 영원히 남기고 싶은, 그래서 신과 같은 존재가 되고 싶은 욕심이 있었습니다. 그는 우루크에 나무가 부족함을 눈여겨봅니다. 우루크로부터 아주 먼 곳에 나무가 무성한 삼목산이 있는데, 그 산에 가서 나무를 베어 우루크로 가져오면 자신은 그 어느 누구도 해내지 못한 위업을 달성한 영웅이 되리라 생각하지요. 삼목산에는 신들이 삼목산을 지키도록 만든 훔바바Humbaba라는 정령이 있습니다. 길가메시는 필멸의 삶으로부터 벗어나고자 합니다. 그는 이렇게 결심하지요. "신들은 샤마쉬와 함께 영생을 누리는 반면 인간의 수명은 이미 정해져 있거늘. 사람이 무엇을 해본들 일순간의 바람보다 더 하겠는가. 그대마저 죽음이 두려운 것이지. (중략) 내가 쓰러지면 난 나의 이름을 알릴 걸세. 그러면 사람들이 '무시무시한 훔바바와 대결한 길가메시'라고 말할 테니 (중략) 내가 삼나무를 베어야겠어. 나의 이름을 영원히 알려야겠어."(휴머니스트, 114-115쪽)

《교양 고전 독서》 첫번째 책에서 읽었던 아리스토텔레스의 《니코마코스의 윤리학》을 기억의 서가에서 다시 꺼내보겠습니다. 아리스토텔레스는 성격적 탁월함의 조건으로 '중용'을 강조했지요. 사람은 비겁해서는 안 됩니다. 꿈이 없어서도 안 되지요. 한 번 사는 인생 살면서 자기 이름을 남기고 싶다는 길가메시의 야망은 그 자체로는 비난의 대상일 수는 없습니다. 그렇지만 아리스토텔레스가 '중용'의 의미를 물었듯이, 비겁하지 않아야 한다고 해서 무모한 만용이 정당화되는 것은 아니지요. 삼목산 정벌이 만용이 되지 않기 위해서는 정당성을 갖춰야 합니다. 하지만 삼목산 정벌을 원하는 단 한 가지 이유는 자신의 이름을 떨치고 싶다는 욕심뿐입니다. 삼목산 정벌이 길가메시에게는 자신의 야망을 이루기 위한 수단에 불과한 것이지요.

길가메시는 자신의 유일한 친구 엔키두에게 동행을 청합니다. 엔키두는 삼목산 정복은 신의 의지에 반하는 일이라며 거부합니다. 길가메시는 고집을 피워 자신과 함께 떠나기를 권하죠. 명성을 남기고 싶은 길가메시는 엔키두와 함께 삼목산으로 먼 여행을 떠나, 삼목산을 지키고 있는 혼령인 훔바바를 죽이고 나무를 벱니다. 신들이 분노합니다. 삼목산을 지키는 혼령 훔바바를 신이 만들었는데 인간 길가메시가 훔바바를 죽였으니, 용서할 수 없다며 훔바바를 죽인 사람을 벌하기로 결정하지요.

길가메시와 엔키두 둘 중 한 명은 죽어야 하는데, 신들은 엔키두의 죽음을 선택합니다. 길가메시의 단짝 엔키두의 죽음, 뭔가 또 떠오르는 게 있으시죠? 맞습니다. 《일리아스》의 영웅 아킬레우스와 아킬레우스의 단짝 파트로클로스의 죽음입니다.


## 길가메시는 엔키두의 죽음을 받아들일 수 없습니다


길가메시는 엔키두의 죽음을 받아들이지 못합니다. 파트로클로스의 죽음을 대하는 아킬레우스를 보는 듯합니다. 길가메시는 절친을 잃었습니다. 감당할 수 없는 슬픔이 그를 엄습합니다. 엔키두를 죽음으로 몰고 간 것은 사실 길가메시입니다. 그가 삼목산 정복이라는 만용을 부리지 않았다면, 유일한 친구 엔키두의 만류에 귀를 기울였다면 엔키두의 죽음을 초래하지는 않았을 것입니다. 유일한 친구를 죽음에 이르게 한 원인이 자신에게 있음을 부인할 수 없는 길가메시는 세상 어느 것과도 비교할 수 없는 절망을 느끼지요. "내가 당신에게 **인생의 기쁨과 슬픔**을 한껏 지닌 길가메시를 보여"(휴머니스트, 91쪽, 강조는 인용자)주겠다는 샴하트의 예언이 이것이었나봅니다.

파트로클로스의 죽음으로 거의 미친 사람이 된 아킬레우스처럼 엔키두를 죽음으로 이별한 길가메시는 실성한 상태에 빠집니다. 견딜 수 없는 오랜 슬픔의 시간이 지난 후 길가메시는 엔키두의 장례식을 성대하게 치릅니다. "길가메시는 여명의 한 줄기 빛 속에서 일어나 보물 창고의 봉인을 제거하고, 그의 친구 엔키두를 위해 홍옥수와 금 같은 보물을 옮겼다. 소와 양을 잡아 친구를 위해 쌓았으며, 저승의 지배자들에게 고기를 바쳤다. 길가메시는 여명을 받으며 진귀한 나무로 만든 멋진 탁자를 갖고 나왔다. 홍옥수 병에 꿀을 채워 넣었고, 청금석 병에 버터를 채워 넣었다. 그는 샤마쉬 앞에 그것들을 펼쳐 놓았다. 장례식이 열리고 있었다."(휴머니스트, 230쪽)

《교양 고전 독서》 첫번째 책에서 읽었던 잠바티스타 비코의 《새로운 학문》을 다시 끄집어내봅니다. 비코는 모든 문명은 시간과 공간의 거리로 인해 각각 개별적으로 등장했지만, 모든 문명을 관통하는 공통점으로, 문명적 존재는 인간의 출생을 축하한다는 점, 혼례를 엄숙하게 거행한다는 점, 그리고 죽은 사람을 장례라는 의례를 거쳐서 매장한다는 점을 지적한 바 있습니다. 엔키두는 위험에 빠져 있던 결혼이라는 의례를 문명의 상태로 되돌려놓았습니다. 그 행위에 의해 문명적 존재가 된 길가메시는 엔키두를 그냥 보낼 수 없어서 자신의 모든 진귀한 보물을 이용해 장례식을 치릅니다. 이미 수천 년 전의 수메르인들은 인간을 문명으로 이끄는 의례의 중요성을 실천하고 있었던 것이지요.

장례를 성대하게 치른다고 친구의 죽음으로 인한 슬픔에서 벗어날 수는 없습니다. 친구의 죽음은 자신 또한 죽을 수 있다고 생각하게 합니다. 처음 느끼는 공포입니다. 가장 가까운 사람을 죽음으로 잃을 때 비로소 죽음이 실감 나는 게 인간입니다. 죽음은 이제 길가메시에겐 추상적 기호가 아니라 두려움을 불러일으키는 현실입니다. "나는 죽을 것이다! 나도 엔키두와 다를 바 없겠지?! 너무나 슬픈 생각이 내 몸속을 파고드는구나! 죽음이 두렵다."(휴머니스트, 259쪽)


인생의 슬픔을 잔뜩 짊어진 길가메시는
죽음의 필연성이라는 질문에 답을 찾는 여정을 시작합니다


길가메시는 죽음이라는 인간의 운명을 피할 수 있는 방법을 찾으러 떠납니다. 길가메시 여정은 대홍수에서 살아남은 우트나

피쉬팀을 만나, 그에게 영생의 비법을 묻기 위함이지요. 방랑 끝에 마슈샤 산 입구에서 만난 전갈 부부에게 길가메시는 자신이 방랑하는 목적을 설명합니다. "나는 나의 조상 우트나피쉬팀 때문에 왔소이다. 그는 신들의 회합에 참석했고, 영생을 얻었소. 삶과 죽음에 대해 그에게 꼭 물어봐야겠소!"(휴머니스트, 262쪽)

　　바다 끄트머리에서 여인숙을 지키는 씨두리Siduri라는 사람이 있는데요. 길가메시가 우트나피쉬팀을 만나겠다고 하니 씨두리는 우트나피쉬팀을 만난 사람은 없으니 단념하라 합니다. 씨두리에게 길가메시가 호소합니다. 엔키두의 죽음을 이야기하며 반드시 우트나피쉬팀을 만나야 한다고요. "6일 낮, 7일 밤을 나는 그를 위해 애도했소. 나는 그의 코에서 구더기가 떨어져 나올 때까지 그를 땅에 묻도록 허락하지 않았소. 나는 그의 모습 때문에 무서웠소! 죽음이 두려워지기 시작했고, 그래서 대초원을 방황하고 있는 것이오. 내 친구의 죽음이 부는 난제가 나를 압박했소! 그런 이유로 나는 대초원 구석구석에 긴 행적을 남기며 방황하고 있었소. 내가 어떻게 조용히 있을 수 있겠소. 내가 어떻게 가만히 있을 수 있겠소! 사랑했던 나의 친구는 흙으로 돌아갔소. 나도 그처럼 되지 않겠소? 나도 누워, 다시는 결코 일어나지 못하지 않겠소? (중략) 하지만 오, 여인숙을 돌보는 여인이여. 내가 내가 당신 얼굴을 보았기에 내가 죽음을 보지 않게 해주시오. 나는 그것이 정말로 무섭소!"(휴머니스트, 271-272쪽)

　　씨두리는 길가메시가 찾고 있는 영생의 방법은 세상에 존재하지 않는다고 말합니다. 신이 인간을 창조할 때 "인간에게는 필

멸의 삶을 배정했고, 자신들은 불멸의 삶을"(휴머니스트, 272쪽) 가
져갔다는 것이지요. 죽는다는 것이 인간 됨이고 죽지 않는 것이
신임을 뜻하니, 운명을 받아들여야 한다고 충고합니다. 길가메시
는 씨두리의 조언에도 불구하고 단념하지 않습니다.

우트나피쉬팀 역시 길가메시에게 영생의 길은 인간에게는 허
락되지 않는다며 포기하라고 합니다. "죽음의 형상은 그 무엇으
로도 표현할 수 없도다! 바로 그것이다. 너는 인간이다! 범인이든
귀인이든, 꼭 한 번은 인생의 종착역에 도착하고, 하나처럼 모두
모여든다."(휴머니스트, 290쪽) 신들이 자신을 신으로 만들어줬기
때문에 영생하는 것이지 인간으로서 영생하는 게 아니니, 인간
인 당신은 영생의 꿈을 포기해야 한다고 단호하게 말합니다. 허
탈하게 돌아가려는 길가메시에게 그가 슬쩍 솔깃한 이야기를 흘
리지요. "길가메시, 너는 심히 지친 상태로 이곳에 왔다. 네 땅으
로 돌아가는 네게 무엇을 선물할고? 네게 비밀을 말해주겠다. 길
가메시, 음… 무언가 하면… 식물이 하나 있는데… 가시덤불 같
은… 그 가시는 장미처럼 네 손을 찌를 것이다. 네 손이 그 식물
에 닿으면 너는 다시 젊은이가 될 것이다!"(휴머니스트, 310쪽)

영생의 방법은 없지만, 그 풀을 구하면 다시 젊은이가 될 수
있다니 길가메시가 그 말을 놓칠 리 없습니다. 바다 깊은 곳까지
내려가 겨우 그 풀을 구해 우루크로 돌아가려는 순간 샘을 발견
합니다. 샘에서 길가메시가 목욕을 하는 동안, 뱀 한 마리가 그
식물의 향기를 맡고는 다가와 그 식물을 채가지고 달아납니다.
길가메시는 그 자리에 펄썩 주저앉아 울고 있습니다. 그의 뺨에

눈물이 흘러내렸습니다.

신비의 풀은 뱀이 가져갔습니다. 다시 젊은이로 되돌아갈 수 있는 방법은 없습니다. 그는 다시 돌아왔습니다. 그의 귀향은 아무 소득도 없는 허탈한 결말이었을까요? 《길가메시 서사시》의 첫 번째 토판을 다시 읽어보겠습니다. "그는 세상 모든 곳을 둘러보았으나 우루크성으로 돌아왔다. 긴 여정이었고, 피로에 쌓여 몹시 지쳐 있었다. 그가 돌아오자 곧장 이 이야기를 돌에 새겼다."(휴머니스트, 71쪽) 길가메시는 돌에 무엇을 새겼을까요?

## 길가메시는 자신의 여정에서 얻은 깨달음을 우루크의 성벽에 새깁니다

길가메시는 죽었습니다. 누구나 그러하듯 길가메시 역시 죽음을 피해갈 수 없습니다. 저도 언젠가는 세상을 떠날 것이고, 여러분도 영생하지는 못할 것입니다. 우루크의 성벽에 길가메시는 무엇을 새겼을까요? 문자를 새겼겠지요. 돌아오는 여정에서 무엇인가를 깨달았기에 그는 우루크에 도착하는 즉시 숨도 돌리지 않고 새겼을까요?

영생을 다시 생각해봅니다. 진시황도 불로초를 찾으려 갖은 노력을 했지만 그도 세상을 떠났습니다. 현대의 진시황, 테크놀로지의 힘으로 필멸의 한계를 벗어나고자 냉동보존술을 추구하는 트랜스휴머니스트transhumanist는 개별로 영생할 수 있을까요? 엔키두가 죽었고, 길가메시도 죽었고, 우루크의 성벽을 쌓았던 민중도 죽었듯이 인간은 모두 죽습니다. 개별자로 영생하겠다고 몸부림치면 때론 측은하기도 합니다. 철학자 버트런드 러셀Bertrand Russell은 그게 무엇이든 자신만의 일에서 성취를 이룬 노인이 죽음을 두려워하는 것은 천박하고 비열하기까지 하다고 말하면서, 두려움을 극복하는 최선의 방법은 자신의 삶을 공적인 것으로 만드는 것이라 했습니다. 자신의 삶을 공적으로 만들면 우리의 에고는 조금씩 뒤로 물러나 결국 우리의 삶이 우주적 생명과 하나가 될 것이라며, 그는 개별적인 존재를 멋지게 강에 비유했지요. 각자의 강은 소중합니다. 하지만 강은 강이기에 하류에 도달할 수밖에 없고, 하류의 끝엔 바다가 있지요. 개별적 존재가 강이라면 인류라는 종은 그 모든 개별적 존재가 도달하는 공동의 목적지가 아닐까요? 러셀이 말했듯이, 나이가 들었을 때 자신이 인간이라는 종의 일원임을 잊지 않는 사람은 죽음을 두려워하지 않을 것입니다. 개별적인 존재는 소멸되어도 인류가 이룩한 소중한 것은 지속될 테니까요.

인간은 개별자입니다. 우리는 각자의 인생을 최선을 다해 살아냅니다. 인간은 개별자를 지칭하는 개념이자 동시에 종의 개념입니다. 방랑을 떠나기 전만 하더라도 길가메시는 개별의 영원성을 꿈꿨습니다. 자신이 경험했던 모든 이야기를 돌에 새기면서 길가메시는 깨달았겠죠. 인간이 영생할 수 있는 단 하나의 방법이 있는데, 개별의 영생은 불가능하나 종으로서 영생은 가능하다는 점 말입니다. 또한 필멸의 개별자가 자신의 생각을 문자로 기록하여 남기고, 그 문자로 기록된 필멸의 개별자의 생각을 후대의 누군가가 읽어준다면, 그리하여 과거의 쓰기와 현대의 읽기가 만난다면, 생각이 문자를 통해 죽지 않고 후세로 이어진다면 그것이 영생이겠지요. 그래서 《교양 고전 독서》 첫번째 책에서 다룬 《무깟디마》에서 이븐 칼둔은 글쓰기를 인간의 고귀한 기술의 하나로 꼽았던 것일 거고요.

길가메시는 죽었으나 그의 이야기가 담긴 《길가메시 서사시》는 영생하고 있습니다. 수메르 문명도 영원하지 못했고, 우루크도 사라졌고, 그 우루크의 왕 길가메시의 이야기를 좋아했던 아시리아제국의 왕 앗슈르바니팔도 죽었고, 그가 궁전을 지었던 도시 니느웨도 모래 더미에 파묻혀 있지만, 수천 년 동안 모래 더미 아래 있던 길가메시가 수천 년의 공백을 뚫고 20세기에 기적처럼 되돌아와, 21세기 그곳으로부터 수천 킬로미터나 떨어져 있는 현대 한국의 독자가 《길가메시 서사시》를 읽고 있으니, 이 과정 자체를 영생이라는 단어 이외의 또 무엇으로 표현할 수 있을까요? 현대의 독자인 우리가 읽는 행위를 통해 우리는 인간이라는 종이 불멸의 존재가 되는 것에 간접적으로 기여하고 있는 셈입니다.

진시황이 찾았던 불로초는 없습니다. 길가메시가 우트나피쉬팀으로부터 들었던, 늙은이를 젊은이로 되돌려놓은 그 신비의 풀도 없습니다. 우리가 《길가메시 서사시》를 읽고 있는 한, 《길가메시 서사시》에 관해 이야기하는 한, 인간이라는 종은 영생하고 있는 것입니다. 인간이 영생할 수 있는 방법을 묻는다면, 당신이 언젠가 영국박물관에 갈 기회가 생긴다면 55번 방에 꼭 들러 '대홍수 토판'을 봐달라고 부탁드리고 싶습니다. '대홍수 토판'은 인간이 영생할 수 있는 유일한 비밀이자 인간이 지금까지 영생해왔음에 대한 증거가 아니겠습니까?

참고·인용 문헌
김산해, 《최초의 역사 수메르》, 휴머니스트, 2021.
마틴 푸크너, 《글이 만든 세계》, 최파일 옮김, 까치, 2019.
버트런드 러셀, 《나는 무엇을 위해 살아왔는가》, 최혁순 옮김, 문예출판사, 1971.

＊ 이 장의 인명과 지명은 휴머니스트 판본의 표기법을 따랐으나, '길가메시' '아시리아' 등 국립국어원의 국어사전에 등재된 단어들은 예외로 했습니다. 인용문의 표기도 국립국어원의 외래어표기법으로 통일했습니다.

# 2

# 오뒷세우스는
# 자연 지배적 주체의 원형입니다

호메로스Homeros,
《오뒷세이아Odysseia》, 기원전 800년경 추정

호메로스, 《오뒷세이아》,
김기영 옮김, 민음사,
2022.

호메로스, 《오뒷세이아》,
이준석 옮김, 아카넷,
2023.

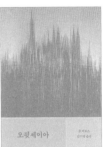

　인류의 가장 오래된 문학 《길가메시 서사시》를 통해 우리는
기록의 힘을 다시금 절감했습니다. 기록의 위대함에 대한 증거에
관한 한 빼놓을 수 없는 작품이 호메로스의 서사시이지요. 기원
전 1200년경 벌어졌던 트로이아 전쟁. 도시 트로이아는 파괴되어
땅속에 묻혀 사라졌지만 그 전쟁에 참여했던 인물의 이야기가
현대의 독자에게까지 전해질 수 있는 것은 전적으로 구두로 전
해지던 전쟁 이야기가 기원전 800년경 호메로스에 의해 문자로
쓰였기 때문입니다. 길가메시가 우루크로 돌아와 성벽의 돌에 자
신의 깨달음을 새긴 뒤 수메르인은 토판에 쐐기문자로 길가메시
이야기를 새겨넣었고, 호메로스는 양피지 두루마리를 사용해 트
로이아 전쟁 이야기를 써넣었다는 차이만 있을 뿐 《길가메시 서
사시》와 호메로스의 서사시는 문자로 기록되어 '영생'을 얻었다는
것을 증명하기에 부족함 없는 사례입니다. 길가메시의 귀향이 단

순한 되돌아옴이 아니라 영생의 비법을 깨닫는 성찰의 시간이었던 것처럼, 사람을 완전히 바꾸어놓을 수 있는 경험의 터전이기도 합니다. 우리가 두번째로 읽을 책은 트로이아 전쟁에 참여했던 오뒷세우스의 귀향을 기록한 《오뒷세이아》입니다.

## 《일리아스》를 읽었으니
## 《오뒷세이아》를 안 읽을 수 없지요

《교양 고전 독서》 첫번째 책에서 《일리아스》를 통해 트로이아 전쟁에 참가한 여러 장수의 사연과 고대 헬라스인의 명예에 대한 관념을 맛볼 수 있었습니다. 《일리아스》만 읽고 그만둔다면 기독교(헤브라이즘)와 더불어 서양문명의 토대를 구성하고 있는 헬레니즘 이해에 도달할 수 있는 문턱에서 멈추는 꼴이니 《일리아스》를 읽은 김에 《오뒷세이아》까지 읽어내려 합니다.

책과 책은 이어집니다. 한 책을 읽으면 그 책에서 받은 자극에 의해 그다음에 읽어야 할 책이 꼬리를 물고 따라옵니다. 그래서 독서는 평생의 습관이 되어야 하나봅니다. 헬라스 문명을 제대로 이해하는 것은 현재의 서양문명을 이해하는 첫걸음이라고 말씀드렸습니다. 하지만 헬라스 문명 모두를 이해하는 데 적지 않은 시간이 들 테니, 가장 쉬운 방법을 찾아본다면 그 문명이 낳은 대표적인 고전 읽기가 아닐까 합니다. 그런 맥락에서 우리에게 호메로스의 서사시가 있어서 다행입니다.

호메로스의 서사시 《일리아스》와 《오뒷세이아》는 당연히 헬라스 사람에게 행위의 옳고 그름을 따지는 데 중요한 준거틀이지만 서양적 사유의 전통을 이해하기 위해서는 기독교와 더불어 피해갈 수 없는 서양적 사유의 뿌리입니다. 서양적 사유는 수용하든 비판하든 상관없이 헬레니즘과 기독교 위에 펼쳐지기 때문이지요.

## 트로이아 전쟁을 다룬다는 점은 같지만 《일리아스》와 《오뒷세이아》의 분위기는 사뭇 다릅니다

《오뒷세이아》는 《일리아스》와 마찬가지로 서사시입니다. 서정시는 개인의 감정을 시로 읊은 거지만 서사시는 집단의 감정을 담고 있습니다. 서사시는 서사시를 수용하는 집단 정체성 형성과 관련된 매우 중요한 문화적 텍스트입니다.

호메로스가 실제로 존재했던 한 사람이었느냐 여부는 학자에 따라 의견이 갈리는 논쟁적 사안입니다. 그 문제는 여기서 다루지 않겠지만, 《일리아스》와 《오뒷세이아》 사이의 분명한 세계관 차이는 지적하고자 합니다. 《일리아스》와 《오뒷세이아》가 각각 품고 있는 세계관이 너무도 달라 '호메로스 논쟁'이 벌어지기도 하니까요.

'명예를 위해 죽음도 불사'하는 이상주의자의 웅장하고 비장한 분위기가 《일리아스》를 지배한다면, 《오뒷세이아》는 '어떻게

든 살아남아' 고향으로 돌아가야 한다는 현실주의자 오뒷세우스의 몸부림을 다루고 있습니다. 《오뒷세이아》 철학은 죽음보다 명예를 더 소중하게 여기는 《일리아스》의 세계관과 대조적입니다. 이런 차이에 주목하는 학자들은 호메로스가 한 명이 아닐 것이라고 추측합니다.

오뒷세우스의 모험담 자체는 아동용 버전으로 각색된 이야기를 통해 접할 기회가 많던 터라 우리는 원본 《오뒷세이아》를 읽지도 않으면서 머릿속에서는 이미 읽었다고 착각하기도 합니다. 착각을 뒤로하고 원본 《오뒷세이아》를 함께 읽어나가겠습니다. 《오뒷세이아》를 구성하고 있는 각각의 모험 에피소드보다 《오뒷세이아》의 전체 구조를 분석하고 오뒷세우스라는 인물의 상징적 의미를 해독하는 데 초점을 맞출 예정입니다.

《오뒷세이아》의 주인공은 오뒷세우스입니다. '오뒷세이아'라는 서사시 제목 자체가 '오뒷세우스의 노래'라는 뜻입니다. 오뒷세우스는 메넬라오스, 아가멤논, 아킬레우스, 파트로클로스 등과 헬라스 연합군을 구성하여 고향 이타카를 떠나 에게해 건너편 트로이아를 정벌했지요. 전쟁은 끝났습니다. 전쟁에 참가했던 헬라스의 주요 인물은 전쟁 중 사망한 아킬레우스를 제외하고 모두 고향으로 돌아갔습니다. 유독 오뒷세우스만 귀향에 어려움을 겪고 있습니다. 귀향하려 하지만 각종 난관에 부딪히는 오뒷세우스의 슬픈 노래가 《오뒷세이아》입니다.

《오뒷세이아》는 24권으로 구성된 서사시인데요. 24권의 서사시는 아들 텔레마코스가 주역인 텔레마키아(1-4권), 오뒷세우스의 모험담(5-12권) 그리고 마지막으로 귀향한 오뒷세우스가 복수하는 이야기(13-24권)로 구별됩니다.


### 오뒷세우스는 전쟁이 끝난 지 10년이 지났건만 고향에 돌아오지 않았습니다

《일리아스》의 그 유명한 첫 문장은 이렇습니다. "노여움을 노래하소서, 여신이여, 펠레우스의 아들 아킬레우스의 노여움을!"(1권 1: 아카넷, 15쪽) 《교양 고전 독서》 첫번째 책에서 말씀드렸던 것처럼 《일리아스》에서 아킬레우스의 분노는 서사시를 관통하는 중요 주제입니다. 첫 문장은 《일리아스》의 주제를 강렬하면서도 압축적으로 제시해주고 있습니다. 《오뒷세이아》 역시 24권으로 구성된 대하 서사시를 간결하게, 하지만 조금도 그 풍부한 내용을 손상시키지 않는 첫 문장으로 시작합니다. "한 사람을 제게 말씀하옵소서, 무사 여신이시여, 숱하게 변전한 그이는 신성한 도시 트로이아를 무너뜨린 다음, **참 많이도 떠돌았습니다.**"(1권 1-2: 아카넷, 15쪽, 강조는 인용자) "참 많이도 떠돌았습니다"라는 구절을 기억해주십시오.

타이타닉 호의 침몰을 다룬 영화 〈타이타닉〉은 타이타닉 호가 출발하는 장면부터 시작하지 않습니다. 첫 장면은 타이타닉 호가 침몰한 지 한참의 세월이 흐른 후부터 시작합니다. 최신식 장비를 이용하여 해저가 침몰해 있는 배를 탐색하는 장면 이후

|  |  | 공간 | 여성주체 | 남성주체 |
|---|---|---|---|---|
| **텔레마키아** | 1-4권 | 이타케<br>퓔로스<br>스파르타 |  | 메넬라오스<br>레스토르<br>텔레마코스 |
| **오뒷세우스의<br>귀향** | 5-8권 | 오귀기아 섬<br>(칼립소)<br>스케리아 섬<br>(나우시카) | 칼립소<br>나우시카 | 알키노우스 왕 |
|  | 9-12권 | 이스마로스<br>아이올리아<br>텔레퓔로스<br>아이아이아 섬 | 키르케<br>세이렌<br>스퀼라와<br>카륍디스 | 폴리페모스<br>(퀴클롭스족)<br>아이올로스<br>라이스트뤼고네스족 |
| **귀향과 복수** | 13-16권 |  |  | 텔레마코스 |
|  | 17-20권 |  |  | 텔레마코스 |
|  | 21-24권 |  | 페넬로페<br>시녀 | 구혼자<br>안티노오스<br>에우뤼마코스<br>텔레마코스<br>에우마이오스<br>필로이티오스 |

에 한 할머니가 소파에 앉아 옛날을 회상하는 장면으로 넘어갑니다. 그 할머니는 잊지 못하는 그 어떤 사람에 대해 말을 꺼냅니다. 관객은 그 할머니의 사연이 궁금해집니다. 해저에 가라 앉은 배와 할머니의 사연이 연결되지 않을까 추정하도록 유도한

후, 스크린 위 영화의 시간은 돌연 1912년으로 되돌아갑니다. 실제의 시간 전개와 이야기의 시간 전개를 일치시키지 않는 기법은 현대의 소설이나 영화 및 드라마에서 자주 사용됩니다. 그 기법의 원조가 《오뒷세이아》입니다.

《오뒷세이아》는 트로이아 전쟁에 참가했던 오뒷세우스의 귀향 이야기를 다루지만 이야기의 시작은 트로이아 전쟁이 끝난 시점이 아니라 전쟁이 끝난 지 10년 후입니다. "참 많이도 떠돌았습니다"라는 첫 문장에서 암시되었듯이 전쟁이 10년 동안 전개되었고, 전쟁이 끝난 지 10년이 지나도록 오뒷세우스는 고향에 돌아오지 않았으니, 그가 고향을 떠난 지 20년이 지났습니다. 고향 이타카에는 그사이에 성장한 오뒷세우스의 아들 텔레마코스와 아내 페넬로페가 있습니다. 오뒷세우스는 대체 어디에 있는 것일까요? 그는 왜 집에 돌아오지 않는 것일까요? 그는 대체 어디를 떠돌고 있는 것일까요?

## 아들 텔레마코스는 아버지 오뒷세우스의 소식을 찾아 이타카를 떠납니다

서사시 앞부분 1-4권의 주인공은 오뒷세우스의 아들 텔레마코스입니다. 아들 텔레마코스가 주연 격인 1권부터 4권까지를 텔레마키아라는 별칭으로 부릅니다. 오뒷세우스는 돌아오지 않았는데, 어머니 페넬로페를 구혼자들이 괴롭히고 있습니다. 텔레마코스는 그들이 못마땅하지만 구혼자를 제압할 힘이 부족해 처리하지 못하는 자신이 안타깝고, 그럴수록 아버지 오뒷세우스의 귀향이 절실하게 다가옵니다.

그때 제우스의 딸 아테네가 변장한 모습으로 나타나 아버지의 소식을 들으러 떠나라고 용기를 불어넣습니다. 얼굴조차 기억할 수 없는 아버지 오뒷세우스를 기다리다 지친 텔레마코스는 아버지와 함께 트로이아 전쟁에 참여했던 장군을 만나면 아버지의 소식을 전해 듣지 않을까 기대하며 이타카를 떠납니다. 텔레마코스는 필로스에서는 레스토르를, 스파르타에서는 메넬라오스를 만납니다. 아버지와 함께 트로이아 전쟁에 참가했던 장군이죠. 레스토르는 아가멤논에 이어 두번째로 많은 90척의 함대를 거느리고 트로이아 전쟁에 참가했었고, 메넬라오스는 트로이아 전쟁의 빌미가 되었던 헬레네의 남편입니다.

텔레마코스가 아버지 소식을 듣기 위해 여행을 하고 있을 때 아버지 오뒷세우스는 도대체 어디에서 무엇을 하고 있길래 돌아오지 않고 있는 것일까요? 아버지 오뒷세우스의 귀향길 이야기가 본격적으로 펼쳐지는 5권부터 12권까지에서도 사건의 전개와 그 사건을 전달하는 플롯의 전개는 시간상으로 일치하지 않습니다. 5권에 따르면 오뒷세우스는 칼립소의 섬 오귀기아에 있습니다. 오뒷세우스는 트로이아를 떠나 바로 오귀기아 섬으로 왔던 것일까요? 아닙니다. 그가 오귀기아 섬 이전에 어디를 떠돌았는지는 아직은 모릅니다.

오귀기아 섬의 칼립소는 7년째 오뒷세이아를 붙들어두고 있습니다. 트로이아를 떠난 게 10년 전이니 3년의 공백이 있습니다. 그 3년 동안 오뒷세우스는 "참 많이도 떠돌았습니다". 일단 그 3년은 궁금증으로 남겨놓고, 오귀기아 섬의 오뒷세우스에 주목하겠습니다. 칼립소는 오뒷세우스를 사랑하지요. 그가 떠나는 것을 원하지 않습니다. 아테네는 제우스에게 오뒷세우스의 귀향을 허락해달라고 간청합니다. 제우스는 아테네의 간청을 조건부로 허락합니다. 즉 오뒷세우스의 귀향을 허락하되, 그 귀향은 결코 쉽지 않을 것이라 경고하지요. 제우스의 전령 헤르메스가 나타나 오뒷세우스의 귀향은 제우스의 뜻이라 전합니다. 칼립소는 제우스의 뜻을 전하러 온 헤르메스에게 이렇게 한탄합니다. "그이의 어엿한 다른 동료들은 그 자리에서 모조리 죽어나갔지만 그이는 바람과 파도가 이리로 몰아 데려온 거고요. 저는 그이를 사랑하게 되었고, 돌보았답니다. 그리고 영원한 불사不死도, 불로不老도 안겨주겠노라고 말하곤 했어요.(45권 133-136: 아카넷, 133쪽) 칼립소는 오뒷세우스를 보낼 마음은 없으나, 제우스의 명을 거역하지는 못합니다.

귀향이라는 모티프는
《오뒷세이아》를 관통하는 핵심 주제입니다

오뒷세우스의 귀향이 갖는 의미를 파악하기 위해서 우리는 잠시 트로이아 전쟁의 발단과 전쟁 이후의 상황을 정리해보겠습니다. 전쟁의 발단은 메넬라오스의 아내 헬레네가 트로이아의 왕자 파리스를 따라 트로이아로 건너간 사건으로 시작합니다. 메넬라오스의 형 아가멤논이 동맹군 결성을 호소했고, 아가멤논이 총사령관이 되어 에게해를 건너 트로이아를 공격했지요. 아킬레우스는 트로이아 전쟁에서 전사했지만, 아킬레우스를 제외한 헬라스 연합군의 주요 장군은 전쟁이 끝난 후 각자의 고향으로 돌아갑니다.

메넬라오스는 헬레네를 데리고 고향 필로스로 돌아갔습니다. 아내를 데리고 귀향함으로써 메넬라오스는 전쟁 이전의 상태를 손색없이 회복했습니다. 메넬라오스의 성공적 귀향과 달리 아가멤논의 귀향은 비극을 낳았습니다. 그가 전쟁을 떠난 사이 아내 클뤼타임네스트라는 아이기스토스와 연인 관계가 되었고, 아가멤논이 전쟁에서 돌아오자 정부 아이기스토스가 아가멤논을 살해합니다. 아가멤논과 클뤼타임네스트라 사이에는 엘렉트라, 오레스테스, 이피게니아가 태어났는데 오레스테스가 엘렉트라의 권유에 따라 어머니 클뤼타임네스트라를 죽입니다. 이것이 에우리피데스의 비극의 단골 소재로 등장하는, 역사상 가장 비극적인 가문 중 하나로 꼽히는 아트레우스 가문의 이야기입니다.

오뒷세우스는 제우스가 아테네의 청을 받아들여 귀향을 허락한 덕택에 오귀기아 섬을 떠날 수 있게 되었습니다. 그사이 아버지의 소식을 찾아 이타카를 떠난 텔레마코스는 귀향에 성공한 필로스의 메넬라오스를 만나 아버지의 행방을 물었지만 실마리는 찾지 못했습니다. 여전히 오리무중입니다.

## 오뒷세우스는 칼립소를 떠나 파이아케스족의 나라 스케리아 섬에 난파합니다

　오뒷세우스는 참 많이도 떠돌고 있습니다. 제우스가 오뒷세우스의 귀향을 허락할 때, 제우스는 그의 귀향이 쉽지 않을 것이라 경고했습니다. 제우스의 말은 과장이 아니었습니다. 바다의 신 포세이돈은 누구보다 강력하게 오뒷세우스의 귀향을 반대합니다. 그래서 오뒷세우스가 항해를 시작하면 폭풍우를 일으켜 배의 난파를 유도합니다. 오귀기아 섬에서 이타카로 항해하던 중 오뒷세우스는 포세이돈의 방해로 파이아케스족이 살고 있는 스케리아 섬에 난파합니다.

　오뒷세우스는 위험에 봉착할 때마다 그를 돕는 여성주체를 만나는데요, 스케리아 섬에서는 알키노우스 왕의 딸 나우시카가 그 역할을 맡습니다. 《오뒷세이아》에 등장하는 대부분의 여성주체가 그러하듯 나우시카 역시 오뒷세우스를 살짝 맘에 품지요. "저런 분이 이곳에 살면서, 또 기꺼이 여기에 머물며 내 남편이라는 말을 듣는다면 얼마나 좋으려나!"(6권 244-245: 아카넷, 161쪽) 나우시카의 안내로 스케리아 섬의 궁전으로 간 오뒷세우스는 알키노우스 왕의 환영을 받습니다. 궁전에서 융숭한 대접을 받는 저녁 식사 자리, 맹인 가수가 등장해서 트로이아 전쟁에 참가했던 장수의 이야기를 전합니다. 오뒷세우스는 나우시카에게도 알키노우스 왕에게도 자신의 정체를 숨기고 있었습니다. 자신을 환대하는 사람에게조차 자신의 정체를 숨기는 것은 《오뒷세이아》에서 반복적으로 등장하는 오뒷세우스만의 생존비법입니다.

오뒷세우스의 옛 전우 모두가 맹인 가수의 트로이아 전쟁 이야기에 등장합니다. 고향으로 돌아갔다가 아내의 정부에게 살해당한 아가멤논의 비극에 대해 말한 후, 아직도 귀향하지 못한 오뒷세우스의 사연을 맹인 가수가 노래하는 대목에서 이르자 오뒷세우스의 눈물이 터집니다. "그는 또 노래를 이어갔다. 아카이아인(헬라스인—인용자)들의 아들들이 목마에서 쏟아져 나와 속이 빈 그 매복처를 버리고 어떻게 그 도시를 궤멸시켰는지, 또 누구는 여기서, 또 누구는 저기서 그 가파른 도시를 어떻게 유린하였는지, 그리고 오뒷세우스가 마치 아레스처럼, 신과 맞먹는 메넬라오스와 함께 데이포보스의 집을 향해 간 것도 그는 노래하였다. 거기서 오뒷세우스는 가장 처절한 전투를 무릅썼으나, 기개 넘치는 아테네의 도움으로 승리했노라고 그는 말하였다."(8권 514-520: 아카넷, 206쪽) 울음을 터트린 낯선 손님을 이상하게 여긴 알키노오스 왕이 도대체 당신은 누구길래 트로이아 전쟁 이야기를 듣고 통곡을 하는지 사연을 묻지요. 그때서야 비로소 그는 자신이 오뒷세우스임을 밝히고 파이아케스족의 땅에 오기 전 겪었던 모험을 궁정에 있는 사람에게 들려줍니다. 그리하여 이야기는 다시 칼립소의 오귀기아 섬에 오기 전 오뒷세우스의 방랑으로 돌아가지요. 플롯으로는 오귀기아 섬과 파이아케스족의 나라가 먼저 등장(5권-8권)하지만, 시간 순서로는 9권에서 12권 사이의 에피소드가 앞서는 것입니다.

플롯이 이렇게 전개되면 독자의 호기심은 더욱 커집니다. 대체 오뒷세우스는 어떤 일을 겪었길래 저녁 만찬 자리에서 통곡을 하게 되는 것일까? 9권에서 12권까지 오뒷세우스는 자신이 화자가 되어 트로이아 전쟁이 끝난 후 귀향을 시작한 10년 전의 그 시점부터 오귀기아 섬에서 발이 묶이기 되는 그때까지 있었던 일을 알키노우스의 궁전에 모인 사람들에게 털어놓습니다.

**스케리아 섬에서 오뒷세우스는 자신이 겪은 이야기를
눈물로 알키노우스 왕에게 털어놓습니다**

우리는 트로이아 전쟁 이후 칼립소의 섬에 닿기까지 오뒷세우스의 일정을 시간 순서대로 따라가면서, 여정에서 오뒷세우스가 만나는 인물을 여성주체, 남성주체 그리고 야만적 주체로 구분해서 살펴보며 오뒷세우스의 여정에 담긴 함의를 해석해보도록 하겠습니다.

장소를 중심으로 여정을 정리하면 트로이아(일리오스)를 떠난 오뒷세우스는 (1) 이스마로스 (2) 로토파고이족의 나라 (3) 퀴클롭스의 땅 (4) 아이올리아 섬 (5) 텔레퓔로스 (6) 아이아이아 섬 (7) 하데스 (8) 세이렌의 바다 (9) 카륍디스와 스퀼라 사이 (10) 태양섬 그리고 우리가 5권과 8권을 통해 알고 있는 (11) 칼립소의 오귀기아 섬에 도착하고, 오귀기아 섬에서 고향으로 가다가 또다시 난파해서 지금 그는 (12) 파이아케스족의 나라에 있습니다.

이제는 트로이아 전쟁이 끝난 직후부터 칼립소의 섬 오귀기아 이전의 귀향길을 시간 순서대로 정리해보겠습니다. 귀향길의 첫번째 목적지인 이스마로스엔 키토네스인이 살고 있습니다. 전쟁에서 승리감에 도취된 오뒷세우스 일행은 이스마로스에서 약탈질을 일삼습니다. 승리에 취한 오뒷세우스의 부하들이 이스마로스에서 잔치를 벌이다가 키토네스인의 역습을 받고 도주합니다.

그다음 기착지는 로토파고이족이 살고 있는 땅인데요. 로토파고이족은 로토스 열매를 먹습니다. 로토스를 먹으면 모든 근심 걱정이 사라집니다. 목표도 잃어버리지요. 로토스는 마치 마약처럼 인간을 나태하게 만듭니다. 부하들이 로토스를 먹고 고향으로 돌아갈 생각을 하지 않습니다. 오직 오뒷세우스만이 부하를 때리고 협박해서 고향으로 가는 길을 계속 가야 한다고 말하지요. 눈치채셨겠지만 오뒷세우스와 부하 사이의 민감한 관계는 9권에서 12권 사이에 되풀이됩니다. 부하들은 충동적이고 아둔해서 귀향길을 스스로 위험에 빠뜨리는 존재로 그려지는 반면 오뒷세우스는 현명하고 뛰어난 계략으로 멍청하기 그지없는 부하를 인도하는 영웅적 주체로 묘사됩니다.

로토파고이족의 땅을 겨우 빠져나왔는데, 그다음으로 오뒷세우스 일행의 시련은 외눈박이 식인 거인이 퀴클롭스가 사는 땅에서도 계속됩니다. 폴리페모스라는 이름의 퀴클롭스가 있는데, 폴리페모스는 포세이돈의 아들입니다. 포세이돈이 오뒷세우스의 귀향을 방해하는 이유도 비로소 밝혀지지요. 오뒷세우스 일행은 외눈박이 거인 폴리페모스에게 포획되어 모두 잡아먹힐 위험에 처합니다. 부하들은 벌벌 떨며 포기하고 있지만 오뒷세우스는 계략을 세웁니다. 폴리페모스에게 술을 권하여 취하게 만드는 것이지요. 술을 자꾸 권하는 오뒷세우스의 이름을 폴리페모스가 묻자, 오뒷세우스는 자신의 이름을 거짓으로 말합니다. "퀴클롭스, 내 유명한 이름을 묻다니, 내 그대에게 말해드리리다. 그러면 그대가 약속한 바대로 내게 접대 선물을 주시오. '있지도 않은 자'가 내 이름이라오. 어머니도, 아버지도, 그리고 다른 모든 전우들도 나를 있지도 않은 자라고 부르곤 하오."(9권 364-367: 아카넷, 226-228쪽)

힘으로는 폴리페모스를 당해낼 수 없기에 오뒷세우스는 꾀를 쓰죠. 우리는 언어로 타인과 의사소통을 하면서 때로는 의도를 숨기는 말속임을 하기도 합니다. 오뒷세우스는 이 말속임에 능숙한 주체입니다. 반면 힘이 세나 어수룩한 폴리페모스는 오뒷세우스의 말에 숨어 있는 계략을 알아채지 못합니다. 폴리페모스가 술에 취해서 잠들자, 오뒷세우스는 부하들과 함께 거대한 올리브 나무를 날카롭게 깎아서 불에 달군 후 잠들어 있는 폴리페모스의 눈을 찌릅니다. 그가 소리지릅니다. "'있지도 않은 자'가 나를 찔렀다." 폴리페모스의 동료는 그를 아무도 찌르지 않았다는 뜻으로 이해하고 그를 도우러 나서지 않습니다. 이렇게 꾀를 써서 폴리페모스의 눈을 멀게 한 후 오뒷세우스는 도망칩니다. 포세이돈은 자신의 아들에게 상해를 입힌 오뒷세우스를 그냥 둘리 없습니다. 포세이돈은 오뒷세우스의 항해를 지속적으로 방해하죠.

포세이돈이 오뒷세우스의 귀향을 방해하고자 풍랑을 일으키고, 오뒷세우스 일행은 가까스로 목숨을 건진 채 아이올리아 섬에 도착했습니다. 아이올리아 섬 사람들은 오뒷세우스 일행을 환대할 뿐만 아니라 그들의 귀향을 돕기 위해 바람 주머니를 선물합니다. 오뒷세우스는 부하들에게 바람 주머니를 선물받았음을 알리지 않았습니다. 오뒷세우스가 잠에 들자 부하들은 오뒷세우스가 선물을 독차지하려 한다고 의심하죠. 부하들은 오뒷세우스가 잠든 틈을 타 바람 주머니를 열어봅니다. 그들의 귀향길을 도울 수 있는 바람이 주머니에서 빠져나갑니다. 오뒷세우스는 부하들을 나무랍니다. 꾀가 많은 오뒷세우스의 눈에 부하들은 자신과 달리 생각이 부족한 명청한 존재입니다.

그들은 텔레퓔로스를 거쳐 키르케가 살고 있는 아이아이아 섬에 도착했습니다. 키르케는 마법을 구사합니다. 오뒷세우스의 부하를 키르케는 돼지로 만들어버리죠. 웬일인지 키르케는 오뒷세우스를 사랑하게 됩니다. 나우시카가 그랬고 칼립소가 그랬던 것처럼《오뒷세이아》의 여성주체는 오뒷세우스를 사랑합니다. 고향에 아내 페넬로페가 있었음에도 불구하고, 오뒷세우스는 구애를 하는 여성주체를 마다하지 않지요. 키르케는 칼립소처럼 오뒷세우스가 자신 곁에 머물기를 원하지만 오뒷세우스의 귀향을 결정한 신들은 키르케에게 명령하지요. 그가 귀향할 수 있도록 도우라고요.

키르케는 오뒷세우스에게 미리 닥칠 위험에서 빠져나올 수 있는 비법을 알려줍니다. 키르케의 섬 이후에 오뒷세우스는 오직 키르케가 알려준 비법에 의존해 역경을 헤쳐갑니다. 키르케라는 여성주체가 없었다면, 오뒷세우스는 귀향에 실패할 수밖에 없었을 것입니다.

키르케는 죽은 사람들의 세계인 하데스에 들러야 한다고 합니다. 하데스에서 오뒷세우스는 함께 트로이아 전쟁에 참가했던 아킬레우스를 만납니다. 하데스에서 만난 아킬레우스는 《일리아스》속 아킬레우스와 완전히 다른 인물입니다. 《일리아스》의 아킬레우스는 명예를 위해 죽음도 마다하지 않는 영웅이지만, 《오뒷세이아》에 등장하는 아킬레우스는 현실적 인물입니다. 일리아스의 아킬레우스는 죽음을 통해 오히려 영웅이 되고 영웅이 됨으로써 영생할 수 있다는 것을 믿었던 이상주의자였는데 이 하데스에서 만난 아킬레우스의 세계관은 다릅니다. "죽음에 대해 날 위로하려 하진 말아요, 눈부신 오뒷세우스여. 쇠잔해진 망자들 모두에게 왕 노릇 하느니 차라리 재산도 별로 없고 가진 것도 많지 않은 다른 사람에게 땅뙈기라고 부쳐먹고 살고 싶다오."(11권 488-491: 아카넷, 287쪽) 하데스에서 오뒷세우스는 아가멤논도 만납니다. 아가멤논은 오뒷세우스에게 아내를 믿지 말라고 충고합니다. 페넬로페가 자신의 아내 클뤼타임네스트라와 달리 정숙함을 유지하고 있으리라 단정하지 말라고 하지요.

하데스에서 돌아온 오뒷세우스에게 키르케는 이후의 항해에서 오뒷세우스가 생명을 보존할 수 있는 계책을 알려줍니다. 사이렌 자매가 있는 바다를 지나갈 때는 자신의 몸을 돛대에 묶게

하고 부하들의 귀를 밀랍으로 막아 사이렌의 유혹에 빠지지 말라고 알려주죠. 키르케의 조언에 따라 오뒷세우스 일행은 무사히 사이렌 자매의 위험을 넘어섭니다. 그다음엔 스퀼라와 카륍디스 사이를 지나가야 합니다. 영어에서 관용어로 진퇴양난을 뜻하는 '스퀼라와 카륍디스 사이between Scylla and Charybdis'라는 표현이 이 에피소드에서 유래한 거죠. 카륍디스는 어두운 물을 하루에 세 번을 내뱉고, 세 번을 빨아들입니다. 배가 카륍디스 쪽으로 가게 되면 배는 카륍디스 입속으로 빨려들어가지요. 카륍디스를 피하면 반대편에는 발이 열두 개이고 엄청나게 긴 목이 여섯이며 새카만 죽음으로 "그득한 이빨이 세 줄씩"(12권 92: 아카넷, 300쪽) 있는 스퀼라가 있습니다. 어디로 가야 할까요? 키르케는 오뒷세우스에게 카륍디스가 아니라 스퀼라 쪽으로 가라고 합니다. 한꺼번에 모두를 잃는 것보다는 배에서 여섯 명의 부하를 잃는 게 훨씬 낫다고 조언을 하지요. 오뒷세우스는 조언을 따릅니다. 당연히 부하의 일부를 잃었습니다. 하지만 귀향이라는 목적에는 성큼 다가갔습니다. 어느 구절에도 잃은 부하에 대한 오뒷세우스의 비탄을 표현하는 구절이 없습니다. 남자들은 이렇게 오뒷세우스처럼 비정한 건가요? 목적지를 향해 가는 동안에는 세상을 등진 사람들에게 애도를 표현할 시간조차 없는 것일까요?

이런 우여곡절을 겪고 오뒷세우스는 칼립소의 섬을 지나 알키노우스 왕의 궁전에 도착해 있는 것이죠. 알키노우스 왕은 오뒷세우스가 고향으로 돌아갈 수 있게 도와야겠다고 결심합니다.

왕의 명령에 따라 파이아케스족은 배 한 척도 남아 있지 않은 오뒷세우스의 귀향을 전폭적으로 돕습니다. 마침내 오뒷세우스는 고향 이타카에 도착했습니다. 전쟁이 끝난 후 10년간의 여정이 막을 내린 것이죠. 여기까지가 12권의 이야기입니다. 보통 우리가 아동용 버전으로 읽은 《오뒷세이아》는 8권부터 12권까지의 이야기에 집중합니다. 그에 익숙한 나머지 우리는 거기 나오는 모험 에피소드가 《오뒷세이아》의 전부라고 여기지만, 《오뒷세이아》의 핵심은 아가멤논은 실패했던 귀향을 오뒷세우스는 성공적으로 마무리해야 한다는 전대미문의 미션입니다. 오뒷세우스는 12권에서 겨우 이카타에 도달했을 뿐입니다. 이타카에 도착했다고 해서 아직은 귀향이 성공적이라 말하기에는 이릅니다.

## 드디어 오뒷세우스는 이타카에 도착했습니다

오딧세우스는 신중합니다. 아테네의 도움을 받아 늙은 노인으로 변신하죠. 아가멤논의 실패한 귀향을 되풀이하지 않으려면 절대 누구도 믿어서는 안 됩니다. 남루한 옷을 입고 몸에서 냄새도 나는 거지꼴을 하고 오뒷세우스는 돼지치기를 찾아가지요. 속내는 그의 충성심 테스트입니다. 거지 노인으로 위장한 오뒷세우스는 돼지치기 에우마이오스를 시험해봅니다. 돼지치기가 그 테스트를 통과했습니다. 때마침 아들 텔레마코스도 도착합니다. 텔레마코스에게도 자신을 숨깁니다. 텔레마코스가 믿을 만한 존재인지 확인한 후 비로소 자신이 아버지임을 밝힙니다.

아버지는 침착하게 아들에게 자신의 귀향 작전을 설명합니다. 이제부터 우리는 구혼자에게 복수해야 되는데 이 복수에 성공할 수도 있고 실패할 수도 있다, 구혼자를 처벌할 수 있는 방법을 찾을 때까지 자신이 돌아왔다는 사실을 숨겨야 한다고 당부합니다. 아들 텔레마코스는 궁전으로 돌아가 아버지의 귀향 사실을 감추며, 그사이 오뒷세우스는 여전히 거지 노인으로 변장한 채 궁전으로 갑니다.

궁전은 어떤 상황이었을까요? 낮에는 베를 짜고 밤에는 낮 동안 짰던 수의를 몰래 푸는 지연 작전으로 구혼자의 요구를 물리치고 있던 아내 페넬로페도 더 이상 버틸 재간이 없습니다. 페넬로페가 밤에 기껏 짠 수의를 풀어낸다는 것을 구혼자와 내통한 하녀가 구혼자에게 알려주었기 때문입니다. 페넬로페의 지연 작전이 실패로 돌아가는 위태로운 상황입니다.

구혼자는 무려 108명이나 됩니다. 이들과 싸워야 하는 오뒷세우스는 트로이아 전쟁을 겪은 장군이지만, 텔레마코스는 전투 경험이 없는 이제 갓 20대에 접어든 애송이입니다. 믿을 만한 사람은 돼지치기 에우마이오스와 소치기 필로이티오스뿐입니다. 염소치기 멜란티오스는 구혼자의 편으로 넘어가버렸습니다. 하녀 50명 중 열두 명이 구혼자와 내통합니다. 남자 넷에 하녀 38명, 유모 에우리클리아, 칼을 쓸 줄 모르는 아내 페넬로페뿐입니다. 이런 수적 열세 상황에서 구혼자 108명 제압은 불가능에 가까워 보입니다. 귀향에 겨우 성공했는데, 고향에서 오뒷세우스는 귀향길에 겪었던 위기와는 비교될 수 없는 절체절명의 상황에 놓여 있습니다. 오뒷세우스가 아가멤논의 실패한 귀향을 되풀이하지 않으리라는 보장은 전혀 없습니다.

오디세우스는 궁전 안에 들어서자 거지꼴이라 구혼자들의 조롱거리가 됩니다. 구혼자들이 때리면 매도 맞습니다. 오뒷세우스는 참습니다. "견뎌내거라, 심장아. 너는 더 개 같은 일도 참아낸 적이 있었지. 그 기운을 억누를 수 없었던 퀴클롭스가 강력한 전우들을 먹어치우던 그날도, 계략이 너를 동굴 밖으로 끌어내던 동안 너는 죽음을 예감하면서도 견뎌내지 않았더냐."(20권 18-21: 아카넷, 493쪽) 참지 않고 자신의 정체를 드러내는 순간 수적 우위인 구혼자에 의해 자신이 아가멤논의 처지가 되리는 것을 알고 있기에 오뒷세우스는 놀림을 당하고 매를 맞으면서도 궁전 안에서 늙은 거렁뱅이의 모습으로 때를 기다립니다.

페넬로페가 오뒷세우스가 사용하던 활로 구멍 열두 개를 통과시키는 사람과 결혼하겠다고 공표합니다. 오뒷세우스는 활쏘기 시합이 벌어지는 날을 복수의 날로 정합니다. 그날이 오자 아들 텔레마코스는 구혼자의 무기를 미리 감춰둡니다. 활쏘기 시합이 벌어졌을 때 결정적인 순간 오뒷세우스가 나타나 자신이 오뒷세우스라고 외치며 구혼자 무리를 처벌합니다. "개 같은 놈들, 너희는 내가 트로이아인들의 나라로부터 다시는 집으로 돌아오지 못할 거라 지껄여대며 내 가산을 탕진하였고, 시중드는 여인들을 겁탈하였으며 내가 살아 있는데도 내 아내에게 구혼하였다. 너희는 너른 하늘을 차지하고 계신 신들을 두려워하지 않았고 훗날에 있을 사람들의 비난도 두려워하지 않았다. 이제는 너희 모두에게 파멸의 밧줄이 걸려 있다."(22권 35-41: 아카넷, 533-534쪽) 구혼자의 무기를 미리 치워두었기에 구혼자는 양적 우세에도 불구하고 속수무책으로 당하죠. 아직 처벌 대상이 남아 있습니다. 구혼자와 내통한 하녀를 오뒷세우스는 용서할 수 없습니다. 구혼자를 처벌한 후 오뒷세우스는 하녀들을 불러 시체가 널부러진 궁전을 청소하게 한 다음 배신한 열두 명의 하녀를 처단합니다. 그런데 처단하는 방식이 아주 잔혹합니다. 염소치기 멜란티오스의 코와 두 귀를 잘라내었고 "개들이 날것으로 먹게끔 성기를 잡아 뜯어"(22권 476: 아카넷, 554쪽)내었습니다.

궁전을 온통 피로 물들인 오뒷세우스의 복수가 끝나자 아테네가 말합니다. "제우스께 태어난, 라에르테스의 아들아, 허다한 계책에 밝은 오뒷세우스야, 그만두어라. 크로노스의 아드님, 두루 살피시는 제우스께서 네게 노여워하시지 않도록 모두가 겪는 전투, 그 다툼을 멈추어라."(24권 542-544: 아카넷, 598쪽) 과연 오뒷세우스는 그 다툼을 멈추게 할 수 있을까요?


## 오뒷세우스는 영웅일까요?

《오뒷세이아》의 전통적 독해는 성장소설처럼 오뒷세우스를 일종의 롤모델로 삼아 읽어내는 것입니다. 아들 텔레마코스의 관점이라고 해야 할까요? 이러한 독해는 아주 오랜 기간 전통적 교육방식으로 전해져온 《오뒷세이아》를 고전 중의 고전으로 만들어준 방식이지요.

현대의 독자의 관점에서 보면 오뒷세우스는 여러 가지 문제점이 있는 인물입니다. 자기는 귀향길에 욕정을 불태워놓고 아내만은 정절을 지키기를 기대한다는 것은 이중잣대라고 비판할 수도 있습니다. 아가멤논이 되지 말아야 한다는 오뒷세우스의 귀향 목표는 충분히 수긍할 수 있지만 구혼자를 그렇게까지 잔혹하게 처벌할 필요가 있을까에 대해선 여러 의견이 가능할 것 같습니다. 구혼자가 아내 페넬로페를 괴롭힌 건 사실이지만, 그렇게 처참하게 죽을 정도의 죄를 지었다고는 보기 힘듭니다. 구혼자와 내통했다는 단 한 가지 이유로 하녀는 죽어야 했을까요? 염소치기의 팔과 코를 자르고 남근을 뜯어내 개에게 던져줄 정도로, 오뒷세우스는 절대적으로 충성을 바쳐야 하는 영웅이었던가요? 혹시 오뒷세우스의 자비 없는 응징은 아테네의 부탁 "그 다툼을 멈추어라"가 아니라 또 다른 미래의 다툼을 빚어내는 씨앗은 아니었을까요?


**현대의 독자는 전통적 읽기와는 다른 방법으로 《오뒷세이아》를 읽어야 합니다**


이러한 질문을 품은 채 저는 전통적인 《오뒷세이아》 독해 이외에 대안적 21세기의 독해법을 제시하고 싶습니다. 첫번째는,

《오뒷세이아》를 무용담으로가 아니라 인문학적 성찰을 위해 읽는 방법입니다. 두번째는, 《오뒷세이아》를 계승하되 현대적인 감각으로 재구성하기 위해 전복적으로 읽어내는 방법입니다. 첫번째 방법으로 《오뒷세이아》를 독해한 대표적인 책이 테오도르 아도르노Theodor Adorno와 막스 호르크하이머Max Horkheimer가 공동으로 집필한 《계몽의 변증법Die Dialektik der Aufklärung》입니다. 두번째 독해의 대표적 예로 마거릿 애트우드Margaret Atwood의 《페넬로피아드》와 매들린 밀러Madeline Miller의 《키르케》를 살펴보겠습니다.

《계몽의 변증법》의 저자들은 오뒷세우스의 귀향 이야기를 전통적 독해의 전제처럼 보편적 인간의 성장 스토리가 아니라 자연지배적인 '서양적' '남성'주체의 형성사로 읽어내는 것이지요. 《계몽의 변증법》에 의한 《오뒷세이아》 해석은 우리가 마지막 책인 《에코페미니즘》을 다룰 때 또 다룰 예정이니, 이번엔 몇 가지 예를 통해서 간략하게 이해해보도록 하겠습니다.

프로이트로부터 유래한 그 유명한 '현실 원칙Realitätsprinzip'과 '쾌락 원칙Lustprinzip'의 대립을 아도르노와 호르크하이머는 로토스 열매 먹기 에피소드에서 읽어냅니다. 쾌락 원칙은 지금 당장의 쾌락을 추구하지만 현실 원칙은 지금 당장이 아니라 미래를 위해서 현실의 고통을 견뎌내라는 명령입니다. 로토스를 먹으면 쾌락 원칙에 의해 지배됩니다. 로토스를 먹으면 즉각적 즐거움을 주는 지금만 있을 뿐 내일은 염두의 대상이 아닙니다. 오뒷세우스는 로토스를 먹고 쾌락 원칙에 빠져 있는 부하를 채찍으로 때리며 깨우고는 현실 원칙을 내세우며 귀향을 독려합니다.

쾌락 원칙에 머물러 있는 부하를 현실 원칙으로 당겨오는 것을 근대적인 용어로 표현하면 진보입니다. 오뒷세우스는 앞으로 향해 달려나가는 진보를 숭상하는 근대적 인물입니다. 앞으로 나아가기 위해서는 현재에 머물러서는 안 됩니다. 그는 쾌락 원칙에 함몰되지 않습니다. 자신을 유혹하는 여성주체를 통해 오뒷세우스는 칼립소와 키르케의 쾌락 원칙의 맛은 보지만 그것에 함몰되지 않고 결국 칼립소와 키르케를 떠나는 영악한 주체입니다.

고향으로 돌아가 구혼자를 처단한다는 현실 원칙에 의한 목표를 달성했다는 측면에만 주목하면 그의 귀향은 아가멤논과는 달리 성공했다고 말할 수 있습니다. 하지만 아도르노와 호르크하이머는 그의 귀향에서 실패를 읽어냅니다. 귀향에 성공하면서 오뒷세우스는 뭔가 잃어버린 것은 아닐까요? 구혼자들과 그들과 내통한 하녀 처단에서 알 수 있는 것처럼 오뒷세우스는 냉혹하기 그지없는 목표 지향적인 인간이 되었습니다. 그의 눈에 세상 인물은 자신의 편인가 아닌가를 기준으로 이분법적으로 구분되지요. 자신의 세력에 속하지 않은 존재는 낯선 존재이자 위험한 '타자'로 여겨집니다. 그를 위협하는 존재는 모두 타자입니다. 타자는 제압되어야 합니다. 자신의 귀향을 방해하는 세이렌 자매, 폴리페모스, 그의 귀향을 바라지 않는 키르케와 칼립소라는 '타자'를 제압하였기에 그는 귀향에 성공할 수 있습니다. 귀향 후에도 자신을 배반한 구혼자와 하녀를 박멸해야 그의 귀향은 성공할 수 있습니다. 이런 맥락에서 살펴보면 그의 귀향은 타자를 제거해나가는 과정이고, 그가 타자를 모두 제거한 그 순간 《오뒷세이아》는 끝을 맺습니다.

오뒷세우스가 발견한 타자성 해결 방식은 절멸인데, 《계몽의 변증법》의 아도르노와 호르크하이머는 오뒷세우스가 타자를 대하는 형식과 나치에 의한 홀로코스트 간의 유사성을 발견합니다. 유대인은 아리아인의 순수성을 해치는 타자이니, 아리아인의 순수성을 지키는 유일한 방법은 타자의 절멸뿐이라고 간주했고, 그 논리에 의해 유대인 절멸을 꾀하는 홀로코스트가 진행되었지요. 오뒷세우스적인 사고방식에는 홀로코스트와 같은 거대한 야만을 낳을 수도 있었던 뿌리가 숨어 있음을 간과하지 않는 아도르노와 호르크하이머는 《오뒷세이아》를 성장 이야기로 삼아 읽어내는 전통적 독해의 위험성에 눈을 감지 않습니다. 현대의 독자는 '오뒷세우스'라는, 오랜 기간 가장 이성적인 인간형으로 해석되어왔던 인물을 21세기의 문제적 인물로 해석하는 시도를 해봐야 합니다.

현대 여성작가들의 상상력 넘치는
오뒷세우스의 재해석을 꼭 읽어보세요

인문적 해독을 더욱더 발전시키는 데 도움이 될 수 있는 두 권의 소설을 《오뒷세이아》의 뒤풀이 독서로 소개합니다. 하나는 매들린 밀러의 《키르케》이고 또 다른 한 권은 마거릿 애트우드의 《페넬로피아드》입니다. 《키르케》의 주인공은 키르케입니다. 《오뒷세이아》의 주인공이 오뒷세우스였던 것처럼요. 《오뒷세이아》에서 키르케를 묘사하는 부분은 매우 짧습니다. 오뒷세우스의 항해를 성공적으로 만드는 데 가장 결정적인 기여를 한 인물이 키르케임에도 불구하고요. 《키르케》는 《오뒷세이아》의 빈 부분을 현대 작가의 상상력으로 채워넣습니다.

왜 키르케는 마녀가 되었을까요? 왜 키르케는 그 섬에 혼자 살고 있을까요? 왜 키르케는 낯선 남자 오뒷세우스에게 매력을 느꼈고 그를 사랑하게 되었을까요? 여전히 그를 사랑함에도 불구하고 제우스의 뜻에 따라 오뒷세우스를 떠나보내야 하는 키르케는 어떤 심정이었을까요? 《오뒷세이아》를 읽다보면 우리는 자연스레 오뒷세우스의 관점에서만 세상을 보게 됩니다. 《키르케》는 우리의 이러한 관습적인 고정된 시각에 의문을 품게 합니다. 그리하여 《오뒷세이아》를 입체적으로 읽어낼 수 있도록 돕지요.

마거릿 애트우드의 《페넬로피아드》도 오뒷세우스라는 남성 주체의 시선이 아니라 《오뒷세이아》에서는 생략되어 있는 여성주체의 관점에서 《오뒷세이아》를 다룹니다. 제목에서도 알 수 있는 것처럼 《페넬로피아드》는 《오뒷세이아》에서 남편을 기다리는 수동적인 여성으로 그려졌던 페넬로페의 관점에서 트로이아 전쟁 이후의 이야기를 재구성합니다. 트로이아 전쟁이 끝난 지 수천 년 후, 오뒷세우스가 귀향을 성공적으로 마무리한 지 수천 년 후 이제는 드디어 여성이 말을 하기 시작합니다.

페넬로페의 관점으로 《오뒷세이아》를 독해하면 남성 오뒷세우스의 관점에서는 눈여겨보지 않았던 것이 눈에 들어오지만, 여전히 계급적 한계는 있습니다. 《오뒷세이아》가 현대적으로 재구성되기 위해서는 여성 하위 주체의 목소리도 필요합니다. 《페넬로피아드》는 원본에서는 존재감이 없는 하녀의 목소리와 페넬로페의 목소리를 교차시킵니다. 이런 맥락에서 《페넬로피아드》는 고전에 대한 적극적인 현대적 재해석이자 동시에 억압을 살펴볼 때 젠더적 관점뿐만 아니라 계급적 관점과 인종적 관점까지 두루 고려해야 한다는 '교차성intersectionality'이 무엇인지를 설명하는 교과서이기도 합니다.

하녀의 이야기를 여기에 옮겨볼게요. "우리는 시녀들/당신이 죽여버린 여자들. (중략) 맨발을 움찔거리며/허공에서 춤추었네/너무너무 억울했네//당신은 여기저기 돌아다니며/여신도 여왕도 암캐도 안 가리고/원 없이 욕정을 채웠으면서//당신에 비하면 우리 잘못은/정말이지 아무것도 아니었는데/당신은 참 모질게도 심판하셨지//당신은 창을/당신은 칼을/마음껏 휘둘렀고//우리는 죽어버린/연인들의 피를 닦아야 했네/방바닥에서, 의자에서//계단에서, 문짝에서/흥건한 물속에 무릎을 꿇고/당신이 우리 맨발을//지켜보는 앞에서./너무너무 억울했네/당신은 우리의 공포를 핥으며//즐거워하고"(《페넬로피아드》, 19-21쪽)

키르케나 칼립소와 비교되는 정숙한 여성의 원형 페넬로페는 자신도 그렇게 생각하고 있을까요? "나는 괴상하거나 추악하게 생기지 않았을 뿐, 미모가 남달리 빼어난 것은 아니다. 대신

영리했다. 시대를 감안한다면 대단히 **영리했다고** 말할 수도 있겠다. 내가 유명해진 것도 바로 그 때문이었던 것 같다. 영리한 여자라는 사실. 그리고 베짜기, 그리고 남편을 향한 일편단심, 그리고 명석한 판단력."(《페넬로피아드》, 38쪽, 강조는 인용자) 페넬로페는 자신이 왜 유명해졌는지 알고 있지만, 정작 자신의 능력은 그것이 아니라고 합니다. 남성들이 페넬로페를 찬양하는 것은 정절이지만 페넬로페 자신이 꼽은 자신의 장점은 영리함입니다.

그 유명한 페넬로페의 정절에 대한 페넬로페의 해석도 색다르죠. 그가 구혼자의 청을 받아들이지 않은 이유는 남편 오뒷세우스에 대한 정절이 아닙니다. "그들이 원하는 것은 오로지 나와 함께 덤으로 주어지는 것들이다—왕실과의 연줄, 번쩍거리는 잡동사니 한 무더기, 나를 향한 사랑 때문에 자살하는 남자는 아무도 없을 것이다."(《페넬로피아드》, 46쪽)

페넬로페가 구혼자 중 한 명을 선택하지 않은 진짜 이유는 구혼자 중 자신을 사랑하는 사람이 아무도 없어서입니다. 남들의 눈엔 정절을 지킨 것으로 보일 수도 있으나 페넬로페 입장에서 오뒷세우스는 정절을 지켜야 할 만큼 책임감 있는 남편은 아닙니다. 20년 동안 소식이 없으면서도 돌아오면 당연히 아내가 기다리고 있어야 한다고 간주하는 남자는 페넬로페의 입장에선 사물을 자신만의 관점에서만 해석하는 편협한 인물이죠. 만약 구혼자 중 나를 위해 죽을 정도로 진심으로 사랑하는 사람이 있었다면 오뒷세우스를 기다리지 않았을 수 있다는 페넬로페의 이야기 읽다보면 고개가 끄덕여지지 않나요?

오뒷세우스는 영웅으로 보이지 않습니다. 그저 편협하고 자기만 생각하고 폭력적인 남성일 뿐이지요. 하녀들은 이렇게 말합니다. "이봐요! '아무도아니' 씨! 아무개씨! 속임수의 대가 씨! 도둑과 거짓말쟁이의 손자, 손재간의 천재 씨!"(《페넬로피아드》, 211쪽) 하녀의 눈에 오뒷세우스는 영웅이 아닙니다. 당신은 멋있는 남자의 전형이라고 착각하는 것 같은데, 우리가 볼 때 당신은 속임수의 대가, 도둑과 거짓말쟁이의 손자에 불과하다고 말하죠. 그리고 하녀들은 자신을 이렇게 재현합니다. "우리도 여기 있어요. 이름 없는 여자들. 이름 없고 보잘것없는 여자들. 남들이 불명예를 씌운 여자들. 손가락질받는 여자들, 손장난당하는 여자들. 허드렛일하는 여자들, 두 뺨이 화사한 여자들, 킥킥거리며 웃어대는 육감적인 여자들, 살랑살랑 몸 흔드는 뻔뻔스러운 여자들, 핏물을 닦아내는 젊은 여자들."(《페넬로피아드》, 211쪽)

이런 현대적인 관점에서 읽어내야 《오뒷세이아》로부터 현대적으로도 시사성이 있는 모티프를 더 많이 이끌어내고 더 많은 것을 해석해낼 수 있지 않을까요? 고전은 고리타분한 책이 아닙니다. 고전을 고리타분하다고 느낀다면, 그건 그 고전 탓이 아니라 고전을 관습적 방법으로 읽어내었던 우리의 지적 불성실이 원인일 수도 있지요. 고전은 변화한 시대에 맞춰 해석도 달라져야 하는 대상 텍스트입니다. 우리는 언제나 그랬듯이 현대적 감각으로 고전을 읽어내고자 합니다. 《오뒷세우스》는 고전을 현대적으로 읽어내는 방법을 연습하기에 최적의 텍스트입니다.

참고·인용 문헌

노명우, 《계몽의 변증법—야만으로 후퇴하는 현대》, 살림, 2005.

마거릿 애트우드, 《페넬로피아드》, 김진준 옮김, 문학동네, 2024.

매들린 밀러, 《키르케》, 이은선 옮김, 이봄, 2020.

아도르노, 호르크하이머, 《계몽의 변증법》, 김유동 옮김, 문학과지성사, 2001.

# 3

# 사악한 마음의 지배를 받았던 사람들의 지하세계로 가보겠습니다

**단테 알리기에리Dante Alighieri,**
**《신곡*La Divina Commedia*》중 〈지옥*Inferno*〉, 1321년**

단테 알리기에리,
《단테의 신곡─상》,
최민순 옮김,
가톨릭출판사, 2013.

단테 알리기에리,
《신곡: 지옥》, 김운찬 옮김,
열린책들, 2009.

단테 알리기에리,
《신곡─지옥편》,
박상진 옮김, 민음사,
2007.

고전에 관해 잘 알려진 농담으로 시작해볼까요? 누구나 제목은 알고 있지만 정작 끝까지 읽은 사람은 거의 없는 책이 고전이라는 겁니다. 이 농담에는 불편한 진실이 담겨 있습니다. 고전이 널리 알려진 책이라는 점에서는 이론의 여지가 없습니다. 그런데 많은 사람이 마치 그 책을 아는 '척'하지만 정작 그 책을 읽은 사람이 적다면 조금은 씁쓸합니다. 단테의 《신곡》도 그런 책 중의 대표적인 사례가 아닐까 싶습니다. 이번에 우리는 《신곡》을 아는 '척'하지 말고 제대로 읽어낼 수는 방법을 찾아보겠습니다.

《신곡》 읽기는 쉽지 않습니다. 일단 두께가 만만하지 않기에 상당한 시간을 독서에 할애해야 합니다. 오래전에 다른 문화권을 배경으로 쓰인 책이니 현대의 독자는 읽어나가면서 각종 해독의 장벽에 부딪히지요. 《신곡》을 완독하려면 이 모든 장애물을 제거해야 합니다. 저도 몇 번이나 시도했지만 계속 실패했고, 처음으로 완독을 한 건 3년 전쯤입니다. 하지만 완독에 의의가 있었지, 《신곡》을 이해했다고는 할 수 없었습니다. 이번에 저는 강의를 준비하면서 두번째로 완독에 도전했습니다. 강의를 준비하면서 석 달간 이런 방법 저런 방법으로 반복해서 읽다보니 《신곡》을 어떻게 읽어야 될지 조금 감이 생긴 것 같아서 그것부터 공유할까 합니다.


### 인생의 위기가 닥쳤을 때
### 고전이 필요합니다


고전이라고 부르는 책은 어떤 책의 집합체를 지칭하는 단어인데요. 한자로 고전古典을 낱말 그대로 풀이해보면 이렇습니다. '고古' 자는 오래되었다는 뜻이니, 고전은 오래된 책이라는 의미입니다. '전典' 자는 좌식 책상 위에 두루마리가 쌓여 있는 모습을 형상화한 거라고 합니다. 두루마리를 서가에 보관할 수도 있지만 자주 꺼내 보는 두루마리는 서가보다 책상이 더 어울리는 자리일 거예요. 한자어로 고전에는 가까이에 두고 반복해서 읽는 오래된 책이라는 뜻입니다.

서양 언어로는 고전을 클래식classic이라고 합니다. 단어 클래식의 단어의 어원은 라틴어 클라시쿠스classicus인데요, 클라시쿠스는 함대라는 뜻을 지닌 클라시스classis라는 명사에서 파행된 형용사입니다(《단테 신곡 강의》, 16쪽). 함대를 뜻하는 클라시스가 어떤 맥락에서 사용됐는지 살펴볼까요? 로마가 국가적 위기에 처하면 각자는 공동체를 지키기 위해 각자가 할 수 있는 무언가를 해야 합니다. 부자는 로마를 지키기 위해서 군함을 기부했습니다. 배 한 척도 아니라 배 여러 척으로 구성된 군함을 기부하는 것이 위기에 빠진 로마를 구할 수 있는 나름의 방편이라고 여긴 것이지요.

클라시스－클라시쿠스 그리고 클래식의 연결고리를 염두에 두면 서양언어로 고전이라는 뜻을 지닌 클래식은 위기에서 벗어날 수 있는 방편이라는 뜻이 스며들어 있습니다. 한 개인이 위기에 처했을 때 위기에서 벗어나기 위해서 도움을 받을 수 있는 책이 클래식이고, 책상 위에 얹어놓고 수시로 펼쳐보는 책이 고전입니다. 동방 원정을 떠났던 알렉산드로스가 전쟁터에서 침대밑에 늘 스승 아리스토텔레스의 주석이 적힌 호메로스의 《일리아스》를 두었다는 에피소드는 어떤 책이 고전으로 분류되기 위한 필요충분조건을 예증적으로 잘 보여주는 사례라 할 수 있을 것입니다(자세한 이야기는 《교양 고전 독서》 첫번째 책의 《니코마코스 윤리학》편을 참조하시기 바랍니다).

## 단테는 인생의 올바른 길을 잃고
## 헤매고 있습니다

고전에 대한 정의부터 시작한 이유는 바로 단테의 《신곡》의 첫 문장이 단어의 의미 그대로 《신곡》이 클래식임을 입증해주고 있어서입니다. 단테의 《신곡》은 이렇게 시작됩니다. "한평생 나그넷길 반 고비에 올바른 길 잃고 헤매던 나 컴컴한 숲 속에 서 있었노라."(《신곡》 1곡 1-3: 가톨릭출판사, 38쪽) 인간은 몇 살까지 살 수 있을까요? 100살까지 살 수 있다고 가정한다면, "반 고비"에 해당되는 절반은 50살입니다. 단테는 "한평생"이라는 "나그넷길"의 "반 고비"에 해당되는 나이에 접어들었습니다. 먹을 만큼 먹은 나이입니다. 그런데 "반 고비"를 살고도 자신은 "올바른 길"을 잃고 헤매고 있습니다. 게다가 "컴컴한 숲속"에 혼자입니다. 단테는 어두운 숲속에서 어디로 가야 할지 모릅니다. 인생의 위기에 처한 것이지요.

위기의 경위부터 살펴보겠습니다. 이탈리아 반도의 토스카나 지역에 위치한 피렌체는 작지만 강한 도시입니다. 이 도시가 배출한 걸출한 인물이 너무나 많아 피렌체는 도시의 물리적 크기의 수백 배가 되는 문화예술적 영향력을 후대에 남겼습니다. 단테는 1265년 피렌체에서 태어났습니다. 그리고 르네상스를 낳은 도시다운 피렌체 특유의 지적 문화예술적 환경에서 성장했습니다. 피렌체에서 태어났다는 것 자체가 단테에게는 축복이었지요. 게다가 단테는 아홉 살에 평생의 사랑이자 창작의 영감을 얻은 베아트리체Beatrice를 만났습니다. 그는 성장하여 시인이 되었습니다. 시인으로 창작활동을 시작하던 무렵 새로운 물결이 피렌체에서 만들어졌습니다. 중세 유럽에서 존재조차 알려지지 않았던 아리스토텔레스의 저작이 뒤늦게 수용되면서 종교적 주제가 아니라 인간의 감정을 언어로 표현하려는 새로운 시적 창작의 움직임이 등장했는데, 이것을 청신체淸新體, Dolce Stil Novo라 합니다. 감미롭고 새로운 문체라는 뜻이지요. 단테는 청신체 시인으로 습작을 시작했습니다. 청신체 시인은 마음속에 담긴 사랑이라는 정서를 충실하게 기록하는 것을 자신의 임무라고 여겼습니다. 단테에게 그 감정 표현의 대상은 당연히 베아트리체였습니다. 청신체 시인은 사랑을 종교적인 숭배의 차원으로까지 격상시켰습니다. 단테는 베아트리체에게 사랑의 감정을 품게 된 그 순간을 "여기 새로운 인생이 시작되도다"(《새로운 인생》, 19쪽)라고 표현했습니다. 피렌체에서의 그의 인생 초반부는 사랑을 노래하는 아름다운 '새로운 인생'의 시기였지요.

피렌체는 문화와 예술의 도시이기도 했지만 정치파벌 간 대립과 갈등으로 인해 정쟁이 끊이지 않았던 도시이기도 했습니다. 피렌체는 교황을 지지하는 구엘피Guelfi당과 황제를 지지하는 기벨리니Ghibellini당으로 나뉘어 있었는데, 두 파벌은 전쟁도 불사할 정도로 적대적 관계였습니다. 단테가 태어나기 전인 1260년 구엘피당과 기벨리니당이 전쟁을 벌여 기벨리니당이 승리를 거두자 구엘피당 소속이었던 단테의 할아버지가 망명해야 하는 일도 있었습니다.

피렌체에서 사랑을 노래하는 '새로운 인생'의 시기는 영원하지 않았습니다. 단테를 둘러싼 피렌체의 현실논리는 냉혹했지요. 피렌체는 공화국입니다. 공직 진출은 시민의 의무처럼 여겨졌습니다. 그 길을 따라 단테는 약제사 길드에 가입을 했고, 1300년 6월 15일에는 피렌체의 최고위원으로 선출됩니다. 단테가 피렌체 정치에 입문했을 때는 교황파인 구엘피당이 피렌체를 지배하고 있었습니다.

구엘피당은 흑黑당과 백白당으로 나뉘었는데 단테는 구엘피 백당에 속했지요. 암투 끝에 교황의 자리에 오른 보니파시오 8세 Bonifacius PP. VIII와 단테는 사사건건 대립했습니다. 시민의 공동의 정의가 중요하다고 생각한 단테와 권력의지의 그 자체라 할 수 있을 정도로 권력 지향적이었던 교황 보니파시오 8세는 충돌이 불가피했습니다. 보니파시오 8세는 단테의 반대편인 구엘피 흑당을 은밀히 지지했습니다. 피렌체를 손아귀에 넣으려는 교황의 야심 때문에 1301년 11월 1일 보니파시오 8세의 수족인 샤를 드 발루아Charles de Valois가 군대를 이끌고 피렌체에 입성해 피렌체의 최고의원 모두를 면직하고 추방명령을 내렸습니다. 1302년 1월 27일 단테도 추방선고를 받았지요. 3월 10일, 이도 모자랐는지, 당국에 체포되면 화형에 처한다는 추가 판결이 나오면서 단테는 죽음을 피해 망명을 떠나지 않을 수 없었습니다. 이로써 사랑과 시의 피렌체에서 단테의 인생은 끝이 났습니다. 단테의 "나그넷길 반 고비"는 추방의 시간입니다. 단테는 1321년 세상을 떠날 때까지 고향 피렌체로 돌아가지 못했습니다. 그는 죽어서 피렌체에서 멀리 떨어진 라벤나에 묻혔지요. 《신곡》은 추방당한 단테가 인생의 위기를 겪으면서 쓴 책입니다.


## 단테는 본래 이 책을
## '라 코메디아'라 불렀습니다

신성한 노래라는 뜻인 한자어 '신곡神曲'이 단테가 인생의 위기에서 쓴 책의 제목이지만, 정작 단테가 자신의 저서에 붙인 제목은 《라 코메디아La Comedia》입니다. 단테가 델라 스칼라에게 보낸 편지에 따르면, 자신의 저작이 지옥부터 슬프게 시작하여 종국에는 천국으로 끝이 난다고 하여 '코메디아(희극喜劇)'라고 했다고 합니다. 《라 코메디아》라는 본래의 제목이 현재의 '신성한 코메디아'라는 의미의 《신곡》으로 바뀐 사정은 최초의 단테 학자라고 일컬어지는 보카치오Boccaccio의 단테 해석과 관계 있습니다.

보카치오는 단테의 《신곡》을 체계적으로 연구했고, 이 책의 문학사적 그리고 사상사적인 의미를 적극적으로 강조한 최초의 사람입니다. 《신곡》이 고전의 반열에 오르는 데 보카치오가 결정적인 역할을 한 것이죠. 보카치오는 단테의 《라 코메디아》가 고귀한 책이기 때문에 '고귀하다'는 뜻을 지닌 단어 '디비나divina'를 덧붙여 《라 디비나 코메디아La Divina Comedia》라고 불러야 한다고 했지요. 그 후 보카치오에 의해 개작된 제목을 일반적으로 사용하게 되었고, 일본에서 《라 디비나 코메디아》를 한자어로 《신곡

神曲》이라 번역했습니다. 이 번역이 한국에도 수용되면서 한국어 판본의 공통제목이 《신곡》이 되었습니다.

《신곡》을 읽기 전 보카치오가 쓴 단테의 전기를 읽는 것은 큰 도움이 됩니다. 저도 이번에 실패하지 않고 《신곡》을 읽어냈던 비결은 다름아닌 보카치오의 단테 전기를 통해 단테라는 인물에 대한 이해가 깊어진 상태에서 독서를 시작했다는 것입니다. 보카치오는 단테의 사상과 삶을 이해하는 데 필요한 배경지식을 최초의 단테학자답게 단테의 전기에 잘 담아냈습니다.

보카치오는 단테가 피렌체의 지역언어로 글을 썼다는 점을 중요하게 여깁니다. 토스카나어는 가벼운 사랑 문제를 다루는 데 적합한 언어일 뿐 고상한 주제를 다루기에는 적합하지 않다는 생각이 잘못된 선입견이었음을 단테가 증명했다는 것입니다. 토스카나어를 《신곡》 집필을 통해 정교하고 아름답게 만듦으로써 그는 자신뿐만 아니라 후대의 사람들이 토스카나어의 전문가가 되는 데 기여를 했다는 것이죠.

단테 시대의 군주와 귀족은 인문학을 버렸습니다. 단테의 시대엔 로마의 위대한 시인 베르길리우스Vergilius의 라틴어 시는 더 이상 읽히지 않았습니다. 라틴어는 토스카나 지역의 속어와는 다른 학자만 구사하는 고어였기 때문이지요. 《신곡》을 소수의 학자만 이해하는 라틴어가 아니라 속어인 토스카나어로 집필함으로써 단테는 새로운 독자를 창출할 수 있었습니다. 새로운 독자는 군주나 귀족이 아닌 평범한 사람들입니다. 라틴어는 교육받은 사람이나 이해할 수 있는 언어지만 토스카나어는 교육받지 않은 사람도 읽을 수 있는 언어입니다. 보카치오는 단테가 토스카나어로 글을 씀으로써 문학을 대중화하는 데 성공했다는 점을 높이 평가합니다. "만일 그가 예전의 시인들이 그랬던 것처럼 라틴어로 썼다면, 이 작품은 학식 있는 사람들에게만 소용이 되었을 것이다. (중략) 단테는 피렌체어의 아름다움과 그 언어에 대한 자신의 탁월한 구사력을 보여줌과 동시에 전에는 한결같이 무시당했던 학식 없는 사람들에게 기쁨과 자신의 글을 이해할 수 있는 능력을 가져다주었다."(〈단테의 생애〉, 《새로운 인생》 수록, 민음사, 181쪽)

## 고전일수록 어떤 판본으로 읽을 것인지가 중요합니다

《신곡》의 한국어 판본은 세 가지가 있습니다. 저는 이탈리아어를 모르기 때문에 어떤 판본의 번역이 탁월한지를 판단할 수는 없습니다. 단지 독자의 관점에서 각 판본의 장단점을 비교만 하겠습니다. 열린책들 판본은 두껍습니다. 〈지옥〉〈연옥〉〈천국〉 편이 한 권에 담겨 있기 때문입니다. 또한 주석이 각 페이지 밑에 있어서 책을 읽으면서 주석을 참조하기에 편하다는 장점을 지닙니다. 민음사 판본은 세 권 분권입니다. 그래서 휴대하기에 적당한 무게입니다. 단점은 주석이 각주가 아니라 미주로 되어 있다는 점입니다. 《신곡》을 주석 없이 보는 건 불가능합니다. 각주가 아니라 미주로 주석이 적혀 있으면 독서 도중 귀찮다는 이유로 잘 안 읽게 되고, 그러다보면 《신곡》 자체를 이해하지 못하기도 합니다. 어떤 걸 선택해야 될지는 여러분들이 읽는 방법에 달려 있습니다. 책상에 '각 잡고' 앉아서 읽으실 분이라면 열린책들 판본, 들고 다니면서 읽으실 분은 민음사 판본을 추천합니다.

가톨릭출판사에서 나온 최민순 신부 번역 판본은 열린책들이나 민음사 판본과 성격이 다릅니다. 《신곡》은 오래된 책이자, 번역된 책이고 또한 노래하듯 읽어야 하는 시입니다. 앞의 두 판본이 현대 독자의 가독성을 고려하여 산문체로 옮긴 번역이라면 가톨릭출판사 판본은 시의 느낌을 잘 살린 번역입니다. 이 판본을 읽고 있으면 오래된 책을 읽는다는 느낌이 전해집니다. 고어투 한국어로 옮겨져 있거든요.

삽화를 비교하는 것도 흥미롭습니다. 민음사 판본은 영국의 시인이자 화가인 윌리엄 블레이크William Blake의 삽화를, 열린책들 판본은 귀스타브 도레Gustave Doré의 작품을 곁들이고 있습니다. 도레의 삽화는 사실적이에요. 읽고 있는 지옥의 장면이 머릿속에 잘 떠오르지 않아 이해가 안 갈 때, 도레 삽화의 도움을 받으면 지옥의 각 장면의 이미지가 명료하게 그려지기도 합니다. 블레이크의 삽화는 작가의 주관적 해석과 특유의 환상적 분위기가 돋보이는 예술성 강한 그림입니다. 어떤 삽화가 실린 판본을 선택할 것인가는 독자의 취향에 달려 있습니다.

이렇듯 판본마다 장단점이 엇갈리기 때문에 만약 가능하다면 가장 좋은 선택은 저처럼 세 개의 판본을 모두 소장하는 겁니다. 《신곡》에서 숫자 3이 중요한 의미이니 번역본까지 세 개 모두 소장하면 좋지 않겠어요?

## 《신곡》에 걸맞은 독서 전략을 세워야 합니다

《신곡》처럼 분량도 방대하고, 낯선 내용도 많이 등장하는 고전은 독서 전략 수립 없이 어떻게든 내가 성실하게 읽으면 되겠지 하는 마음으로 읽기 시작하면 백전백패입니다. 저의 첫번째 완독 시도도 그 이유로 무참히 실패했습니다. 두번째로 완독에 도전할 때 제가 수립한 독서 전략을 간략하게 소개해드리겠습니다.

자주 사용하는 비유인 숲과 나무의 관계를 확인하며 《신곡》 독서 전략을 세웠더니 저는 완독해낼 수 있었습니다. 일단 숲에서 길을 잃지 않으려면 우리가 탐험하게 될 숲이라는 전체 책이 어떤 구조로 이루어졌는지 지도를 그리는 게 필요합니다. 지도를 완성한 후, 지도를 곁에 두고 지도상에서 내가 지금 탐구하고 있는 나무가 지도의 어느 위치에 있는지를 염두에 두고 길을 잃지 않기 위해 정신을 똑바로 차리는 것이지요.

우선 전체 지도 그리기가 필요하니 《신곡》의 구조부터 살펴보겠습니다. 숫자 3이 중요합니다. 기독교에서 삼위일체라는 것에서 알 수 있듯이 3은 기독교에서 의미 있는 숫자로 받아들여지는데, 단테는 이 점을 고려하면서 《신곡》을 구성했습니다.

《신곡》은 지옥, 연옥 그리고 천국을 다루는 세 가지 편篇으로 구성되어 있습니다. 33개의 칸토canto가 모여 한 개의 편을 구성합니다. 칸토는 노래라는 뜻입니다. 그 뜻을 살려 한국어 번역판은 각 편을 구성하는 33개의 칸토를 노래 '곡曲' 자를 사용하여 '곡'이라고 번역하지요. 지옥 편이 33개의 곡, 연옥 편이 33개의

곡 그리고 천국 편이 33개의 곡으로 되어 있는데,《신곡》전체의 서문에 해당되는 하나의 곡이 더해져, 총 100개입니다.

《신곡》의 문체적 특성도 잊지 않는 게 중요합니다.《신곡》은 기본적으로 시입니다. 3행 구조로 쓰인 시이지요. 한국어 번역판 판형을 유심히 보세요. 모든 번역판이 세 줄씩 모여 편집되어 있습니다. 산문을 읽는 마음과 시를 읽는 마음은 달라야 합니다. 산문과 달리 시를 읽을 때는 서두르지 말고 느긋하게 단어 하나하나를 노래하는 마음으로 입으로 말하며 읽어야 합니다(호메로스 서사시를 읽는 방법에 대해서는《교양 고전 독서》첫번째 책의《일리아스》편을 참조하시기 바랍니다).

신곡의 구조를 이번엔 시각적으로 이해해보겠습니다. 첫번째 편에서 다루는 지옥은 지하입니다. 지옥은 뒤집힌 원뿔 모양입니다. 지옥의 입구가 있는 윗부분은 넓고 밑으로 내려갈수록 좁아집니다. 지옥의 맨 밑바닥을 주데카Judecca라 합니다. 두번째 편에서 다루는 연옥은 하늘을 향해 솟구치는 산의 이미지입니다. 연옥 여행은 등산의 이미지입니다. 세번째 편인 천국은 하늘에 떠 있는 이미지이겠죠.

단테는 "올바른 길을 잃고 헤매던" 중 세 명의 안내로 죽은 자들의 세계를 1300년 3월 25일 부활절 전날 밤부터 시작하여 7일 동안 여행하는데요, 지옥을 3일간 여행하고 연옥을 3일간 거친 후 마지막 하루는 천국에 도달하지요. 지옥 편의 안내자는 로마의 건국 서사시인《아이네이스》를 쓴 위대한 시인 베르길리우스입니다. 베르길리우스는 지옥 편과 연옥 편에서 단테를 안내하다가 천국 편에서는 단테의 영원한 사랑 베아트리체에게 안내를 양보합니다. 베아트리체에 이어 단테를 천국으로 안내하는 사람은 성인 베르나르두스Bernardus입니다.

희망을 기준으로 《신곡》 전체의 구조를 살펴보면 지옥은 희망이 없는 곳입니다. 연옥은 구원받을 수 있는 가능성이 있는, 아직 희망이 남아 있는 곳입니다. 천국은 희망이 이뤄진 곳입니다.

감각을 기준으로 놓고 보면 지옥은 어두운 곳, 빛이 없는 곳입니다. 지옥은 사물이 잘 안 보이는 공간이기에, 어둠 속에서 비명 소리, 고통받는 소리, 신음 소리가 들리는 청각의 이미지가 매우 강합니다. 천국은 희망이 이미 이루어진 빛 그 자체, 찬란한 밝음이고, 연옥은 중간이니 두 가지 감각이 뒤섞인 세계죠.


## 베르길리우스에게
## 괜히 지옥 안내를 맡긴 건 아닙니다

이제 지도를 머릿속에 탑재했으니 그 지도를 들고 《신곡》을 구성하는 세 개의 편 중 지옥 편을 구성하는 나무를 탐색해보도록 하겠습니다. 왜 베르길리우스가 지옥 편의 안내를 맡을까요? 베르길리우스는 《아이네이스》라는 로마의 건국신화를 쓴 시인이죠. 단테가 베르길리우스의 안내를 받는다는 건, 고대 헬라스와 로마를 계승하는 인문주의 전통을 따르겠다는 뜻을 포함하고 있습니다. 베르길리우스는 호메로스와 비슷한 듯하면서 다릅니다. 《아이네이스》는 트로이아 전쟁에 참가했던 아이네아스가 전쟁 이후 귀국하여 로마를 건설한다는 로마 건국의 서사시입니다. 《아이네이스》는 트로이아 전쟁에 참가했던 장군의 귀향을 다뤘다는 점에서 호메로스의 《오뒷세이아》와 유사합니다.

　오뒷세우스의 귀향은 그가 출발했던 고향 이타카로 되돌아가는 것입니다. 베르길리우스의 아이네아스는 고향으로 돌아가지 않습니다. 아이네아스가 전쟁 이후 가는 곳은 그가 출발한 장소가 아니라 새로운 곳입니다. 그는 그곳에 로마를 건국합니다. 단테의 귀향은 오뒷세우스에 가까울까요 아니면 베르길리우스에 가까울까요?

　단테는 피렌체에서 추방되었고, 그가 돌아가면 생명이 위협받기에 아무리 그가 피렌체를 그리워한다고 하더라도 그의 귀향은 피렌체를 향할 수 없습니다. 오뒷세우스의 귀향과 달리 단테의 귀향은 고향 피렌체로 돌아가는 게 아니라 천국이라는 새로운 곳으로 가는 것입니다. 베르길리우스의 아이네아스처럼 단테 역시 되돌아가지만, 제자리로 돌아가지 않고 떠났던 그 자리보다 격상된 곳으로 돌아가야 합니다. 단테 귀향의 최종 목적지는 피렌체가 아니라 천국입니다. 이 점을 생각하면 단테를 지하세계로 안내하기에 적합한 인물은 호메로스가 아니라 베르길리우스입니다.

## 모든 구절을 이해 못 한다고 좌절할 필요는 없습니다

《신곡》에는 어려운 구절이 많습니다. 《신곡》에 등장하는 인물 이름 모두를 알기도 쉽지 않습니다. 《신곡》에는 《교양 고전 독서》를 쭉 읽으신 분이라면 익숙한 아리스토텔레스, 오뒷세우스, 호메로스, 아킬레우스와 같은 인물도 등장하지만 단테 시기에 토스카나 지역에 살았던 사람이 아니면 알 수 없는 이름도 적지 않게 등장합니다. 예를 하나 들어볼게요. "가리센다 탑을 아래쪽에서 올려다보면"이라는 표현이 《신곡》에 등장합니다. 가리센다 탑이 뭔지 모르는 사람은 가리센다 탑을 아래쪽에서 올려다본다는 것이 어떤 느낌인지 짐작조차 할 수 없지요. 우리가 읽는 《신곡》은 14세기에 토스카나어로 쓰인 시를 21세기의 한국의 독자를 위해 현대 한국어로 번역한 책입니다. 700년 전에 쓴 책의 자구 하나하나, 모든 단어와 지명과 인명을 어떻게 다 알 수 있겠어요. 《신곡》에 그렇게 많은 각주가 달려 있어도, 전문 학자끼리도 해석상의 설왕설래가 있는 표현이 한둘이 아닙니다. 넘길 건 넘겨야 합니다.

《신곡》을 근본적으로 모든 단어를 이해하며 읽는 건 불가능합니다. 제가 처음에 《신곡》을 읽다가 때려치운 것도 나중에 생각해보니 그 때문이었어요. 자구 그대로 해석하려고 하니 첫번째 페이지부터 낯선 인명, 지역명과 비유가 많이 등장합니다. 읽기 시작했을 땐 한 구절도 놓치지 않으려고 일일이 각주를 참조했지만 어떤 각주에서도 시원한 해석이 없는 경우에 부딪히니

'나는 《신곡》을 이해할 수 없구나' 자책하면서 《신곡》을 내던졌던 것이지요.

마음을 바꿨습니다. 전 신학자가 아닙니다. 이탈리아 문학 전공도 아닙니다. 《신곡》에 관한 한 교양독자입니다. 아니 단테 전문가 사이에도 의견이 분분한 부분이 있는데, 어찌 교양독자인 제가 단테를 완벽하게 이해를 하겠느냐고 제게 질문했죠. 그리고 읽는 방법을 바꿨습니다. 자구적 해석은 포기했지만, 오히려 성찰적 질문에 집중하자고 마음을 먹었지요. 그리고 두 가지 질문을 마음에 새겼습니다. 그리고 《신곡》 중에서도 지옥 편에서 "무엇이 죄인가?"라는 질문에 대한 나름의 답을 얻기 위해 단테로부터 배우자는 심정으로 읽었습니다.

### 죄에 대한 해석이
### 《신곡》을 인문학의 고전으로 만들어줍니다

"무엇이 죄인가?"라는 질문에 대한 답을 단테는 종교적인 관점에서만 찾지 않습니다. 단테는 신학자가 아니라 시인 인문학자입니다. 그는 토마스 아퀴나스Thomas Aquinas로부터 죄에 대한 기독교적 해석을 받아들이지만, 동시에 고대 헬라스의 아리스토텔레스와 로마의 키케로Cicero도 물려받습니다. 그리하여 《신곡》은 단순 기독교 문학이 아닌 인문학의 고전이 될 수 있었던 것이지요.

단테의 《신곡》에는 헬라스 철학자 아리스토텔레스의 흔적이 깊게 새겨져 있습니다. 인간의 덕德은 실천적 지혜(프로네시스 phronesis)의 산물입니다. 악덕은 간사한 꾀, 교활함을 뜻하는 파노우르기아panourgia에 의해 만들어지지요. 프로네시스와 파노우르기아는 동전의 양면과도 같습니다. 프로네시스가 뛰어난 사람은 파노우르기아도 뛰어날 수 있습니다. '머리 좋은 놈이 나쁜 짓도 잘한다'는 표현이 괜히 있는 게 아니지요. 프로네시스를 갖추었다 하더라도 정신 바짝 차리지 않으면 프로네시스가 파노우르기아가 될 가능성을 배제할 수 없습니다. 덕은 하루아침에 만들어지지 않으니 자신이 파노우르기아의 유혹에 빠지지 않는지 자기 점검을 게을리하지 않으면서 끊임없는 노력을 해야 덕에 도달할 수 있습니다. 그래야 죄를 짓지 않을 수 있는 것이니까요.

로마의 키케로는 《의무론》에서 의무란 다름 아니라 인간을 인간으로 만들어주는, 인간이라면 마땅히 해야 하는 행위라고 정의 내렸지요. 인간은 의무를 다할 때 비로소 인간일 수 있다는 것입니다. "공적이든 사적이든, 포럼에서의 정치적인 것이든 가내사이든, 너 혼자만이 하든 타인과 더불어 행동하든 간에 실로 생활의 어떤 부분도 의무에서 벗어날 수가 없으니, 생에 있어서 도덕적으로 옳고 선하고 명예로운 모든 것은 의무를 이행하는 데 달려 있고, 도덕적으로 옳지 않고 나쁘며 불명예이며 추한 것은 의무를 이행치 않는 데 있기 때문이다."(《키케로의 의무론》, 20쪽)

의무를 알고 있는데도 행하지 않는다면 죄를 저지르는 것입니다. 아니, 또 다른 가능성도 있는데요, 의무 자체를 잘못 이해하는 경우도 배제할 수 없습니다. 인간에게 두 가지 가능성 모두 열려 있으니 혹시 내가 의무를 소홀히하고 있는 것은 아닌가, 내가 의무라 해석한 것이 잘못된 것은 아닌가, 끊임없이 물어야 합니다.

도미니크 수도회(성 도미니크 데 구스만이 1215년 교육받지 못한 성직자는 자기에게 맡겨진 신도를 결국 이단으로 빠뜨리고 만든다는 신념하에 만든 공동체)를 대표하는 인물인 토마스 아퀴나스는 헬라스의 아리스토텔레스 철학을 그리스도 신학 속으로 수용한 대표적인 스콜라 철학자이죠. 그는 방대한《신학대전Summa Theologica》을 남겼습니다.《신학대전》의 희망 편에 따르면 인간은 원죄를 지었기에 추락해서 유배 생활을 하는 인생을 살아갑니다. 천국으로부터 추방당했다면, 인생의 목표는 추방당한 곳으로의 귀향입니다. 추방당한 인간이 언젠가는 하늘나라로 돌아가 영원한 참행복을 누릴 수 있다는 것을 믿고 귀향하겠다는 의지를 포기하지 않는 것이 희망입니다. 희망은 인간이 인생을 포기하지 않도록 해주는 힘인 것이지요.

희망엔 두 가지가 있다고 해요. 한 가지는 인간적 희망입니다. 인간적인 계산과 능력에 기대하는 것입니다. 한 달에 30만 원씩 적금을 부어 몇 년 후엔 1천만 원을 모을 수 있다는 계산을 하고 계산된 미래를 에너지 삼아 고통스러운 현재를 버텨나가는 것. 이것이 인간적 희망입니다. 또 다른 희망인 기독교적인 희망은 하느님의 약속과 은총을 기대하는 것입니다. 그 어떤 희망이든 희망은 인간의 의지와 관련됩니다. 적금을 깨지 않고 유혹을 뿌리치면서 일정한 기간을 의지를 가지고 견뎌야 인간적 희망은 성취될 수 있습니다. 기독교적 희망 역시 마찬가지입니다. 의지 없는 자는 기독교적 희망이 성취된 그 순간을 기대할 수 없습니다. 참고 단련한 사람만이 그 희망에 도달할 수 있습니다. 지옥은 그런 희망이 없는 곳입니다. 인간적 희망도 기독교적 희망도 없는 곳이지요. 왜 어떤 사람은 희망이 아예 없는 지옥에 떨어졌을까요? 죄를 지었기 때문입니다.

## 준비를 마쳤으니 단테와 베르길리우스를 따라 지옥으로 가봅니다

《신곡》의 첫 문장으로 다시 돌아가보겠습니다. 단테는 "한평생 나그넷길 반 고비에 올바른 길 잃고 헤매"고 있습니다. 길을 잃고 헤매던 단테는 표범, 사자 그리고 늑대와 마주칩니다. 단테가 마주치는 각 동물은 단테로 하여금 올바른 길을 잃게 한 죄를 상징합니다. 표범은 음란함의 죄를, 사자는 오만함의 죄를, 늑대는 탐욕의 죄를 상징합니다. 인생의 중반에 접어든 단테는 음란함과 오만함과 탐욕에 빠져 올바른 길을 잃고 헤매고 있습니다. 이때 그 앞에 베르길루스가 나타나자 단테는 "이름난 현자여 나를 도우소서"(1곡 90: 가톨릭출판사, 46쪽)라고 요청하지요. 베르길리우스는 단테가 이 거친 숲에서 벗어나려면 마땅히 딴 길로 접어들어야 한다며 "내 너의 길잡이가 되어 여기서 너를 영원한 곳으로 이끌어 주리라"(1곡 113-114: 가톨릭출판사, 49쪽) 하며 약속합니다. 그가 흠모하던 시인이 인도하겠다고 하니 단테는 기꺼이 베르길우스를 따라나섭니다.

베르길리우스의 안내로 지옥의 입구에 도착했습니다. 지옥으로 내려가는 지옥문 앞에 이런 구절이 쓰여 있습니다. "여기 들어오는 너희 온갖 희망을 버릴진저."(3곡 9: 가톨릭출판사, 66쪽) 지옥문을 통과하면 희망이 없는 곳이 시작됩니다. 오귀스트 로댕 Auguste Rodin의 〈지옥의 문〉이 《신곡》의 이 장면에서 영감을 받은 작품이지요. 〈지옥의 문〉의 중앙 상단에 〈생각하는 사람〉으로 잘 알려진 사색하는 인물이 있습니다. 그의 표정은 밝지 않습니다. 이 문으로 들어가는 사람은 희망을 버려야 하니까요. 그는 "죄란 무엇인가?"라는 질문에 대한 답을 생각하고 있을지도 모르겠습니다. 단테 역시 지옥문 앞에서 그 질문을 던졌겠지요.

지옥문을 통과한 후 지옥으로 가려면 저승의 강 아케론 Acheron을 건너야 되는데, 그 강의 뱃사공이 카론Charon입니다. 이 장면도 다양한 예술작품의 소재가 되었는데요, 미켈란젤로 Michelangelo가 그린 〈천지창조〉에서도 카론의 배를 타고 사람들이 지옥으로 가는 장면이 그려져 있지요. 그 배를 타고 지옥으로 건너가면, 죄인은 지은 죄의 경중에 따라 지옥의 각 층에 배분됩니다. 본격적인 지옥이 시작되기 전 림보Limbo가 등장합니다. 림보는 고성소古聖所라고 부르는 곳입니다. 예수 그리스도가 오기 전에 태어났던 사람들은 예수를 믿을 수 없었지요. 그렇다고 그들을 신앙의 죄인으로 분류할 수는 없습니다. 그런 사람이 있는 곳이 림보입니다. 그렇다면 단테는 림보에 어떤 사람을 배치했을까요? 고대 헬라스의 고전 작가는 모두 예수 탄생 이전의 사람입니다. 단테가 감명받았던 자신의 롤모델은 모두 예수 탄생 이전의 사람이니 그들은 림보에 있습니다.

아르테우스 가문의 엘렉트라, 트로이아의 헥토르, 고대 헬라스의 철학자 소크라테스, 아리스토텔레스, 플라톤, 데모크리토스, 디오게네스, 아낙사고라스, 헤라클레이토스, 제논도 림보에 있습니다. 단테는 림보에서 그가 계승하고 싶은 고전 작가를 모두 만납니다. 베르길리우스가 단테에게 호메로스, 호라티우스Horatius, 오비디우스Ovidius, 루카누스Lucanus를 소개합니다. 베르길리우스까지 포함하면 여섯 명의 시인입니다. 자신이 그 자리를 계승해 자신도 중요한 고전 시인의 자리에 올라가고 싶어하는 단테의 꿈이 이렇게 우회적으로 표현되어 있습니다.

림보보다 더 아래로 내려가면 지옥이 시작됩니다. 미노스Minos는 "죄과를 판단하는 그 재판관"(5곡 9: 가톨릭출판사, 95쪽)입니다. 미노스는 지옥의 "어느 층에든지 집어넣고 싶은 대로 그만한 수만큼 제 꼬리로 몸을"(5곡 11-12: 가톨릭출판사, 95쪽) 감습니다. 몇 번 감느냐에 따라 죄인이 떨어질 지옥의 층이 정해지는 것이지요. 비교적 가벼운 죄인이 가는 지옥의 위층은 넓고, 아래로 내려갈수록 좁아지며 중죄를 지은 사람이 떨어집니다. 당연히 지옥의 아래에는 '희망'의 상징인 빛이 사라지겠지요.

죄 중에서 가장 나쁜 죄는 실수나 실책에 의해 저지른 죄가 아니라 의도된 죄입니다. 토마스 아퀴나스는 죄를 물을 때 의도 intentio한 것이냐를 중요한 기준으로 삼았지요. 죄는 일시적이고 변화하는 다른 선을 선택함으로써 최종 목적이신 하느님으로부터 멀어지는 무질서한 행위입니다. 영적인 죄가 육적인 죄들보다 죄책이 더 큽니다. 특수한 원인에 의한 죄로, 무지하여 모르고 저지른 죄, 정념 욕망 때문에 저지른 죄, 의도를 가지고 저지른 죄가 있는데 그중에서 가장 나쁜 죄는 무지에 의한 죄도 아니고 정념에 의한 죄도 아니고 의도에 따른 죄입니다. 이런 기준에 따라 지옥은 설계되어 있습니다. 림보를 지나고 나면 두번째 환環 (열린책들 판본에서는 '원', 민음사 판본에서는 '둘레')부터는 이런 기준에 따라 판명된 죄인들이 고통받는 지옥이 펼쳐집니다.

림보 아래의 지옥의 두번째 환에 "이성을 정욕 앞에 굽혀 버린 육욕의 죄인"(5곡 38−39: 가톨릭출판사, 98쪽)이 있습니다. 이들은 칠흑 같은 어둠 속에서 무섭게 휘몰아치는 바람에 휩쓸려 다니는 벌을 받고 있습니다. 성과 관련된 도덕이 14세기에는 지금보다 더 엄격했을 것 같은데, 어찌 음란함과 애욕에 의한 죄가 비교적 가벼운 죄로 판명되었을까요? 죄의 가벼움과 무거움을 구분할 때 가장 중요한 기준이 의도성 유무라고 말씀드렸었지요? 성욕을 절제하지 못한 죄가 음란함과 애욕에 의한 죄인데, 성욕이라는 것 자체는 인간의 의도에 의해 만들진 것은 아니지요. 성욕은 갖고 태어나는 것이니까요. 물론 성욕을 억제하지 못하고 조절하지 않았음은 죄이지만, 의도적으로 만들어내지 않았다는 점에서 지옥의 비교적 윗부분에 있는 것입니다.

우리가 읽었던 호메로스의 서사시에 등장하는 인물 중 음란함과 애욕의 죄는 누구에게 물을 수 있을까요? 트로이아 전쟁의 빌미를 제공한 문제 있는 두 연인 헬레네와 파리스 아닐까요? 단테도 우리와 같은 생각을 했습니다. 헬레네와 파리스가 거기 있습니다. 뿐만 아니라 비극적 사랑의 주인공도 단테는 만났습니다. 바그너가 음악극으로 작곡하기도 했던 트리스탄Tristan과 이졸데Isolde도 빠질 수 없겠지요.

지옥의 세번째 환은 탐식의 죄를 지은 자들의 공간입니다. 탐식의 죄인을 "표독스럽고도 별난 짐승"(6곡 13: 가톨릭출판사, 108쪽)인 케르베로스Cerberus가 지키고 있습니다. 아리스토텔레스의《니코마코스 윤리학》에서 강조한 중용을 다시 생각해보시지요.《교양 고전 독서》첫번째 책에서 보았듯이 아리스토텔레스는 더하지도 않고 모자라지도 않음을 중용이라 했는데요, 낭비가 지나친 것이라면 인색함은 모자란 것이지요. 그 양 극단에서 "마음씨가 하도 삐뚤어져서 무엇이건 요량 있게 쓰지 못한"(7곡 41-42: 가톨릭출판사, 122쪽) 자들, 즉 낭비와 인색함의 죄를 지은 자들이 네번째 환에 떨어집니다.

지옥의 다섯번째 환은 분노의 죄를 지은 자들에게 배당됩니다. 여섯번째 환으로 가려면 플레기아스Phlegyas의 배를 타고 스틱스Styx를 건너야 합니다. 스틱스를 건너면 지옥의 밑바닥을 향하는 디스Dis가 나오는데요, 이 디스가 호메로스 서사시에 등장했던 하데스입니다. 천사 프리아가 디스의 문을 열어주고 단테와 베르길리우스는 여섯번째 환으로 내려가지요.

여섯번째 환에는 영혼의 불멸을 부정한 죄인이 있습니다. 여섯번째 환에서 단테가 만난 사람 중에서 헬라스의 철학자 에피쿠로스Epicurus가 눈에 띕니다. 지옥의 아래로 내려오는 여정에서 우리는 이미 상당수의 헬라스 철학자가 림보에 있었음을 알았는데요, 에피쿠로스는 림보에 있지 않고 한참 아래 지옥에 있습니다. "영혼이 육체와 같이 죽는다"(10곡 15: 가톨릭출판사, 154쪽)라고 주장하며 영혼의 불멸을 부정한 사람이기 때문이죠.

일곱번째 환으로 내려가보겠습니다. 거기엔 폭력을 행사한 죄인이 있습니다. 일곱번째 환은 3개의 낭囊으로 이뤄졌는데요, 세 가지로 폭력을 분류했기 때문입니다. 폭력은 이웃에게 행사하는 폭력, 자신에게 행사하는 폭력 그리고 하느님에게 행사하는 폭력으로 구별됩니다. 아리스토텔레스의 학생으로서 정복전쟁을 일삼았던 알렉산드로스는 일곱번째 환의 첫번째 낭에 있습니다. 알렉산드로스를 전쟁 영웅이라고 부를 수도 있겠지만, 정복당한 사람의 입장에서 보면 이웃에게 폭력을 행사한 죄인입니다. 자신에게 폭력을 가한 사람, 즉 자살한 사람은 일곱번째 환의 두번째 낭에 있습니다. 일곱번째 환의 세번째 낭은 하느님과 하느님의 성물에 폭력을 행사한 죄인이 가는 곳입니다. 일곱번째 환의 세번째 낭에서 얼굴은 사람이고 몸은 뱀인 괴물 게리온Geryon을 타고 베르길리우스와 단테는 지옥의 더 낮은 환으로 내려갑니다.

여덟번째 환에는 기만의 죄를 저지른 자들이 있습니다. 단테는 기만의 죄를 열 가지 종류로 나누었기에 여덟번째 환은 열 개의 낭으로 세분되어 있어요. 첫번째 낭에는 뚜쟁이와 유혹자가 있습니다. 두번째 낭은 아첨꾼입니다. 세번째 낭에는 돈을 받고 성직을 거래한 죄인이, 네번째 낭에는 점쟁이와 예언자가, 다섯번째 낭에는 직권을 남용해서 사리사욕을 채운 사람이, 여섯번째 낭에는 위선자가, 일곱번째 낭에는 도둑질을 한 죄인이, 여덟번째 낭에는 사기와 교만을 교사한 죄인이 타오르는 불꽃 속에 휩싸여 있습니다.

여덟번째 낭에서 우리는 익숙한 인물을 만납니다. 호메로스의 서사시 《오뒷세이아》의 주인공 오뒷세우스 말입니다. 오뒷세우스는 앞서 살펴보았던 것처럼 남성 영웅의 원형으로 볼 수도 있지만, 동시에 이기적이고 모순적인 인물로 볼 수도 있지요. 오뒷세우스의 꾀는 다른 관점에서 보자면 기만의 기술이니까요. 단테가 오뒷세우스를 여덟번째 낭에 떨어뜨린 것은 많은 점을 시사합니다. 여덟번째 환의 아홉째 낭엔 종교나 정치에서 불화의 씨앗을 뿌린 자들이 있습니다. 열번째 낭엔 온갖 수단으로 다른 사람을 속이거나 화폐를 위조한 사람이 있습니다.

이제 지옥의 가장 밑바닥입니다. 최종 환인 아홉번째 환에는 어떤 죄를 지은 사람들이 있을까요? 아홉번째 환은 네 개의 원圓 (열린책들과 민음사 판본에는 '구역')으로 구성되어 있습니다. 단테는 제1원인 카이나에는 혈족을 배신한 자를, 제2원인 안테노라에는 조국을 팔아먹은 자들을 배치했죠. 제3원에는 친구를 판 죄인이 있고, 지옥의 가장 마지막 바닥인 제4원 주데카에는 은인을 배신한 사람이 있습니다. 단테는 배신을 가장 악질의 죄로 분류합니다. 토마스 아퀴나스가 의도 있음과 없음이 죄의 중죄를 가

늠하는 기준으로 설정했었지요. 배신은 대표적으로 의도가 개입한 죄입니다. 정념에 휩싸여 배신하지는 않잖아요. 배신은 배신으로 얻을 수 있는 것이 많다는 계산 후에 벌어지는 행위입니다. 배신은 심사숙고를 거친 의도적 행위이지요. 배신자는 무지에 의해 죄를 짓는 사람도 아닙니다. 배신자는 오히려 배우지 못한 사람이라기보다 배운 사람에 가깝습니다. 믿었던 사람에게 당하는 게 배신입니다. 기만과 배신은 그 점에서 다르죠. 우리는 믿지 않는 사람으로부터 기만당할 수 있습니다. 배신은 믿는 사람에게 당하는 것이지요. 지옥의 맨 밑바닥인 주데카에 처박힌 배신의 죄를 지은 사람들은 루키페르Lucifer에 의해 뜯기고 있습니다. 루키페르에 의해 뜯기고 있는 죄인 중 우리가 잘 알고 있는 사람을 확인해볼까요? 율리우스 카이사르Julius Caesar를 배신한 마르쿠스 브루투스Marcus Brutus와 예수를 팔아먹은 유다가 있네요.


**단테가 말한 죄목을
우리는 그대로 외워야 할까요?**

《신곡》은 14세기에 쓰인 책입니다. 우리는 21세기의 독자입니다. 단테가 살았던 시대와 우리가 살았던 시대가 다르기 때문에 《신곡》에서 단테가 죄로 분류한 것 중 어떤 것은 현대적 감각으로는 죄라고 단정할 수 없는 것도 있습니다. 그렇기에 《신곡》에서 나열되고 있는 각각의 죄를 21세기의 독자가 자구 그대로 암송

하는 건 의미 없습니다. 그보다 중요한 것은 《신곡》을 현대적으로 읽어내는 것이겠지요.

죄는 범죄보다는 넓은 개념입니다. 범죄가 법적 위반 여부를 따지는 것이라면, 죄는 법적 위반 사실이 없다고 하더라고 인간다움이라는 기준을 충족시키지 못하는 행위를 분류하는 개념이지요. 범죄는 법정에서 시비를 가리겠지만, 죄의 유무는 인문적 성찰의 터전에서 다뤄지는 것이죠.

죄가 있다면 그 죄에 합당한 벌이 있어야만 합니다. 《신곡》에는 죄만 나열되어 있지 않습니다. 죄에 상응하는 벌, 그것을 콘트라파소contrapasso, 응보應報라 합니다. 단테는 죄를 지은 자에게 가장 타격을 줄 수 있는 방법으로 그에게 상응하는 벌을 상상해냅니다. 벌은 보복이 아닙니다. 죄인에 대한 적개심과 증오심으로 벌을 내려서도 안 됩니다. 벌은 죄인이 죄를 깨닫도록 하는 것을 목표로 삼아야 하지요. 그래서 감금과 같은 일괄적인 처벌이 아니라 각각의 죄에 상응하는 각각의 벌이 내려집니다.

탐욕의 죄를 지은 사람은 탐욕스럽기에 탐욕이라는 욕심에 정확한 타격을 줄 수 있는 벌을 내려야 합니다. 옷을 지나치게 좋아해서 낭비의 죄를 지은 사람이라면, 어떻게 해야 할까요? 그 앞에서 그렇게 탐욕스럽게 좋아하는 옷을 태워버리는 것이겠지요.

《신곡》에는 단테의 문학적 상상력이 발휘된 벌이 수시로 등장합니다. 냉혹한 배신자에게 어떤 벌을 내려야 할까요? 죄에 상응하는 벌을 내려야 하는데, 냉혹한 배신자는 냉혈한이잖아요.

단테가 상상한 벌은 냉혹한 죄인이 자신이 얼마나 차가웠는지 직접 느끼고 깨달을 수 있도록, 차가운 얼음물 속에 머리만 내놓고 몸뚱이를 담근 채 지옥에서 평생 보내야 하는 벌을 생각해냈습니다. 가짜 예언자에겐 목이 돌아가는 벌을 내렸습니다. 예언은 앞날을 내다보는 것인데 거짓 예언은 앞날을 엉뚱하게 내다보는 것이니 가짜 예언자의 목이 돌아가게 합니다. 그들은 앞으로 나아갈 때 뒤를 바라봅니다. 가짜 예언에 딱 맞는 응보라 할 수 있습니다.

인색한 죄인은 마땅히 베풀어야 할 때(키케로의 의무를 생각해보시지요), 베풀지 않은 사람입니다. 이들은 아리스토텔레스의 중용을 지키지 못한 사람입니다. 그래서 인색하게 안 쓰고 베풀지 않아 평생 모은 재산의 크기만큼의 돌덩어리를 지옥에서 굴리며 죗값을 치릅니다.

《신곡》은 답을 제시하는 책이라기보다 독자로 하여금 질문하게 만드는 책입니다. 《신곡》을 읽은 독자는 자신도 모르게 "인간의 죄는 무엇인가?"를 질문하게 됩니다. 죄에 대한 질문은 그 죄에 상응하는 벌은 무엇이고, 벌은 왜 필요한가 하는 또 다른 질문 앞으로 독자를 데려갑니다.

저는 《신곡》 완독에 두번째로 성공한 이후 한동안 읽지 않았던, 마지막으로 읽은 게 언제인지 기억조차 가물가물해졌던 도스토옙스키의 《죄와 벌》을 다시 읽었습니다. 그리고 고전이라는 한자 단어의 뜻처럼 책상 위에 《신곡》과 《죄와 벌》을 동시에 올려놓고 깊은 밤이면 잠자리에 들기 전에 《신곡》의 어느 부분을 다시 읽었고 다소 여유 있는 어느 날의 아침에는 《죄와 벌》을 펼쳤습니다. 그 책을 읽는 시간은 제게 우리 시대의 죄는 무엇이고, 그 죄에 상응하는 벌은 무엇인가를 생각하는 시간이었습니다.

　잠시 책을 덮고 단테의 삶을 생각합니다. 고향에서 추방당한 뒤 자신의 운명을 원망하며, 추방명령을 내린 사람들을 저주하며 나머지 인생의 "반 고비"를 보낼 수도 있었겠지만, 단테는 자신의 분노와 세상에 대한 원망을 죄와 벌이라는 주제로 승화시켰습니다. 그에게 추방명령을 내렸던 고향 피렌체는 단테가 이룬 문학적 성취에 대한 뒤늦은 존경의 표시로 피렌체의 판테온이라 할 수 있는 산타 크로체 성당 앞에 그 어떤 피렌체 출신 인물보다 커다란 입상을 세워 그의 위대함을 기리고 있습니다. 피렌체에 가시면 산타 크로체 성당 앞의 단테와 인사를 나누는 것을 잊지 마시기 바랍니다, 그리고 피렌체에서 추방당한 또 다른 인물을 만나러 가야지요. 다음에 읽게 될 《군주론》을 쓴 마키아벨리 말입니다.

**참고·인용 문헌**

단테 알리기에리, 《새로운 인생》, 로세티, 박우수 옮김, 민음사, 2005.
마르쿠스 툴리우스 키케로, 《키케로의 의무론》, 허승일 옮김, 서광사, 2006.
이마미치 도모노부, 《단테 〈신곡〉 강의》, 이영미 옮김, 교유서가, 2022.
조반니 보카치오, 《단테의 일생》, J. G. 니콜스, 진영선 옮김, 메이킹북스, 2022.
토마스 아퀴나스, 《신학대전 25. 죄》, 안소근 옮김, 한국성토마스연구소, 2020.
토마스 아퀴나스, 《신학대전 33. 희망》, 이재룡 옮김, 한국성토마스연구소, 2022.
표도르 도스또예프스끼, 《죄와 벌》, 홍대화 옮김, 열린책들, 2000.

# 4

# 지배자는 어떤 덕목을
# 지녀야 할까요?

**니콜로 마키아벨리**Niccolò Machiavelli,
《**군주론**_Il Principe_》, 1532년

니콜로 마키아벨리,
《군주론》,
강정인·김경희 옮김,
까치, 1994
(제4판 개역본 2015).

니콜로 마키아벨리,
《군주론―군주국에
대하여》, 곽차섭 옮김,
길, 2015.

1513년 12월 10일 한 사람이 친구에게 보낸 편지가 전해집니다. 좀 길더라도 그 편지를 함께 읽어보겠습니다. "시골에 와 있습니다. 최근에 연이어 벌어진 일을 겪고 난 후 기껏해야 다 합쳐 스무 날을 피렌체에 머물렀습니다. (중략) 여기서 어떻게 살고 있는지 들려주어야겠군요. 아침에 해가 뜨면 자리에서 일어나 나무를 베어놓으라고 시켰던 숲으로 가서 지난밤 내내 해낸 일을 두 시간 남짓 바라보면서 늘 자기들끼리든 주변사람과든 언제나 말썽거리를 만들어내는 나무꾼들과 시간을 보내곤 합니다. (중략) 숲을 벗어나면 샘으로 가는데, 그곳은 내 사냥터이기도 합니다. **단테나 페트라르카의 책 한 권을 챙겨갑니다.** 티불루스나 오비디우스를 챙겨갈 때도 있죠. (중략) 해가 떨어지면 집으로 돌아와 서재로 들어갑니다. 진흙 범벅이 되어버린, 헝겊으로 누빈 일상복을 문턱에다 집어던지고 국왕이나 교회의 궁정에나 어울릴 만한 옷들로 갈아입습니다. 마땅히 그래야 한다는 듯이 그렇게 옷을 차려입고는 고대 작가의 오래된 궁정 안으로 들어가 그곳에서 그들의 환대를 받으며, 오직 나만의 것이기도 하고, 내가 세상에 나온 목적이기도 한 요리로 배를 채웁니다. 저는 그들과 이야기하는 것을 주저하지 않으며, 그들의 행적에 대해 궁금한 점이 있으면 그 이유를 묻습니다. 그들은 친절하게 답변합니다. 네 시간 내내 지루함을 느끼지 않으면서, 근심을 잊고 가난의 두려움도 잊습니다. 죽음도 저를 두렵게 하지 않습니다."(《마키아벨리가 프란체스코 베토리에게 보낸 편지》, 1513년 12월 10일, 강조는 인용자)

이 편지를 쓴 사람은 니콜로 마키아벨리이고, 이 편지를 받는 사람은 당시 교황청 대사로 주재하던 그의 친구 프란체스코 베토리Francesco Vettori입니다. 그는 편지에서 고대 작가의 책을 읽으면서 영감을 받아 어떤 책을 집필하고 있음을 알립니다. "우리가 읽은 것을 기록해놓지 않으면 지식이란 있을 수 없다고 단테가 말했기 때문에, 그들과의 대화를 통해서 얻은 성과를 기록해서 《군주국에 관하여De Principatibus》라는 소책자를 썼습니다. 그 책에서 저는 가능한 한 깊이 이 주제를 탐구했는데, 군주국이란 무엇이고, 어떤 유형들이 있으며, 어떻게 군주국을 획득하고 유지할 수 있는가 그리고 왜 잃게 되는가의 문제를 논했습니다."

그는 자신이 쓰고 있는 책이 "소책자"라고 했습니다. 고향 피렌체에서 단테처럼 추방된 마키아벨리는 단테를 읽으며 그리 두껍지 않은 책을 쓰고 있습니다. 그렇지만 그의 책을 둘러싼 소란은 결코 작지 않습니다. 그의 책이 후대에 끼친 영향력은 그가 쓴 책이 '소책자'라는 사실을 무색하게 만듭니다. 그것은《군주론》이라는 제목으로 알려진 책입니다.


**이 책의 제목은
왜 변경되었을까요?**


베토리에게 보내는 편지에서 마키아벨리가 말하고 있는《군주국에 대하여》와 우리가 함께 읽을 고전《군주론》은 다른 책일까요? 그 질문에 답하기 위해 그가 쓴 '소책자'의 운명부터 살펴보겠습니다.

마키아벨리의《군주국에 대하여》는 집필 즉시 바로 출판되지 못했어요. 16세기는 현대적 의미의 출판의 자유가 없던 시대입니다. 출판물은 형식적이든 아니든 허가를 받은 후에야 세상에 선보일 수 있었습니다. 추방당한 존재가 쓴 '소책자'가 검열을 무사히 통과할 리 만무했지요.

현재 전해지는 이 책의 판본은 1532년 안토니오 블라도 Antonio Blado가 금서였던 이 책을 교황 클레멘스 7세Clemens PP. VII의 허가를 받아 출판하기 위해 제목부터 내용에 이르기까지 대대적인 수정을 가한 것입니다. 안토니오 블라도는 책의 제목도《군주Il principe》로 변경했습니다. 금서였던 책 출판을 허락받기 위해서 수정했으니, 클레멘스의 7세의 눈치를 많이 볼 수밖에 없었겠죠.

블라도가 제목까지 바꾸면서 수정한 내용과 본래 마키아벨리의 원본의 차이에 대해서는 알려진 바가 없습니다. 마키아벨리의 초고는 전해지지 않기 때문입니다. 어떤 내용이 수정되었을까? 어느 정도 수정되었을까? 수정되는 과정에서 마키아벨리의 의중이 오인될 수 있는 여지는 없었을까? 마키아벨리를 둘러싼 상반된 해석이 팽팽하게 대립하기에, 원본과 수정본 사이의 차이는 더욱 궁금하기만 합니다. 현재로서는 그에 대한 속시원한 대답을 얻을 수 없으니, 궁금증을 잠시 뒤로하고 이 책을 둘러싼 사뭇 요란한 후대의 소란으로 눈을 돌려보겠습니다.

## 마키아벨리즘은
## 마키아벨리보다 더 유명하지요

그의 이름을 따서 만들어진 '마키아벨리즘Machiavellism'은 정작 마키아벨리라는 이름보다 더 잘 알려졌다고 할 수 있을 정도로 대중적으로 사용되는 단어입니다. 목표에 도달할 수만 있다면 수단과 방법을 가리지 않는 잔혹함, 필요하다면 거짓말도 뻔뻔히 할 수 있는 현실주의자를 '마키아벨리즘'을 추종하는 사람이라 하여 '마키아벨리스트Machiavellist'라 부릅니다. 모사꾼 정치인을 묘사할 때 자주 사용되는 단어죠. 수완이 좋은 사람, 목적을 위해 수단과 방법을 가리지 않는 사람, 자신의 이전 결정을 쉽게 뒤집고도 부끄러워하지 않는 사람, 이 모든 유형의 인간을 포함하곤 합니다.

우리는 마키아벨리를 읽지 않았는데도 마키아벨리즘이라는 단어를 미디어를 통해 먼저 접합니다. 그러다보니 마키아벨리에 대한 선입견이 생기기도 합니다. 가장 큰 선입견은 마키아벨리가 마키아벨리즘을 정당화하는 주장을 한 사람으로 오해하는 것이죠. 그래서 그런지 다른 인문고전은 읽지 않았는데 《군주론》을 읽은 사람은 꽤 많고, 그 반대로 인문고전을 꽤나 읽었다는 사람이 정작 《군주론》을 읽지 않은 경우가 더 많습니다. 인문적 교양을 지향하는 사람일수록 마키아벨리즘에 대한 비판적 태도를 지니고 있기에 다른 고전은 다 읽어도 마키아벨리즘의 교과서 《군주론》은 읽지 않겠다고 다짐하기도 합니다. 저도 그랬습니다.

그렇다고 마키아벨리즘이 《군주론》을 완전히 왜곡날조했다고 치부하기도 쉽지 않습니다. 《군주론》에 마키아벨리즘적으로 해석될 수 있는 문장이 전혀 없는 건 아니기 때문입니다. 마키아벨리의 초고와 블라도의 수정본 간 차이가 마키아벨리의 진의와 마카아벨리즘적 마키아벨리 해석 간 차이에 연관될 것이라 잠정적으로 답하겠습니다. 그리고 "마키아벨리는 마키아벨리즘을 신봉하지 않았다"라는 다소 말장난처럼 들릴 수도 있는 문장을 염두에 두면서 조심스럽게 《군주론》에 다가가겠습니다.

## 《군주론》은
## 《피렌체사》《로마사논고》와 함께 읽어야 합니다

블라도의 수정본과 마키아벨리의 원본을 대조할 수 없으니, 간접적인 방법으로 그가 쓴 다른 저작을 참조하여 그의 진의를 파악하도록 해보겠습니다. 다른 저작을 살펴보면 마키아벨리가 마키아벨리즘과는 거리를 둔 공화주의자였음은 의심할 수 없습니다. 그가 《군주론》을 쓰고 난 이후에 썼던 《로마사논고》는 분명한 그 증거입니다.

《로마사논고》는 지배자의 관점이 아니라 지배받는 사람의 관점에서 로마제국의 역사를 들여다보고 있거든요. 《로마사논고》의 일부분을 함께 읽어 보실까요? "그러나 먼저 로마의 편을 들어 이유를 검토해본다면, 어떤 사물이든 그것을 차지하려는 마음이 가장 적은 자에게 맡겨야 한다고 말하고 싶기도 하다. 그리고 의심할 여지 없이 귀족과 귀족이 아닌 자들의 목적을 검토해보면, 전자에게는 지배하려고 하는 강한 갈망이 있고, **후자에게는 단지 지배당하지 않으려는 갈망**, 다시 말해 귀족들보다 지배권을 장악할 전망이 적기 때문에 **자유 속에서 살고자 하는 강한 열망**이 있다는 점을 발견하게 될 것이다. 그런즉 평민이 자유를 보호하는 직책을 담당하게 되면 그들은 스스로 그것을 독점할 수 없기 때문에, 타인들이 그것을 독점하지 않도록 훨씬 잘 지킬 것이다."(《로마사논고》, 100쪽, 강조는 인용자)

마키아벨리가 로마사에 관심을 기울인 것은 로마의 공화정을 찬양하기 때문입니다. 그가 파악하는 로마사의 핵심은 공화정이 어떤 경우에 유지되고, 어떤 경우에 파괴되는지에 대한 답을 찾기 위해서입니다. 로마의 역사를 지배당하지 않으려는 평범한 사람의 입장에서 살펴보고 자유 속에서 살고자 하는 평민의 강한 열망을 확인하는 마키아벨리는 자신의 고향 피렌체의 역사 또한 동일한 관점으로 분석합니다. 시민 공동체(공화국)가 어떻게 비르투virtú(덕)를 획득할 수 있는지, 그리고 어떻게 하면 그것을 부패하지 않도록 보존할 수 있는지를 성찰하는 것은 자신의 고향인 피렌체가 고대 로마의 계승자가 되기를 원하는 마키아벨리의 염원입니다.

피렌체는 분열로 시달리는 공화국이었습니다. 마키아벨리는 피렌체를 우려의 시선으로 바라봅니다. 《피렌체사》에서 마키아벨리는 피렌체의 역사는 분열의 역사 그 자체라고 분명하게 밝히고 있어요. 서문의 일부분을 같이 읽어보겠습니다. "우리가 아는 대부분 다른 공화국은 단 한 번의 분열로 사정에 따라 흥성하거나 파멸했으나, 피렌체는 한 번으로 끝나지 않고 계속해서 많은 분열을 겪었기 때문이다. (중략) 피렌체에서는 귀족 간에 처음 분열이 발생했고, 이후 귀족과 평민 간에, 그리고 마지막에는 평민과 하층민 사이에 분열이 일어났으며, 승리한 쪽이 다시 둘로 갈라지는 일도 비일비재했다. 그런 분열들로 **피렌체는 어떤 도시에서도 전례를 찾아볼 수 없을 만큼 많은 사람이 죽거나 추방당했고, 또 많은 가문이 파괴**됐다."(《마키아벨리의 피렌체사》, 21쪽, 강조는 인용자)

마키아벨리가 바라보는 피렌체는 분열로 인해 공화국이 계속 위기에 처하는 역사입니다. 그는 분명히 말합니다. 어떤 도시에서도 전례를 찾아볼 수 없을 정도로 수많은 사람이 죽거나 추방당했다고요. 단테 역시 그 분열로 인해 추방되었습니다. 단테의 그 운명이 마키아벨리를 비켜가지 않았습니다. 피렌체를 떠난 그는 위기에 처한 피렌체 공화정을 생각하며 《군주론》을 집필합니다.

### 파시스트 무솔리니와 그에 저항했던 공산주의자 그람시가 모두 군주론을 찬양합니다

잘 쓰면 약이 되고 잘못 쓰면 독이 되는 것들이 정말 많아요. 마약을 약으로 쓸 때는 필요하고 좋은 겁니다. 하지만 환각제로 쓰이면 위험합니다. 마키아벨리의 《군주론》도 비슷한 처지입니다. 《군주론》의 해석은 너무나 달라서 '이 해석도 맞고 이 해석도 무방하다' 정도가 아니라 이 해석이 약이라면 그것과 상반된 해석은 독이 될 수도 있을 지경입니다.

베니토 무솔리니Benito Mussolini는 히틀러의 롤모델이었던 이탈리아의 파시스트입니다. 무솔리니는 1922년부터 1943년까지 이탈리아의 총리였습니다. 1943년에서 1945년 사이에는 모든 고위직의 총칭인 두체Duce라는 호칭을 만들고 자신을 두체로 부릅니다.

무솔리니의 동시대인인 안토니오 그람시Antonio Gramsci는 1891년에 태어나서 1937년에 세상을 떠났습니다. 무솔리니가 한때 사회주의자였다가 파시스트로 변절한 경우라면, 그람시는 공산주의자로서의 신념을 죽음에 이르기까지 지켰던 사람입니다. 그람시는 무솔리니가 집권하던 시절 1926년에 체포돼서 법정에서 20년 4개월 5일 형을 받았고 감옥에서 사망했죠.

둘은 완전히 상반된 신념을 지향한 인물인데, 이들 모두에게 영향을 준 사람이 마키아벨리였다는 점은 아이러니하기만 합니다. 이들에게 《군주론》 해석은 매우 중요했습니다. 무솔리니는 마키아벨리를 주제로 논문을 써서 이탈리아의 명문인 볼로냐 대학에서 박사학위를 받았습니다. 무솔리니는 자신을 정당화할 수 있는 논거를 마키아벨리에게서 찾습니다. 오로지 마키아벨리로부터 '힘에 대한 찬양'과 '인간의 본성은 이기적'이라는 테제만 받아들였습니다. 무솔리니는 '비르투'를 역량, 지도자의 힘이라는 개념으로 해석했고 그것에 매료된 거죠. 또한 자기가 그런 사람이 되고 싶었던 거예요. "힘은 최고의 덕목이니 지도자는 힘을 갖추어야 한다" "힘 자체가 선한 것이니 힘에게 도덕을 요구하지 말라"와 같은 명제를 무솔리니는 마키아벨리로부터 끌어냅니다. 무솔리니에게 마키아벨리는 마키아벨리즘 그 자체입니다.

그람시는 다르게 해석했어요. 《군주론》의 핵심은 현존하는 지도자 찬양이 아니라 어떤 군주/정치인이 바람직한 것인가에 관한 주장이라는 것이지요. 그람시의 마키아벨리 해석이 담긴 책이 《옥중수고》입니다. 그람시는 무솔리니와는 전혀 다른 관점에서 마키아벨리를 읽어냅니다. 그가 파악하는 《군주론》은 새로운 국가를 건설하려면 어떤 군주가 필요한 것인가를 논하여 "분산되고 흩어진 사람들에게 작용하여 그들의 집단의지를 일깨우고 조직하는 정치이념의 본보기"(《옥중수고》, 132쪽) 구실을 하는 책입니다. 그람시는 기성 질서와 지배체제를 정당화하는 구실이 아니라 새로운 국가 건설을 통해 새로운 질서를 수립할 정당성을 《군주론》에서 발견했습니다. 그람시는 공산당이 자신이 반대하는 파시스트 무솔리니라는 군주와는 다른 통치를 보여주는 '새로운 군주'가 되어야 한다고 생각했습니다.

## 같은 책도 책을 읽는 목적에 따라 달라 보일 수 있습니다

동일한 책인데 그람시의 독해와 무솔리니의 독해가 극단적으로 갈라진다는 것은 여러 가지로 시사하는 점이 많습니다. 전 그 이유가 책을 읽는 목적과 깊게 연관되어 있다고 봅니다. 어떤 사람은 책에서 무엇인가를 발견하려고 읽고, 어떤 사람은 자신의 주장에 적당한 근거를 유명한 책에서 찾아내기 위해 읽기도 합니다. 무솔리니는 《군주론》의 명성을 이용하여 자신의 주장에 정당성을 부여하기 위해 《군주론》을 읽었습니다. 무솔리니는 《군주론》을 읽기 전 이미 마키아벨리즘적 인물이 아니었을까요? 반면 마키아벨리와 함께 생각하며 당대의 문제를 성찰하기 위해

《군주론》을 읽은 그람시는 지배하는 사람에게 저항할 수 있는 방법을 《군주론》에서 찾아냈습니다. 아마 자신의 책이 이렇게 극단적인 해석이 교차할 것이라 예상이라도 한 듯, 마키아벨리는 《군주론》에서 동일한 사물도 어떤 관점에 보느냐에 따라 달라짐을 강조하고 있지요.

《군주론》 앞부분에서 마키아벨리는 "풍경을 그리는 사람들이 산과 높은 곳의 특성을 살피기 위해 스스로를 평지에 두고 낮은 곳의 특성을 살피기 위해 스스로를 산 위의 높은 곳에 두는 것처럼, **인민의 본성을 잘 이해하려면 군주가 될 필요가 있고 군주의 본성을 잘 이해하려면 인민이 될 필요**"(《군주론》(보급판), 길, 111쪽, 강조는 인용자)를 강조합니다.

군주를 이해하기 위해서는 인민의 시선에서 봐야 제대로 보입니다. 또한 인민이 누구인가를 알기 위해서는 통치자의 눈에 인민이 어떻게 보이는지를 감안해야 합니다. 마키아벨리즘적 관점을 탑재한 사람은 그 관점으로만 《군주론》을 해석합니다. 그런데 《군주론》은 마키아벨리가 강조하듯 군주의 관점과 인민의 관점이 교차하는 책입니다. 저는 현실정치인도 아니고, 출마를 위한 출사표에 인용할 만한 구절을 찾기 위해 《군주론》을 읽는 것도 아니니 인민의 관점에서 여러분과 함께 《군주론》을 읽어나갈까 합니다.

너무나 많은 《군주론》 번역본 중에서
우리는 어떤 번역본으로 읽어야 할까요?

잘 알려진 고전이 그러하듯 《군주론》의 한국어판은 꽤 많습니다. 저작권이 만료된 책 중에 유명한 것이면 늘 벌어지는 현상인데요, 저작권료도 지불할 필요도 없고 별도의 저작권 계약 없이도 책을 번역해서 출판할 수 있는 데다가 책 자체가 널리 알려져 있으니까요.

우리가 진지하게 검토할 만한 번역본은 두 권입니다. 하나가 까치 출판사에서 나온 것이고, 다른 한 권은 길 출판사 판본입니다. 까치 판본은 얇게 편집되어 있고 책값도 저렴하죠. 그에 비해 길 판본은 책도 두껍고 책값도 훨씬 비쌉니다. 길 판본이 두꺼운 이유는 이탈리아어 원본과 번역본이 병기되어 있고 꼼꼼한 해설과 역주가 들어 있어서예요(이탈리아어 병기 없이 저렴한 가격에 더 얇게 편집된 책도 길에서 출간되었습니다).

마키아벨리 《군주론》의 핵심 개념은 비르투, 포르투나fortuna 그리고 네체시타necessità입니다. 마키아벨리가 워낙 상반된 해석이 내려지는 사상가이다보니 이 세 개념을 한국어로 어떻게 옮기느냐에 따라 《군주론》 해석이 달라집니다. 번역가의 입장을 알아내기 위해선 이 부분의 번역을 살펴보는 것도 한 방법입니다.

길 판본으로는 원본과 번역본을 비교할 수 있지요. 《군주론》이라는 후대에 의해 변형된 제목이 너무 잘 알려져 있기에 길 판본의 제목은 《군주론》을 따르고 있으나 본래 제목인 '군주국에 대하여'를 부제로 병기한 점도 세심한 배려가 돋보이는 대목입니다. 반면 까치 판본에서는 번역문과 원문의 대조가 쉽지 않습니다. 원문과의 대조를 중요하게 여기면 길 판본이 좋고, 적당한 두께와 무게 그리고 가격을 고려하면 까치 판본이 좋습니다.

두 판본의 장단점이 교차하기에, 어차피 고전이라는 게 한 번 읽고 말 책이 아니라 반복해서 읽을 책이니까 기왕이면 길 판본과 까치 판본을 모두 읽으시되, 시작은 까치 판본으로 하고, 재독에서는 길 판본을 선택하길 추천합니다. 이젠 책 속으로 함께 들어가볼까요?


## 《군주론》의 구조를 살펴보겠습니다

《군주론》은 크게 네 가지 부분으로 구성되어 있어요. 내용상으로 분류하면 1장부터 11장까지 마키아벨리는 군주국의 여러 종류를 비교합니다. 12장부터 14장까지는 군주국을 구성하고 있는 군대에 대해 서술되어 있습니다. 15부터 23장까지는 군주는 어떤 방식과 체제로 인민을 대해야 하는지를 다룹니다. 24장부터 26장까지에서 전개되고 있는 것은 그람시가 가장 중요하게 여겼던 신군주에 관한 논의입니다.

《군주론》을 마키아벨리즘적으로 해석하는 사람들은 이 세번째 부분(15–23장)에 집중해요. 입맛에 맞는 구절이 가장 많이 들어가 있는 곳이거든요. 마키아벨리를 처세술의 원조로 해석한 사이비 해설서는 주로 이 부분의 일부 내용을 발췌해서 짜깁기하는 방식을 사용합니다. 그래서 여기를 읽을 때는 문장과 문장 사이의 맥락을 놓치지 않고 조심해서 읽어야 합니다.

24장부터 26장까지의 분량은 많지 않습니다. 그런데 마키아벨리의 어투가 달라집니다. "우리는 이런 신군주principe nuovo를 원합니다. 우리가 이런 신군주를 원하니 만약 당신이 군주라면 이러한 사람이 되십시오." 이렇게 외치는 듯합니다. 미래의 신군주에게 호소하고 탄원하고 강력히 요구하는 웅변조가 됩니다. 그람시도 이 점에 주목했습니다. 메시아를 요구하는, 새로운 시대의 영웅을 기대하는 인민의 목소리와 마키아벨리의 목소리가 교차하는 혁명성을 그람시는 놓치지 않은 것이지요.


**《군주론》에 관한 배경지식을 위해**
**이탈리아 전쟁부터 정리해보겠습니다**

《군주론》은 두껍지 않습니다. 내용도 어렵지 않습니다. 문장도 단순하고 정돈되어 있습니다. 이탈리아 반도의 역사에 대한 배경지식의 부족하면 《군주론》 독해에서 난관에 부딪힐 수 있습니다. 그래서 본격적인 내용으로 들어가기 전 《군주론》의 배경지식을 확보하기 위해 이른바 '이탈리아 전쟁'부터 알아보도록 하겠습니다.

1494년과 1559년 사이에 이탈리아 반도에서 벌어졌던 크고

작은 전쟁이 너무 많아 각각 이름을 붙이는 것이 불가능해 이 기간 이탈리아 반도에서 일어난 전쟁을 통칭해 '이탈리아 전쟁'이라고 부릅니다. 마키아벨리는 1469년에 태어나 1527년에 세상을 떠났으니, 그는 소위 '이탈리아 전쟁'을 전 인생에 걸쳐 겪은 셈입니다.

이탈리아 전쟁을 이해하려면 이탈리아 반도의 도시 국가와 그 주변의 다른 나라의 외교·정치적 관계를 살펴봐야 합니다. 이탈리아 반도의 북쪽에는 신성로마제국과 프랑스가 있습니다. 이탈리아 반도 서쪽에는 에스파냐가 있죠. 이 시기에는 이탈리아 반도가 작은 나라로 분열되어 현재와 같은 통일된 국민국가 이탈리아가 없었습니다. 마키아벨리가 태어난 피렌체를 중심으로 보면 북쪽에는 밀라노공국이, 오른쪽엔 베네치아가 있었습니다. 남쪽에는 교황령이 있고, 더 남쪽으로 내려가면 나폴리왕국이 있었습니다.

이탈리아 반도의 상황과 달리 프랑스는 절대왕정 체제로 이행하던 시기였고, 에스파냐 역시 마찬가지입니다. 신성로마제국 역시 이탈리아 반도에 있는 나라의 크기와 비교할 수 없을 정도의 대국이었지요. 주변 국가에서는 절대왕정으로 이행하고 있는데, 이탈리아 반도에 있는 작은 국가끼리의 정치적 관계는 더욱 복잡해집니다.

중요 인물을 중심으로 이탈리아 전쟁을 이해해볼까요? 제가 언급하는 이 인물들은 《군주론》에도 등장하니, 《군주론》을 읽기 위해 이름을 기억해두시면 좋습니다. 밀라노공국의 프란체스코 1세Francesco I와 루도비코 스포르차Ludovico Sforza 그리고 체사레 보르자Cesare Borgia, 프랑스의 샤를 8세Charles VIII와 루이 12세Louis XII, 신성로마제국의 황제 막시밀리안 1세Maximilian I, 교황령의 교황 레오 10세Leo PP. X 등입니다.

이탈리아 전쟁은 이렇게 시작됩니다. 1494년 프랑스 왕 샤를 8세가 절대왕정 체제를 확고히 하면서 상비군을 창설합니다. 절대왕정 체제였기에 설립 가능했던 군사체계입니다. 반면 이탈리아 반도에 있는 국가엔 상비군이 없습니다. 상비군을 갖춘 프랑스는 이탈리아 반도에 있는 국가의 잠재적 위협세력입니다. 상비군과 절대왕정 체제를 구축한 샤를 8세는 이탈리아 반도에 개입하기 시작합니다.

그사이 밀라노공국에서 루도비코 스포르차가 공작 작위를 물려받았습니다. 나폴리왕국의 왕 페르디난도 1세Ferdinando I가 밀라노 공국의 공작 계승권은 나폴리왕국에 있다고 주장하며 스포르차를 인정하지 않지요. 나폴리왕국이 밀라노공국을 공격합니다. 밀라노공국은 나폴리왕국을 물리치기 위해 프랑스의 샤를 8세에게 도움을 요청하지요. 상비군을 가지고 있는 샤를 8세가 밀라노공국의 원군 요청에 의해 이탈리아 반도로 진군합니다. 샤를 8세 군대의 파죽지세를 용병체제인 이탈리아 반도의 국가가 당해낼 수 없었습니다.

샤를 8세가 밀라노공국을 거쳐 나폴리왕국까지 내려가는 길목에 피렌체공화국이 있습니다. 샤를 8세 군대의 남하는 피렌체공화국의 정치 상황에도 영향을 끼칩니다. 피사에 주둔하고 있던 샤를 8세와의 협상을 메디치 가문의 피에로 데 메디치Piero de' Medici가 맡습니다. 피에로는 피사로 가서 샤를 8세 군대가 피렌체를 지나가도록 협의를 합니다. 피렌체로 돌아와 피에로가 이 협상 결과를 알리니 피렌체 시민은 피에로의 기대와는 정반대로, 피에로가 피렌체를 프랑스에 팔아먹었다며 메디치 가문을 피렌체에서 쫓아냅니다. 메디치 가문이 피렌체에서 추방되자, 피렌체에서는 도미니크 수도회 수도사 지롤라모 사보나롤라Girolamo Savonarola에 의한 신정 정치가 이뤄집니다.

마키아벨리의 운명은 피렌체라고 하는 도시의 운명과 결부되어 있고 피렌체의 운명은 이탈리아 전쟁의 향방과 연결되어 있습니다. 샤를 8세가 이탈리아 반도를 뒤집어놓으니까 세력 관계가 변화했어요. 샤를 8세에 반대하는 나머지 세력이 똘똘 뭉친 것이죠. 처음에 밀라노공국이 샤를 8세를 끌어들였는데, 샤를 8세가 이탈리아 반도를 장악하며 강해지니 밀라노공국은 교황 알렉산데르 6세Alexander PP. VI, 베네치아와 신성로마제국이 반反 샤를 8세 동맹을 맺습니다.

프랑스의 샤를 8세가 세상을 떠나고 루이 12세가 즉위했습니다. 반 프랑스 동맹이 유지되는 한 프랑스는 활로가 없습니다. 프랑스는 베네치아를 설득해 반 프랑스 동맹을 붕괴시킵니다. 베네치아는 프랑스와 동맹을 맺고 반 프랑스 동맹의 일원이었던 밀라노를 공격하죠. 프랑스를 처음 이탈리아 반도에 끌어들인 게 밀라노였는데, 이번엔 베네치아가 밀라노를 공격하기 위해 프랑스와 동맹을 맺은 것입니다. 상황이 이렇게 전개되자 막시밀리안

1세의 신성로마제국은 프랑스와 한편을 이룹니다. 프랑스는 나폴리를 공격하기 위해 에스파냐를 끌어들입니다. 이 와중에 베네치아의 힘이 커졌어요. 그러자 어제의 적이 동맹을 맺고 베네치아를 견제하기 위한 반 베네치아 동맹을 결성합니다. 베네치아를 제외한 에스파냐, 프랑스, 신성로마제국과 교황이 한편을 구성한 것이지요. 베네치아를 견제하려 했더니 그 과정에서 프랑스가 다시 세력을 넓혔습니다. 상황이 이렇게 변하자 프랑스의 확산을 우려한 나머지 세력이 반 프랑스 동맹을 또 맺습니다. 이탈리아 전쟁에선 영원한 적도 없고 영원한 우군도 없어요. 시시각각 동맹 관계가 변합니다. 마키아벨리는 이 시기를 살아냈습니다.

다음으로는 이탈리아 전쟁 동안 피렌체의 상황과 마키아벨리의 처지를 좀 더 자세하게 살펴볼까요? 예술사의 관점에서 피렌체를 이야기하면 피렌체는 르네상스의 도시, 메디치 가문에 의한 예술 후원의 도시, 미켈란젤로와 브루넬레스키Brunelleschi의 도시라는 이미지를 얻습니다. 하지만 정치질서의 측면에서 피렌체공화국은 단테를 추방에 이르게 했던 교황파-구엘피당과 황제파-기벨리니당의 대립에 의해 지배받는 도시였습니다. 마키아벨리의 말을 그대로 빌리자면 "피렌체의 분열은 늘 파벌을 동반했고, 그 결과 항상 공화국에 해"로운 결과를 초래했지요.(《마키아벨리의 피렌체사》, 590쪽)

메디치 가문이 쫓겨나고 사보나롤라 신정 정치도 끝나고 피렌체에 공화정 질서가 다시 들어서던 때인 1498년 마키아벨리는 피렌체공화국의 제2서기관으로 임명됩니다. 제2서기관의 역할은 외교관이에요. 외교관으로 활동을 하면서 마키아벨리는 이탈리아 전쟁에 휩싸인 이탈리아 반도의 주요 인물을 만날 수 있었고, 국가 간 역학관계가 수시로 변하는 것을 목격했습니다. 밀라노에서 체사레 보르자를 1500년에 만났고, 로마의 교황들도 수차례 만났고요. 신성로마제국의 막시밀리안 1세는 1507년에 만났고 프랑스에도 세 차례나 파견되어 루이 12세를 만났습니다.

상비군이 없는 피렌체가 이탈리아 전쟁의 문제를 해결하기 위해 동원할 수 있는 방법은 외교뿐입니다. 마키아벨리가 담당했던 외교관이라는 직책은 피렌체를 대신해서 "외교는 총 없는 전쟁이다"라는 표현처럼 '외교 전쟁'에 참여한 사람이었지요.

이 과정을 통해 마키아벨리는 아주 가까운 곳에서 여러 군주의 각종 행태를 목격할 수 있었습니다. 사랑받는 군주가 있는가 하면, 모든 이로부터 비난을 듣는 군주도 있음을 알았습니다. 군주의 뒷면까지 볼 수 있었던 경험이 마키아벨리가 《군주론》을 쓰는 데 중요한 자원이 되었습니다.

1512년 친親 메디치 쿠데타가 일어나고 마키아벨리는 파직되고 추방됩니다. 그러자 메디치 가문을 다시 추방하려는 반 쿠데타 시도가 1513년 2월에 있었습니다. 반 메디치 쿠데타의 주역이 발각돼서 체포됐는데 이들의 메모에 마키아벨리의 이름이 들어가 있었던 거예요. 반란 혐의로 사형당할 위기에 처했던 마키아벨리를 교황 레오 10세에 즉위한 조반니 데 메디치Giovanni de' Medici가 특사의 명을 내려 추방명령으로 완화시켜주었습니다. 추방된 상황에서 마키아벨리는 《군주론》을 썼습니다. 그리고

《군주론》을 자신의 생명을 구해준 교황 레오 10세의 동생인 줄리아노 데 메디치Giuliano de' Medici에게 헌정했습니다. 《군주론》에는 이탈리아 전쟁 시기 피렌체의 역사와 그 역사로부터 자유롭지 못했던 마키아벨리의 삶이 스며들어 있는 것이지요.


**군주국에 어떤 사람이 있는지 살펴볼까요?**


본격적으로 책 속으로 들어가보겠습니다. 책 제목 《군주론》은 단어 뜻 그대로 풀이하자면 '군주principe'에 관해 논하는 책이라 할 수 있겠지요. 군주라는 단어를 들으면 어떤 생각이 드시나요? 우리는 보통 왕을 연상하지만, 군주는 지도자, 통치자, 지배하는 사람이라는 뜻에 가깝습니다. 인간이 군집을 구성하여 사회를 구성하고 그 사회가 국가의 형태로 제도화되는 한 인격화된 지도자, 통치자가 없는 정치체는 없었습니다.

책 제목을 《군주론》이라고 하느냐 《군주국에 대하여》라고 하느냐 자체가 《군주론》에 대한 해석이라고 앞서 말씀드렸습니다. 《군주론》이라고 하면 책 제목이 풍기는 뉘앙스는 '군주'에 관해 논하는 것이겠지만, 《군주국에 대하여》라고 하면 '군주가 있는 나라'에 대한 책이라고 이해되겠지요? 군주가 한 나라의 지도자라고 해도 그 나라에 군주만 있을 수는 없습니다. 군주국엔 군주가 있고요, 군주가 아닌 사람도 있습니다.

우리는 마키아벨리의 원래 책 제목이 《군주국에 대하여》임을 기억하면서 군주국을 구성하고 있는 사람은 누구인지를, 당연히 피렌체를 기준으로 살펴보겠습니다. 정치체로는 공화국이었지만 지도자가 있다는 의미에서 군주국인 피렌체에는 세습적으로 특권을 상속받는 귀족이 있습니다. 귀족은 아니더라도 부유한 사람, 즉 부자도 있지요. 피렌체에서는 최상층 집단을 오티마티ottimati라고 하고 부유한 시민을 대시민, 포폴로 그라소popolo grasso, 가난한 시민을 포폴로 미누토popolo minuto라 합니다. 평민 모두를 통칭해 부르는 개념이 인민universale입니다.

군주국을 구성하고 있는 사람들을 살펴보았으니 그다음으로는 중요 개념을 정리해보겠습니다. 첫번째로 비르투입니다. 우리 《교양 고전 독서》 첫번째 책에서 다루었던 아리스토텔레스의 《니코마코스 윤리학》에 따르면 비르투는 도덕적 개념입니다. '덕德'이라고 번역해야 마땅한 개념이죠. 마키아벨리즘적으로만 해석하는 사람들은 비르투라는 개념이 바뀌었다고 주장을 해요. 고대의 비르투는 도덕적이고 덕성이라는 의미를 지니고 있었지만 마키아벨리는 그런 뉘앙스를 다 제거하고 '권력potenza'과 '힘fortezza'이라는 개념만 남겼다는 것입니다. 그래서 비르투를 '역량'으로 해석해야 한다고 주장합니다. 이렇게 해석하면 마키아벨리는 도덕적 이상주의자의 면모는 살펴볼 수 없는 현실주의자로 받아들여지지요.

길 판본을 번역한 곽차섭 교수는 마키아벨리는 비르투를 도덕과는 거리가 먼 정치적 군사적 결단성, 과감성, 용기, 활력 등으로 매우 현실주의적으로 사용하기도 하지만 마키아벨리의 비르투 용법은 고대부터 이어져오는 덕성이라는 의미를 여전히 포함하고 있음을 강조합니다. 덕성이라는 비르투의 용법이 있고, 역량으로 표현될 수 있는 새로운 용법도 분명히 존재한다는 것이지요.

이 문장을 볼게요. "최고의 요새가 존재한다면, 그것은 인민들로부터 미움을 받지 않는 것"(《군주론》, 길, 275쪽)이라고 합니다. 인민으로부터 미움을 받지 않는 것이 마키아벨리가 볼 때 군주의 비르투 중 하나입니다. 이 문장에서는 분명 비르투를 군주의 뛰어난 자질로 환원시켜 이해하지 않고 군주와 인민의 관계에서 군주가 발휘해야 하는 덕으로 파악하고 있습니다.

그리고 이런 표현도 나와요. "군주는 또한, 유덕한 사람들을 알아보고 어떤 기술에 탁월한 사람들을 명예롭게 만듦으로써 스스로가 다양한 덕을 사랑하는 인물임을 보여주어야만 한다."(《군주론》, 길, 289쪽) 군주는 힘으로만 통치하는 게 아니라 덕으로 사람을 감읍시켜야 제대로 된 통치가 이뤄질 수 있다는 주장입니다. 비르투는 길 판본에서는 그래서 덕으로 옮겨져 있습니다. 까치 판본에서는 역량, 위력 등으로 번역되어 있는데요, 우리는 혼돈을 피하기 위해 비르투를 그대로 음차하여 쓰겠습니다.

두번째로 살펴본 개념은 포르투나입니다. 비르투가 자신이 통제할 수 있고 수양을 통해 쌓아갈 수 있는 덕목이라면, 포르투나는 외부적으로 주어진 비르투의 소유자도 통제할 수 없는 우연에 의해 결정되는 상황입니다. 아무리 비르투가 있어도 비르투가 발휘될 수 있는 포르투나를 만나지 못하면 무용지물입니다. 비르투와 포르투나는 한 쌍을 구성합니다.

가장 흔한 포르투나에 대한 번역어는 운명인데요, 운명이라고 하면 결정론적 느낌이 너무 강해서, 이 점을 피하기 위해 길 판본과 까치 판본은 포르투나를 운명이 아니라 운(길)이나, 맥락에 따라 호의, 운, 행운 등으로 다양하게(까치) 옮깁니다. 비르투처럼 혼돈을 방지하기 위해 우리는 포르투나를 음차하여 쓰도록 하겠습니다.

세번째 개념은 네체시타입니다. 이탈리아 전쟁 동안 아무리 비르투와 포르투나를 겸비한 군주라 하더라도, 만약 상대편이 덕이 있는 군주가 아니라면 어떻게 될까요? 모두가 페어 플레이를 하고 있다면 페어 플레이를 해도 괜찮지만, 반칙과 배신을 일삼는 상대라면 페어 플레이는 무력합니다. 이 맥락에서 불가피성이라는 새로운 행위윤리가 부가되어야 합니다. 이 문장을 같이 보실까요? "어떻게 사는가와 어떻게 살아야 하는가는 서로 거리가 먼 것이므로, 행해져야 하는 것을 위해 행해지는 것을 포기하는 사람은 자신의 보존보다는 오히려 파멸을 배우게 될 것이다. 왜냐하면 모든 측면에서 선을 표방하는 사람은 선하지 않은 많은 사람들 사이에서 파멸하고 말 것이기 때문이다. 따라서 군주가 스스로를 유지하고자 한다면, 선하지 않을 수 있는 것 그리고 **필요necessità에 따라 이를 사용하고 사용하지 않는 것을 배워야만 한다.**"《군주론》, 길, 191−193쪽, 강조와 이탈리아어 병기는 인용자)

네체시타는 신군주에게 요구되는 새로운 행위윤리입니다. 도덕률을 따를 수 없는 현실 상황에서 선택의 여지가 없을 때, 네

카롤루스 보빌루스, 《지혜에 대하여*Liber de sapiente*》(1510)에 삽입된 〈포르투나와 비르투〉라는 제목의 목판화.

체시타는 조건부로 용인되는 불가피성이지요. 네체시타는 군주의 비르투에 절대적으로 의존합니다. 비르투가 없는 군주가 네체시타를 내세울 경우, 네체시타는 현실의 불가피성을 내세워 도덕률을 무마시키는 알리바이가 될 수 있으니까요. 《군주론》은 비르투, 포르투나 그리고 네체시타 간의 불안한 삼각관계입니다.

## 군주국의 종류와 군주의 자질을 살펴보겠습니다

마키아벨리 자신이 정한 책 제목이 《군주국에 대하여》임을 잊지 않으셨지요? 군주국의 종류부터 알아볼까요? 군주국은 세 가지 종류가 있어요. 자신의 군대와 비르투를 통해 획득된 군주국, 다른 사람의 군대와 포르투나를 통해 획득된 군주국, 악행을 통해 획득한 군주국, 이 세 가지 형태 중에서 가장 바람직한 군주국은 당연히 첫번째 군주국이겠지요. 다른 사람의 군대와 포르투나를 통해 획득된 군주국은 오래 유지될 수 없습니다. "사인私人이었던 사람들이 단지 운에 의해 군주가 되는 데는 별다른 노고가 필요치 않지만 그것을 유지하는 데는 엄청난 노고가 든다."(《군주론》, 길, 79쪽)

아버지가 유력 정치인이었기에 군주의 자리에 올랐다면, 포르투나에 의해 군주가 된 경우입니다. 당사자의 비르투가 아니라 전적으로 외적인 포르투나 덕택으로 군주가 되었다면, 군주는 지배받는 사람의 존중을 받지 못하기 때문에 그러한 군주국은 외부로부터의 침입에 매우 취약합니다. 악행으로 획득한 군주국의 취약성은 말할 나위도 없겠지요. "하지만 동료 시민을 죽이고 친구를 배반하고 신의도 자비도 신앙심도 내버리는 것을 덕이라 부를 수는 없다. 이러한 방식이 권력을 가져다줄 수는 있겠지만 결코 영광을 가져다줄 수는 없다."(《군주론》, 길, 107쪽)

군주국이 만들어진 과정도 여러 가지이듯, 군주도 여러 유형의 사람이 있겠지요. 군주는 대체 어떤 덕목을 소유하고 있어야 할까요? 군주의 마땅한 행실을 마키아벨리즘적으로 해석하는 사람들은 《군주론》에서 마키아벨리가 현실의 네체시타를 강조한 듯 보이는 구절을 끌어다놓고 그것이 군주론의 핵심이라는 수사적 전략을 펼칩니다. 그들이 좋아하는 구절을 제가 몇 개 뽑았습니다. "군주는, **신민들을 강탈해야만 하지 않기 위해, 스스로를 방어하기 위해, 빈곤해져서 경멸받게 되지 않기 위해, 탐욕적으로 되어야만 하지 않기 위해** 인색한 사람이라는 평판을 얻는 것에 조금도 개의치 않아야 한다."(《군주론》, 길, 201쪽, 강조는 인용자)

마키아벨리즘적 해석을 선호하는 사람들은 앞의 문장에서 "인색한 사람이라는 평판을 얻는 것에 조금도 개의치 않아야 한다"에 포커스를 둡니다. 사람이 큰일을 하려고 하면 주변의 쑥덕거림이나 부정적인 평가에는 흔들리지 않아야 한다는 점을 군주가 갖추어야 할 행실의 덕목으로 꼽습니다.

앞의 문장에는 전제조건이 명시되어 있습니다. 군주는 항상 언제나 인민에게 베풀지 않는 '인색한' 사람이 되어야 한다는 뜻은 아닙니다. 군주는 인민에게 인색해서는 안 되는데, 어쩔 수 없이 예외적으로 인색할 수밖에 없는 상황(네체시타)에서는 인색할 수도 있다는 뜻이지요. 베풀기 위해 돈이 필요하고, 그 돈을 인민을 강탈해서 마련한다면 차라리 인색한 사람이 되는 게 낫다는 뜻입니다. 예산을 탕진해서 국가의 재정이 빈곤해지는 상황을 초래할 수 있다면 그 조건에서는 군주의 인색함이 용인될 수 있음을 이 문장은 표현하고 있습니다. 네체시타에 관한 조건을 무시한 채 인색한 사람이라는 평판을 듣는 것을 두려워하지 않

아야 한다고 결론 내려버리면 군주론에 대한 의도적 오독이라고
도 할 수 있습니다.

마키아벨리는 항상 이런 문장을 할 때 마키아벨리즘적으로
해석할 수 있는 문장 앞에 꼭 네체시타를 꼭 달고 있어요. 전제
조건을 더 보겠습니다. "당신은 두 종류의 싸움이 있음을 알아
야 하는데, 그 하나는 법으로 하는 싸움이며 다른 하나는 힘으
로 하는 싸움이다. 첫 번째 것은 인간에게 적합하며, 두 번째 것
은 짐승에게 적합하다. 하지만 **첫 번째 것으로는 종종 충분치 않
기 때문에**, 두 번째 것에 호소할 필요가 있다. 따라서 군주는 짐
승과 인간을 어떻게 사용할지 잘 알 필요가 있다."(《군주론》, 길,
219-220쪽, 강조는 인용자)

마키아벨리는 인간은 무조건적으로 짐승처럼 싸워도 된다고
주장하지는 않습니다. 마키아벨리는 인간으로 싸울 수 있으면
좋겠으나 인간으로서만 싸울 수 없는 상황에서 사람은 짐승처
럼 싸울 수 있다는 뜻이지요. 그럼 지금은 인간으로 싸워야 하
는 상황인지, 아니면 짐승처럼 싸워야 하는 상황인지 군주는 적
절한 판단을 내려야 하는데요. 이때 군주의 비르투가 절대적으
로 요청됩니다. 네체시타인지 아닌지를 비르투 없는 군주가 판
단하면 오판을 할 수 있기 때문입니다. 그러니 군주는 네체시타
를 내세우려면 자신의 판단이 비르투에 근거하고 있음을 증명해
야 합니다. 그것을 증명하지 못한 채 자신의 판단만을 고집한다
면 그것은 권력 남용이지요. 이 문장 한번 같이 볼게요. "신 군
주는 사람을 선하다고 생각게 하는 것들을 모두 다 지킬 수는

없는데, 이는 그가 종종 자신의 국가를 유지하고, 신의와 자비와 인간다움과 신앙에 반하여 행동해야 할 필요가 있기 때문이다. 그러므로 그는 운의 풍향과 사물의 변화가 그에게 지시하는 대로, 스스로를 바꿀 수 있도록 마음의 준비를 갖출 필요가 있다. 또한 앞서 말했듯이, **선해질 수 있을 때는 그것으로부터 멀어지지 말되**, 필요할 때는 악해질 줄도 알아야 한다."(《군주론》, 길, 227쪽, 강조는 인용자)

정교하게 네체시타를 깔고 있죠. 군주 마음대로 선함이라는 도덕률에서 벗어나도 된다고 주장한 건 아니에요. 군주가 선함을 지켜야 하는 상황인데 네체시타를 핑계로 도덕률에서 벗어났다면 우리는 군주를 비판할 수도 있습니다.


## 우리는 지배하기 위해서가 아니라
## 지배받지 않기 위해서 마키아벨리를 읽어야 합니다

《군주론》을 읽는 이유는 여러 가지가 있겠지요. 군주가 되고 싶은 사람이 출마 직전 《군주론》을 읽을 수도 있지만, 제가 읽는 이유는 군주가 되기 위해서가 아닙니다. 저는 정치할 생각이 조금도 없는 사람이거든요. 저는 리더가 되고 싶은 마음도 없는 사람입니다.

제가 《군주론》을 읽는 이유는 통치하는 군주가 군주에게 요구되는 덕목을 제대로 갖추었는지, 그가 올바로 행동했는지를 감시하고 비판하기 위해서입니다. 그러려면 통치받는 인민의 관점에서 적절한 군주의 행위양식은 무엇인지에 관한 분명한 입장을 수립해야 하는 것이 전제조건이니까요. 바람직한 군주의 모습에 대한 분명한 생각이 있는 인민이 군주를 감시할 수 있습니다.

군주는 필요해요. 누군가는 통치를 해야 합니다. 누군가 통치해야 된다는 것과 통치하는 사람이 나를 억압해도 된다는 것은 다른 이야기죠. 핵심은 억압받지 않겠다는 우리의 다짐이고, 인민을 억압하지 않겠다는 군주의 약속입니다. 군주국을 구성하고 있는 사람은 서로 상반된 요구를 가지고 있습니다. 만약 대시민이 자신들의 자산을 악용하여 사람들을 억압하려 한다면, 평시민과 인민은 억압에 저항할 것입니다. 그러한 군주국에서 군주는 억압하려고 하는 방향과 억압받지 않으려고 하는 방향을 조정할 수 있는 능력을 갖추어야 합니다. 군주가 인민을 억압하지 않겠다는 약속을 무시하고 제멋대로 나아갈 때 군주국은 몰락하고 위험에 처합니다.

저는 마키아벨리의 《군주론》이 정치 지도자가 읽는 책이 아니라 우리 유권자가 읽는 책이 되었으면 해요. 우리가 지배당하지 않고 굴복당하지 않을 유일한 방법은 제대로 된 정치인을 '군주'로 선출할 수 있는 '밝은 눈'일 테니까요. 교양독자가 모두 《군주론》을 읽고 '밝은 눈'을 얻어 잘못된 군주를 물리칠 수 있다면 그게 실현 가능한 유토피아 아닐까요? 조선시대의 여항시인 이언진이 노래했듯이요. "일백 명 현인賢人이 한 집에 모이면 정말 빛이 나 장관일 거야. 옛사람이 공평하게 못한 것 바로잡고 옛사람이 내린 단안 뒤집을 테지."(《골목길 나의 집》, 180쪽) 《군주론》을 인민의 관점에서 읽어낸 우리 교양독자는 이언진이 바라는 "일백 명 현인"일 것입니다.

참고·인용 문헌
니콜로 마키아벨리, 《군주론―군주국에 대하여》(보급판), 곽차섭 옮김, 길, 2017.
니콜로 마키아벨리, 《로마사 논고》, 강정인·김경희 옮김, 한길사, 2018.
니콜로 마키아벨리, 《마키아벨리의 피렌체사》, 하인후 옮김, 무블출판사, 2022.
안토니오 그람시, 《그람시의 옥중수고 1》, 이상훈 옮김, 거름, 1999.
이언진, 《골목길 나의 집》, 박희병 옮김, 돌베개, 2009.

# 5

권력자는 군중을 장악하려 하고,
군중은 잘못된 권력자를
심판하려 합니다

엘리아스 카네티Elias Canetti,
《군중과 권력Masse und Macht》, 1960년

엘리아스 카네티, 《군중과 권력》,
강두식·박병덕 옮김, 바다출판사, 2002.

다시 피렌체로 가보겠습니다. 단테를 추방했고, 마키아벨리가 공직을 맡았던 그 도시 말입니다. 피렌체 구시가지의 중심에 시청사인 팔라초 델라 시뇨리아Palazzo della Signoria가 자리하고 있습니다. 시청사 앞에는 꽤나 너른 시뇨리아 광장이 있습니다. 시뇨리아 광장에는 피렌체가 자랑하는 조각가 미켈란젤로의 〈다비드〉부터 도나텔로Donatello의 〈홀로페르네스의 목을 치는 유디트〉에 이르기까지 다양한 조각품이 전시되어 있습니다.

시뇨리아 광장에 가시면 미켈란젤로와 도나텔로의 조각상을 향하던 눈길을 잠시 광장 바닥으로 돌려주시기 바랍니다. 메디치 가문이 추방된 이후 피렌체를 신정정치했던 도미니크 수도회의 수도사 지롤라모 사보나롤라가 1498년 5월 2일 화형당한 장소를 가리키는 표지가 광장 바닥에 있습니다. 그 표지에 발을 딛고 서 있다고 상상하며 15세기 후반 시뇨리아 광장에서 벌어진 일련의 일을 되돌아봅니다.

우리가 앞서 《군주론》의 배경으로 살펴보았듯이, 피에로 데 메디치의 협상에 따라 샤를 8세의 군대가 1494년 11월 17일 피렌체에 입성하자 피렌체 시민은 만감이 교차합니다. 샤를 8세 군대의 피렌체 행진을 목격한 군중은 피에로를 용서할 수 없었습니다. 그들은 메디치 가문의 저택으로 몰려갔습니다. 군중은 흥분 상태에 빠져 로렌초 데 메디치Lorenzo de' Medici가 수집한 예술 작품을 약탈했습니다. 군중은 메디치 가문의 정원에 있던 도나텔로의 〈홀로페르네스의 목을 치는 유디트〉를 피렌체공화국의 상징인 시청사 출입구 앞으로 옮겼지요. 그리고 피렌체를 압제할 뜻을 품은 사람에게 던지는 경고라고 조각상의 기단에 새겨놓았습니다.

메디치 가문이 피렌체에서 추방된 후 피렌체의 권력을 장악한 수도사 사보나롤라의 통치 시기에 피렌체 군중은 반예술적 광풍에 휩싸입니다. 그들은 사보나롤라의 뜻에 따라 각자의 집에서 각종 사치품, 무도회 때 입던 화려한 옷, 도박용으로 쓰던 카드, 그리고 초상화 등을 시뇨리아 광장에 산더미처럼 쌓아놓고 불을 질렀습니다. 피렌체가 낳은 유명한 화가 중 한 명인 보티첼리Botticelli도 자신이 그린 누드화를 시뇨리아 광장에서 불태웠다고 합니다. 당시의 교황 알렉산데르 6세는 역사상 최악의 교황으로 꼽힐 정도로 탐욕과 부패로 악명 높았습니다. 사보나롤라의 청빈 강조는 사실상 교황에 대한 공격과 다름 아니었죠. 교황은 자신을 부패했다고 공격하는 선동가인 사보나롤라를 내버려

둘 수 없었습니다. 교황은 역선동을 꾀해 사보나롤라를 거짓 예언자로 몰아가는 데 성공합니다. 결국 사보나롤라가 시뇨리아 광장에서 화형에 처해집니다. 사보나롤라에 감읍하여 시뇨리아 광장에서 사치품과 예술품을 태웠던 그 군중은 몇 년 지나지 않아 사보나롤라가 화형당하는 것을 지켜보았지요.

비단 시뇨리아 광장뿐만 아닙니다. 어느 곳이든 광장에서는 많은 일이 일어납니다. 광장은 누구에게나 열린 공간입니다. 광장을 오가는 사람은 늘 많지만 그들이 누구인지는 알 수 없습니다. 일상이 되풀이될 때 광장을 오가는 사람은 서로 무관심한 익명의 존재이지만, 특별한 계기가 만들어지면 이들은 돌연 동일한 방향성을 지닌 역동적 '군중'으로 변신합니다.

이 군중에 평생 동안 관심을 가졌고, 군중에 관한 글을 일생을 두고 써내려간 문필가가 있습니다. 이번에 우리가 함께 읽을 엘리아스 카네티가 그 사람입니다. 군중이라는 주제에 한결같이 전념했던 카네티는 자신의 모든 것을《군중과 권력》집필에 쏟아부었습니다. 1981년 노벨 위원회는 그의 공적을 기려 카네티에게 노벨 문학상을 수여했습니다. 노벨 문학상 수상자이지만 정작 카네티가 남긴 저작은 많지 않습니다. 1935년에 발표한《현혹 Die Blendung》과 1960년에 발표한《군중과 권력》이 그만의 고유한 스타일이 돋보이는 작품이라는 의미의 대표작representative work 이라 할 수 있습니다. 그의 대표작인《현혹》은 소설이고《군중과 권력》은 논픽션입니다. 카네티의 두 내표작의 장르는 서로 다르지만, 군중 현상을 주제로 삼았다는 점에서 동일합니다. 한 작가가 그렇게 오랜 기간 동일한 주제를 다른 형식에 담아냈다는 점은 특이하면서도 놀랍기만 합니다. 분명 특별한 배경이 있었을 텐데요, 일단 그 의문에 대한 답을 찾기 위해 카네티의 삶부터 살펴보겠습니다.

## 인생작을 만들어준
## 카네티의 강렬한 경험이 있습니다

작가의 삶 자체가 작품 속에 스며들어 있는 경우, 저는 그걸 인생작work of life이라 부르고 싶습니다. 《군중과 권력》은 카네티의 대표작이자 인생작입니다. '35년 걸어온 내 사상의 뒤안길'이라는 제목이 붙어 있는 《군중과 권력》의 서문에서 카네티는 이 점을 분명하게 밝히고 있습니다. "이 책은 진정한 의미에서 내가 필생의 역작으로 생각하는 저서이다. 나는 이 일로 35년이라는 세월을 보냈다."(《군중과 권력》, 5쪽)

《군중과 권력》이 카네티의 대표작이자 인생작이 된 연유를 알기 위해서는 그가 살아낸 시대를 되돌아볼 필요가 있습니다. 카네티는 1905년 세파라드 유대인(이베리아 반도 출신의 유대인) 사업가 아버지 자크 카네티Jacques Canetti와 어머니 마틸데 카네티 Mathide Canetti 사이에서 태어났습니다. 그가 유대인 배경을 지녔다는 점은 매우 중요합니다. 그는 제1차, 제2차 세계대전을 겪었고, 특히 히틀러의 나치 시대를 유대인으로서 경험했기 때문입니다.

　카네티는 독일어로 글을 쓴 작가이지만, 그가 태어난 곳은 현재 국민국가 불가리아의 루세Pyce입니다. 루세는 도나우 강변에 있는 작은 도시인데요, 도나우 강을 경계로 북쪽은 루마니아이고 남쪽은 불가리아입니다. 강 건너편에는 루마니아의 도시 지우르지우Giurgiu가 있습니다. 도나우 강에는 두 도시를 이어주는 다리가 있습니다. 루세와 지우르지우 사람은 다리를 통해 루마니아에서 불가리아로, 불가리아에서 루마니아로 일상적으로 오고갔습니다.

　노벨 문학상 수상 이후 1977년에 발표된 자서전 《자유를 찾은 혀Die Gerettete Zunge》에서 카네티는 자신이 유년시절을 보낸 루세를 이렇게 묘사합니다. "도나우강 하류에 위치한 루세, 내가 태어난 그곳은 어린아이에게는 환상적인 도시였다. 내가 만약 그 도시가 불가리아에 있다는 말만 한다면 소개를 제대로 하지 않은 셈이리라. 그 도시에는 정말로 다양한 지역 출신의 사람들이 살았기 때문이다. 그곳에는 하루에도 일고여덟 가지 언어를 들을 수 있었다. 시골에서 자주 올라오는 불가리아 사람들 외에 튀르키예 사람들도 많았다. 튀르키예 사람들은 자기들끼리 모여 살았다. 그리고 튀르키예인 동네 바로 옆에 세파라드 유대인 거주 구역인 우리 동네가 있었다. 그 밖에도 그리스인, 알바니아인, 아르메니아인, 집시들이 있었다. 도나우강 저편에서 루마니아 사람들이 건너왔다. 전혀 기억이 나지 않는 내 유모도 루마니아 사람들이었다. 간혹가다 러시아 사람들도 있었다. (중략) 어머니의

가장 친한 친구는 올가라는 러시아 여자였다."(《자유를 찾은 혀》, 15-16쪽)

1912년 아버지의 사망 이후 카네티는 빈으로 이주합니다. 빈에서 그는 유년시절을 보냈던 루세와는 완전히 다른 경험을 하게 되지요. 루세에서의 유년시절 경험에서는 여러 언어와 인종이 달라도 문제없이 잘 살고 있었었는데, 제1차 세계대전이 일어나니 돌연 러시아 사람은 러시아 사람끼리, 아르메니아 사람은 아르메니아 사람끼리, 영국 사람은 영국 사람끼리, 오스트리아 사람은 오스트리아 사람끼리 군중을 형성하고 서로 적대시하고 공격하는 것을 목격합니다.

제1차 세계대전 참전이 선포되던 날 카네티는 빈 근교의 온천 휴양도시 바덴Baden bei Wien에 있는 쿠어파크Kurpak에 있었습니다. 그날 쿠어파크에서 한 악단이 연주를 하고 있었는데, 돌연 연주가 중단되며 "독일이 대 러시아 전쟁을 선포했다"는 소식이 전해졌고, 악단은 오스트리아 황제 찬가를 연주하기 시작했습니다. 다음 곡으로 〈승리의 면류관 쓰고 구원받으라〉가 이어졌는데, 이 노래는 영국에서는 〈신이여, 왕을 구하소서〉라는 제목으로 널리 알려진 곡이었습니다. 카네티는 빈으로 이주하기 이전 영국 맨체스터에 살았기에 영어를 유창하게 구사했는데요, 어린 카네티는 익숙한 노래 〈신이여, 왕을 구하소서〉를 악단이 연주하자 영어로 노래를 따라 불렀습니다. 카네티의 동생도 형과 함께 영어로 노래를 부르기 시작했습니다. 어린아이 둘이 영어로 노래를 부르자 악단 주변에 몰려 있던 사람들의 시선이 싸늘해졌습니다. 카네티는 자서전 《자유를 찾은 혀》에서 자신과 동생이 영어로 노래부를 때 벌어졌던 상황을 이렇게 묘사합니다. "분노로 일그러진 주위 사람들의 얼굴과 나를 향해 날아드는 팔과 손이 갑자기 내 눈에 들어왔다. 내 동생들도, 심지어 막냇동생 조르주도 아홉 살짜리인 나를 겨냥한 주먹에 조금 얻어맞았다. 사람들에게 떠밀려 우리와 약간 떨어진 곳에 있었던 어머니가 미처 알아차리기 전에 모두가 한데 엉켜 우리를 때리려고 달려들었다. 하지만 내게 더 강렬한 인상을 준 것은 증오로 일그러진 얼굴들이었다."(《자유를 찾은 혀》, 179쪽)

제1차 세계대전 종전 이후에도 빈은 소란스러웠습니다. 당시 빈은 패전을 받아들일 수 없는 국수주의자와 전혀 다른 새로운 사회를 원하는 사회주의자의 대립이 갈수록 격화되어 일촉즉발의 위기 상황에 놓여 있었는데, 독일 외무 장관 발터 라테나우 Walter Rathenau가 국수주의자에 의해 살해되자, 이에 항의하는 노동자 군중이 빈을 점령합니다. 그는 이날의 강렬한 경험을 《군중과 권력》에서 이렇게 묘사합니다. "나는 그때까지 군중을 마치 나를 향해 습격해오는 것 같은 위협적인 것으로 생각해왔다. 그런데 이때에는 정반대 현상이 일어나 어떤 저항하기 힘든 힘에 의해 군중 속으로 빨려들어가 나 자신이 군중의 일원이 되어가는 것을 느꼈다. 데모가 끝나 군중이 해산하고 각자 집으로 뿔뿔이 흩어져갈 때, 나는 나 자신이 지금까지보다 가련한 존재가 되고 무언가 귀중한 것을 잃고만 듯한 비분에 사로잡혔다. 이 순간부터 군중의 이미지는 나의 뇌리를 떠나지 않았다. 나는 다종

다양한 형태를 지닌 군중이 틀림없이 존재한다는 사실을 직감하고, 가능한 한 여러 군중을 관찰해보려 애썼다. 나는 때때로 내 자신의 육체 속에서 군중을 강렬히 느꼈다. 그러나 선뜻 동화하기 어려운 어떤 잔재가 언제나 내부에 남아서, 그것이 나 스스로에게 군중이란 무엇인가, 군중은 어떻게 형성되는가, 군중을 구성하는 것은 무엇인가 하고 질문해오곤 했다."《군중과 권력》, 7쪽)

1924년 빈 대학에 입학했을 때 그는 결심합니다. "어느 날, 거리에서 군중을 연구하고자 하는 생각이 뇌리를 스쳐갔다. 그때 내 나이는 스무 살이었다. 그것은 마치 영감과 같은 것이었다. 그때, 나는 내 생애를 군중 연구에 바치기로 결심했다."《군중과 권력》, 7쪽)

카네티의 결심을 더욱 확고하게 만든 또 다른 사건도 중요합니다. 1927년 1월 30일 부르게란트Burgeland에서 노동자가 살해되는 사건이 벌어졌는데, 1927년 7월 15일 법원이 살인자에게 무죄를 선고하자, 흥분한 노동자들이 법원으로 몰려가 방화를 했고, 경찰은 흥분한 군중에게 발포하여 89명이 사망하고 1천여 명이 부상당했습니다. 당시 20대였던 카네티는 이 광경을 목격했습니다. 방화사건을 목격하면서 카네티는 군중을 연구하기 위해서는 "장기간에 걸친, 인내심 강한 연구"《군중과 권력》, 7쪽)가 필요함을 깨달았지요. 그는 모든 종류의 군중을 파악하고 고찰하려고 했습니다. "정치적 군중과 종교적 군중, 현대의 군중과 역사상의 군중 등 모든 문화(원시 문화에서부터 동서양의 최고도로 발전된 문화에 이르기까지)에 나타나는 군중을 고찰, 파악"《군중과 권력》, 7–8쪽)하기 위해 "많은 학문 영역으로부터 자료를 수집하기 시작했고, 동시에 집에 있을 때나 여행을 할 때나 시간을 아껴가며 시대의 여러 현상을 고찰"(《군중과 권력》, 8쪽)했습니다.

1938년 3월 13일 예술학교 지망생이었다가 연거푸 낙방해 노숙자 신세로까지 내몰렸던 아돌프 히틀러Adolf Hitler가 정치인으로의 변신에 성공해, 빈으로 금의환향하여 호프부르크Hofburg 궁전의 발코니에서 독일과 오스트리아의 합병을 선언했습니다. 군중은 히틀러를 열광으로 받아들였지요. 그 광경 역시 카네티는 목격했습니다. 히틀러에 열광하는 군중 현상을 바라보며, 카네티는 군중만을 연구하는 것으로는 부족하다는 판단에 이릅니다. "2, 3년 후 나는 군중의 연구만으로는 불충분함을 깨달았다. 이 연구는 권력에 대한 포괄적이면서도 철저한 연구에 의해서 보충되지 않으면 안 되었다. 군중과 권력은 서로 극히 밀접하게 관련되어 있어서 둘 중 어느 한 편이 결핍되면 나머지를 이해할 수 없었다."(《군중과 권력》, 8쪽) 연구가 군중과 권력의 관계로 확장되면서 연구에 "소비되는 시간 역시 현저하게 길어질 수밖에"(《군중과 권력》, 8쪽) 없었고, 히틀러의 빈 입성 이후 유대인인 그가 빈에 더 이상 머무르는 것은 위험했기에 1938년 런던으로 이주한 카네티는 "영국으로 이주하고 난 후의 20년 동안" "거의 대부분의 시간을 군중과 권력 연구"(《군중과 권력》, 8쪽)에 바쳤습니다. 이러하니 《군중과 권력》은 그의 대표작이자 인생작일 수밖에 없었던 것이지요.

《군중과 권력》을 읽어낼 수 있는
독서 전략을 세워봅니다

《군중과 권력》은 꽤 두꺼운 책이지만, 두께에 비해 책의 구조는 그다지 복잡하지 않습니다. 군중에 관한 책으로 기획했다가, 히틀러 시대를 경험하면서 군중과 권력 사이의 관계를 규명하는 책으로 발전된 집필 과정을 반영하듯《군중과 권력》은 군중을 다루는 부분과 군중과 권력의 관계를 다룬 부분으로 구별됩니다.

군중을 다룬 부분은 '군중' '무리' '무리와 종교' '군중과 역사'라는 키워드에 따라 4개의 장章으로 나누어져 있습니다. 카네티가 서문에서 밝히고 있듯이 35년 동안 축적한 자료를 바탕으로 쓴 책이기에 '군중' 파트에는 시공간을 종횡무진하며 다양한 군중의 사례가 등장합니다. 카네티가 정말 오랜 기간 군중 현상과 관련된 각종 자료를 수집했음이 여실히 드러나는 부분입니다.

프랑스 혁명 당시의 바스티유를 습격하던 군중을 다루던 카네티는 돌연 뉴질랜드 마오리족의 하카Haka 춤을 다루고, 앵글로색슨 프로테스탄트의 부흥회에 참여한 군중의 열광에 대해 이야기하다가, 이슬람교 시아파의 무하람Muharram 축제를 다루고, 아프리카 콩고의 카시아 강 유역에 살고 있는 레레족의 군중을 언급하다가, 대륙을 넘어가 에콰도르의 지바로족에 대해 이야기합니다.

끝없이 나열되는 다양한 군중에 대한 묘사 때문에 독자는 현기증을 느끼며 완독할 수 없을 것이라 자신감을 잃어버릴 수도 있습니다. 《군중과 권력》을 완독하려면 각각의 사례에 주목하지 마시고, 카네티가 군중의 사례를 나열하면서 군중을 가로지르는 공통의 요소를 그만의 독특한 언어로 묶어내는 사유의 흐름에 주목해야 합니다.

그의 독특한 표현방법은 《군중과 권력》의 첫번째 장에 집중되어 있습니다. 거기서 카네티 방식의 언어 사용법을 익힌다면, 수시로 시공간을 넘나드는 군중의 사례가 제시되어도 겁먹을 필요 없습니다. 〈권력의 내장〉이라는 제목의 장은 군중과 권력의 관계를 규명하는 《군중과 권력》 후반부의 핵심입니다. 우리는 이러한 독해법을 적용하여 《군중과 권력》의 첫번째 장인 〈군중〉에서 제시되고 있는 카네티 고유의 개념을 정리하고, 그다음으로 〈권력의 내장〉에 집중하는 방식으로 읽어내려 합니다.


**《군중과 권력》을 읽어내기 위해서는**
**카네티의 글쓰기 스타일에 주목해야 합니다**

군중은 카네티만의 독창적인 주제는 아닙니다. 군중에 대한 고전적인 저작은 꽤 많습니다. 특히 프랑스 혁명을 겪었던 프랑스 학자 중 군중의 특징을 다양한 각도로 분석하는 좋은 저작을 남긴 사람이 많습니다. 귀스타브 르 봉Gustave Le Bon은 《군중심리》라는 기념비적인 군중 연구 저작을 남겼고, 가브리엘 타르드

Gabriel Tarde도 평생 군중 현상 연구에 몰입했고 《모방의 법칙》 《여론과 군중》과 같은 뛰어난 이론서를 남겼습니다. 군중을 평생의 주제로 삼았다는 점에서 카네티는 르 봉이나 타르드와 다르지 않지만, 군중을 분석하고 묘사할 때 사용하는 언어의 독특성은 카네티를 단연 돋보이게 합니다.

글을 쓰는 사람을 통칭하는 개념이 문필가man of literature입니다. 철학자도 문필가이고 사회학자도 문필가입니다. 소설가도 문필가이고 에세이 작가도 문필가입니다. 문필가는 어떤 장르를 지칭하는 게 아니라 글을 통해 사상이나 감정을 언어로 표현하는 사람을 부르는 총칭입니다. 롤랑 바르트Roland Barthes는 문필가를 '기능을 수행하는' 저자author와 '활동을 하는' 작가writer의 두 유형으로 나누기도 했는데요, 저는 카네티 글쓰기의 독특성을 파악하기 위해 문필가를 '문필가 1'과 '문필가 2'의 유형으로 나눠보겠습니다.

문필가 1은 진리의 객관성을 표현하려고 작품work을 생산하는 사람입니다. 진리의 객관성을 지향하기에 저자는 텍스트를 쓸 때 증거 자료 확보, 사실 확인과 엄격한 논증을 중요하게 여깁니다. 문필가 1이 쓰는 대표적인 텍스트 형식이 논문입니다. 논문은 동료평가라는 엄격한 검증 과정을 거친 후에야 발표되고, 발표되고 나서도 논쟁을 통해 검증은 계속됩니다. 객관적 사실을 중요하게 여기는 문필가 1은 감정적 언어를 최대한 배제합니다. 그래서 학술적 논문에서는 개인의 스타일이 두드러지지 않고 감정적 판단을 표현하는 부사어와 형용사가 매우 적게 사용됩니다. 반면, 자신의 감정 표현에 충실한 문필가 2의 글쓰기에서는 작가 고유의 스타일과 어법, 어조가 중요합니다.

두 가지 글쓰기 형식의 장단점은 서로 엇갈립니다. 보통 문필가는 두 가지 글쓰기 형식 중 하나만을 선택합니다. 하지만 드물게 두 가지 글쓰기 형식의 교차에 성공하는 사람도 있는데요, 카네티는 클리포드 기어츠Clifford Geertz의 표현을 빌리면 저자이면서 동시에 작가인 '저자-작가'에 해당되는 문필가입니다.

당나귀와 말을 비교해보겠습니다. 말은 정말 멋진 외모를 가지고 있지요. 키도 크고 비율도 좋습니다. 말은 게다가 빨리 달립니다. 말은 모든 장점을 다 가지고 있을까요? 말에도 단점이 있는데, 말은 빨리 달리지만 오래 달리지 못합니다. 평지에서는 잘 뛰지만 산악지역에서 말은 맥을 못 춥니다. 당나귀의 외모는 말과 비교하면 한참 못 미치지요. 키도 작아요. 하지만 당나귀는 말보다는 힘이 세다는 장점이 있습니다. 당나귀는 성깔도 있어서 잘 길들여지지 않습니다. 개성 있는 사람을 당나귀의 이미지로 사용하는 것도 그 때문입니다. 당나귀와 말은 서로 장점이 엇갈립니다.

어떤 사람은 말처럼 글을 씁니다. 예쁘고 아름답고 매끈하게 글을 쓰지요. 하지만 외모가 출중해서 그런지 미문이기는 하나 글에서 진실이 느껴지지 않는 경우가 있어요. 하지만 당나귀처럼 쓴 글에는 길들여지지 않는 힘과 에너지가 넘치지요.

말과 당나귀의 장점만을 취할 방법은 없을까요? 노새는 어머니 말과 당나귀 아버지 사이에서 만들어진 혼종입니다. 그래서 어머니 말의 장점과 아버지 당나귀의 장점을 모두 물려받지요. 말과 같은 문필가가 있고 당나귀 같은 문필가가 있는데 노새와 같은 문필가는 그 둘의 장점을 기묘하게 교차시키는 데 성공한 문필가입니다. 서로 다른 종이 섞인다고 항상 노새의 경우처럼 양자의 장점만을 취할 수 있는 것은 아닙니다. 노새가 있다면 버새도 있지요. 노새와 달리 버새는 당나귀와 말의 단점만이 집약된 경우입니다. 어설픈 교차는 버새가 될 가능성도 배제할 수 없지요.

하지만 혼종에 성공하면 독보적인 경지에 오르는 작가가 나올 수도 있는데 제가 볼 때 엘리아스 카네티는 굳이 비유하자면 노새의 경지에 오르는 데 성공한 문필가가 아닌가 합니다.《군중과 권력》은 노새의 작품입니다. 이 책은 주제만 따져보면 사회과학적입니다 저자의 엄격함, 자료 분석의 치밀함이 엿보이니까요. 하지만 동시에 사회과학적 분석을 일상의 언어와 문학적 언어로 변환시키는 그만의 글쓰기 방식의 장점이 돋보이는 책입니다.


**개인의 속성이 '방전'되고 집합체의 힘이 '분출'될 때
군중이 만들어집니다**

《군중과 권력》의 핵심주제가 군중이니, 우리는 군중의 형성과정에 대한 카네티의 해석에서부터 시작해야 할 것입니다. 카네티는 사회과학적 주제를 문학적 언어로 표현하여 자신이 전달하

려는 메시지의 효과를 극대화하는 데 능숙한 문필가라고 말씀드렸어요. 카네티의 이 능력은 《군중과 권력》의 첫 문장에서부터 돋보입니다. "모르는 것에 의한 접촉보다 인간이 더 두려워하는 것은 없다."(《군중과 권력》, 17쪽) 매우 인상적입니다. 이 문장을 읽는 순간 출퇴근길 만원 지하철에서 어쩔 수 없이 겪는 신체접촉으로 인한 불쾌함이 제 머리를 스쳐 지나갔습니다. 누군지 모르는 사람과의 신체접촉은 불쾌함을 전할 뿐만 아니라 공포를 불러일으키기도 합니다.

모르는 사람과의 접촉이 항상 공포를 낳을까요? 아닙니다. 군중은 서로 모르는 사람으로 구성된 집단입니다. 하지만 한 사람이 기꺼이 군중의 일원이 되어 군중 속에 있다면 누군지 모르는 사람과의 밀접한 접촉은 공포가 아니라 오히려 희열이 됩니다. 출퇴근길 만원 지하철에서 모르는 사람과의 접촉은 공포이지만, 느닷없이 선포된 윤석열의 계엄령에 항의하기 위해 한밤중에 긴급히 여의도 국회의사당 앞에 모인 사람들 사이의 접촉은 오히려 혼자가 아니라는 안도감을 주기에 충분합니다. 탄핵 의결을 요구하며 각종 구호가 적혀 있는 손팻말과 깃발과 응원봉을 손에 든 사람은 누군지 모르는 사람과의 접촉을 기꺼이 받아들입니다. 접촉 공포는 완전히 사라집니다. 반대의 감정을 느끼죠. 나와 유사한 성향을 가진 사람이 이렇게 많음을 확인하며 공포가 아니라 오히려 기쁨을 느낍니다.

서로 모르는 사람이 거대한 규모로 모였으나 접촉 공포가 형성되기는커녕 사라질 때, 그저 많은 사람은 비로소 '군중'으로 전

환됩니다. '군중'이 등장하는 그 전환점을 설명하는 카네티의 언어 선택은 신선합니다. 그는 사회과학적인 전문용어가 아니라 일상에서 흔히 사용되는 단어를 군중 형성을 설명하기 위해 사용합니다. 그가 선택한 단어는 '방전放電'입니다. "배터리가 방전되었다"라고 말할 때의 그 '방전'입니다. 카네티의 집필 언어인 독일어로 방전을 '엔틀라둥Entladung'이라고 합니다. '엔트Ent'는 집합체를 구성하던 것이 분리되는 과정을 표현할 때 사용하는 접두사이고, '라둥Ladung'은 무엇인가 쌓여 있는 상태를 뜻합니다. 방전, 엔틀라둥은 단어 그대로 이해하자면 개인을 고유한 개성적 존재로 만들어주는 고유성이 사라지는 과정을 의미합니다.

방전되기 이전의 상태의 개인은 개성적 존재입니다. 개성적 속성을 지닌 인간은 '방전'을 통해 군중으로 수렴됩니다. 군중을 구성하는 사람 사이의 계급, 신분, 재산 등의 차이는 '방전'을 통과하며 사라집니다. 하나의 균질한 단일집단으로 변하는 것이지요.

'방전'을 통해 내부의 차이가 사라지면 군중은 그 규모를 키워 세를 불리고 싶어합니다. 이 과정을 표현하려고 카네티는 문학적 효과를 낼 수 있는 단어를 고릅니다. 군중이 갖는 집합적 에너지가 증폭되어 폭발적으로 솟구치는 그 순간을 표현하기 위해 그는 '분출Ausbruch'이라는 단어를 선택했습니다. 화산이 폭발하여 내부에 있는 용암이 외부로 솟구치는 그 순간을 가리키는 분출이야말로 군중의 에너지가 폭발적으로 표출되는 것을 표현하기에 부족함이 없는 단어이지요.

군중과 권력은
군중 유형의 백과사전과도 같습니다

'방전'을 통해 군중이 만들어지고 '분출'을 통해 군중 내부의
에너지가 외부로 표출되는 과정에서 군중은 시시각각 변화합니
다. 《군중과 권력》은 군중의 유형에 대한 백과사전이라고 해도
과언이 아닐 정도로 카네티는 군중의 동학을 다양한 관점에서
제시합니다. 《군중과 권력》을 통해 카네티는 군중의 팔색조와 같
은 변화를 매우 사회과학적인 유형론 분석 방법을 통해 포착해
내지만, 군중의 유형을 일상적 언어를 통해 표현하여 자칫하면
사회과학 전문서적이 가질 수 있는 딱딱함을 피해갑니다.

　군중 현상이 생기면 군중에 속한 사람과 군중에 속하지 않은
사람으로 구별되지요. 카네티는 사회과학의 언어로 내집단, 외집
단이라고 표현하는 현상을 독자가 감각적으로 이해할 수 있도록
원형경기장Arena이라는 공간의 비유로 설명합니다. 원형경기장은
물리적으로 내부와 외부가 구별되는 공간입니다. 경기장 밖은 외
부이고, 경기장 안은 내부입니다. 경기장 안에 있다는 것은 군중
의 일원이 되었음을 의미하고 경기장 밖에 있다는 것은 군중의
일원으로 '방전'되지 않았다는 뜻이 됩니다. 군중은 그 규모가 정
체될 수도 있고 대규모 군중으로 증식될 수도 있지요. 카네티는
정체된 군중을 '닫힌 군중die geschlossene Masse'으로, 증식을 통
해 군중의 규모가 커지는 군중을 '열린 군중die offene Masse'으로
표현합니다.

눈에 보이지는 않지만 군중은 관념상의 원형경기장 안에 있습니다. 그 안에 사람들이 빽빽하게 모여 있는데, 이미 이들 사이에서 접촉 공포는 사라진 지 오래되었고, '방전'을 통해 내부의 사소한 차이는 사라집니다. "경기장에 앉아 있는 동안만은 그들은 도시에서 일어나는 모든 일을 잊게 된다. 그들은 자신이 속한 모든 부류와 자신의 규칙 및 습관을 떨쳐버리고 온 것이다. 그곳에서는 정해진 시간 동안 대규모로 함께 모여 있는 것이 보장되어 있고, 공동의 흥분이 약속되어 있다."(《군중과 권력》, 35쪽)

개인이 사라지고 군중이 형성되는 방전 그 자체에 머무르는 군중을 '정체적 군중die stockende Masse'이라 부른다면 원형경기장으로부터 에너지가 '분출'되는 군중은 정체적 군중과 달리 '율동적 군중die rhythmische Masse'입니다. '율동적 군중'은 머물러 있지 않습니다. '율동적 군중'은 리듬을 타며 움직입니다. 음악에 리듬의 느림과 빠름이 있고 음의 높고 낮음이 있는 것처럼 '율동적 군중'은 천천히 걷다가 돌연 소리를 치며 행진하기도 하죠. 음악이 자아내는 분위기가 수시로 바뀔 수 있듯 군중의 감정도 때로는 우리가 하나 되었음을 확인하는 희열로, 때로는 외부 집단에 대한 분노로 바뀌기도 합니다.

'방전'되어 하나의 집합체를 구성한 군중은 공동의 목적지를 향해 갑니다. 그런 군중의 움직임을 카네티는 각각 기차, 강물 그리고 인생이라는 비유를 통해 유형화합니다. 직감적으로 독자를 이해하게 만들려는 카네티만의 글쓰기 전략이 여기에서도 진가를 발휘합니다. 탄핵을 외치며 모인 군중의 목표는 대통령

| 성장 지향 여부 | 군중의 율동 | 군중이 도달하려는 목적지의 성격 | 군중을 지배하는 감정 |
| --- | --- | --- | --- |
| 열린 군중 | 정체적 군중 | 기차 | 추적군중 |
| 닫힌 군중 | 율동적 군중 | 강물 | 도주군중 |
| | | 인생 전체 | 금지군중 |
| | | | 역전군중 |
| | | | 축제군중 |

카네티가 제시하는 군중의 유형학

의 탄핵입니다. 이들은 대통령 직무정지라는 목표가 실현되는 기차역에 도착할 때까지 이들은 같은 기차를 타고 움직이는 동승자입니다. 목적지역에 도착하면 이 군중은 어디론가 뿔뿔이 흩어져 사라집니다. 기차를 닮은 군중과는 달리 강물 같은 군중도 있습니다. "이 군중은 점점 합류되는 실개천으로부터 시작된다. 실개천이 시냇물을 이루고 이 시냇물에 다른 시냇물들이 합쳐져서 이것이 어느 정도 흘러가다 보면 강이 된다. 강은 바다를 목적지로 하여 흘러간다."(《군중과 권력》, 51쪽)

강은 기차보다는 천천히 흘러가지만 그래도 바다라는 목적지를 구체적으로 상상할 수 있습니다. 하지만 "이승에서는 결코 도달될 수 없는 그런 목적지를 두고 형성된 군중"(《군중과 권력》, 52쪽)도 있습니다. 종교를 중심으로 형성된 군중이 그러한 경우입니다. 이들의 목적지는 천국이라는 저 세상이며, 그 목적지를 향해 이들은 기차를 탄 군중보다 느리게, 강보다 느리게 "저 세상"(《군중과 권력》, 52쪽)이라는 하나의 뚜렷한 목적지를 향해 움직입니다.

군중의 집단 감정은 수시로 변합니다. 그 감정이 갑자기 경기장 외부의 집단에 대한 부정적 감정으로 '분출'되면 군중은 분노에 찬 추격자가 되어 경기장을 뛰쳐나가 군중 외부의 집단을 쫓는 '추적 군중Hetzmasse'이 됩니다. "추적 군중은 재빨리 달성할 수 있는 목표를 고려함으로써 형성된다. 그 목표는 군중에게 이미 알려져 있고, 뚜렷이 드러나 있을 뿐만 아니라 또한 가까이에 있다. 이 군중은 살생을 위해 출현한 군중이며, 그들이 죽이고자 하는 자가 누구인가를 이미 알고 있다."(《군중과 권력》, 63쪽)

외부로부터의 위협을 느끼면 추적 군중은 다시 경기장 안으로 후퇴하는 '도주 군중Fluchtmasse'으로 바뀌죠. "도주 군중은 위협을 느끼는 데서 생겨난다. 달아나는 자는 모두 여기에 속한다. 달아나는 자는 모두 여기에 속한다. 모든 자가 함께 도망한다. 모든 사람이 동일한 위험에 직면한다."(《군중과 권력》, 69쪽) 하나의 집합체가 되어 특정 행동을 금지하면 파업을 일으킨 노동자 군중처럼 '금지 군중Verbotsmasse'이 되고 기존의 질서를 뒤집는 반란을 일으킨 군중은 '역전 군중Umkehrungmasse'이 되었다가 모두가 함께 이완의 기쁨을 나누는 '축제 군중Festmasse'이 되기도 합니다.

군중은 이렇게 팔색조입니다. 그렇다면 '권력'은 수시로 변하는 군중을 어떻게 다룰까요? 이 질문이 《군중과 권력》의 후반부를 관통합니다.

**군중과 권력은 서로 극히 밀접하게 연결되어 있어서
둘 중 어느 한편이 결핍되면 나머지를 이해할 수 없습니다**

서문에서 카네티가 밝혔던 것처럼 애초의 계획은 군중에 관한 연구였으나, 군중과 권력의 관계를 밝히지 않는다면 그 어느 것도 제대로 이해하지 못할 것이라는 카네티의 판단은 군중을 다루는 권력자의 속성에 대한 분석으로까지 확장되어 《군중과 권력》의 후반부를 채워줍니다. 그가 살아내야 했던 시대의 경험이 《군중과 권력》에 잘 녹아들어가 있습니다. 그는 빈에서 독일과 오스트리아의 합병을 선언하는 히틀러를 겪었습니다. 히틀러가 합병을 선언하자, 빈의 군중이 히틀러에 열광하여 열렬히 반응하며 빈 시민이 '방전'되어 히틀러에 열광하는 군중으로 '분출'되는 과정을 생생히 목격했습니다. 《군중과 권력》의 후반부는 히틀러와 같은 권력자가 군중을 장악하는 과정에 대한 분석에 집중합니다.

히틀러가 처음부터 우리가 알고 있는 그 파시스트 히틀러가될 것이라 '군중'은 예견하지 못했습니다. 미리 알아채지 못했기에 빈의 군중은 히틀러에 열광할 수 있었겠지요. 히틀러는 그 어떤 정치인보다 군중을 다루는 솜씨가 빼어났습니다. 권력자가 자신의 정치적 목적을 위해 군중을 동원하고 주무르는 과정을 카네티는 맹수의 사냥에 비유해 묘사합니다.

맹수가 먹잇감을 노리고 있습니다. 먹잇감이 군중입니다. 맹수는 다짜고짜 군중을 사냥하지 않습니다. 맹수는 자신의 정체를 드러내지 않은 채 잠복합니다. 잠복하고 있던 맹수인 사자 앞에 사슴이 나타났다고 합시다. 사자는 마음속으로 사슴을 먹잇감으로 점찍어놓고 자신의 존재를 감추며 잠복합니다. 자신이 먹잇감이 되었는지 알아채지 못한 사슴은 평화롭게 풀을 뜯고 있습니다. 잠복하고 있는 사자는 사슴을 먹잇감으로 삼아 자신의 내부로 흡수하면 자신의 권력이 더 확장되리라 계산하며 먹잇감 주위를 맴돌고 있습니다.

잠복하고 있던 맹수가 움직이기 시작합니다. 사슴과의 '접촉'을 시도합니다. 빈 호프부르크 궁전의 발코니에서 히틀러는 자신이 장악하려는 군중과 접촉을 시작했습니다. 히틀러는 군중과 접촉했지만, 사자-히틀러는 발톱을 숨기고 있습니다. 사자는 무조건 돌격해서 사슴을 사냥하지 않습니다. 사자는 일단 먹잇감에 손을 댑니다. 마치 동화에 나오는 마녀가 "먹잇감이 먹기 좋을 만큼 살이 쪘는지 알아보기 위해서 손가락을 대어"(《군중과 권력》, 270쪽)보듯 군중이 집어삼킬 만한지를 접촉을 통해 따져보는 것이죠.

군중을 집어삼킬 만하다는 판단이 들면 맹수는 재빨리 그다음 단계인 '붙잡기Ergreifen'로 옮겨갑니다. '붙잡기'는 '권력을 장악掌握한다'는 관용적 표현과 일맥상통합니다. 붙잡혀서 장악당하면 모든 것은 붙잡은 권력, 장악한 권력의 뜻에 달려 있습니다. 붙잡힌 군중은 자율성을 잃지요. 붙잡히면 무기력해집니다. 붙잡힌 사람은 붙잡은 존재의 처분에 전적으로 좌지우지되지요.

그다음 단계는 먹잇감이 손에서 입으로 옮겨져 '흡수'되는 과정입니다. 맹수가 먹잇감을 집어삼키는 것이죠. 맹수의 날카로운 이빨은 권력의 명령과 요구를 상징합니다. "이빨은 자신의 위치를 인정하라고 모든 사람에게 요구하는 것처럼 보인다. 이빨의 질서는 바깥 세계에 대해서 위협으로 작용한다."(《군중과 권력》, 275쪽) 관용적 표현으로 '권력의 이빨'이라든가 '권력이 잡아 삼켰다'라는 표현을 괜히 쓰는 게 아니죠. 맹수의 입안으로 들어가면 완전 끝입니다. 무엇이든지 살아남을 수 없습니다. 삼켜지는 그 순간엔 먹잇감은 아직 살아 있습니다. 먹잇감이 권력의 이빨에 의해 잘근잘근 씹히면 살코기로 변합니다.

살코기로 변한 먹잇감은 맹수의 내장으로 들어갑니다. 내장에서 완전히 맹수에 의해 소화된 먹잇감은 '배설'을 통해 세상 밖으로 나옵니다. 똥은 권력에 의해서 완전히 포섭되어 권력의 내장 속으로 드러났다가 내장을 거쳐서 밖으로 나온 결과물이죠. 권력에 농락당한 군중은 똥처럼 하찮은 것으로 전락하는 것입니다.

카네티는 권력이 취하는 자세의 도상학을 통해서도 권력의 속성을 표현합니다. 권력자는 군중의 외부에 있어야만 합니다. 권력자가 군중 속으로 들어가 '방전'된다면 더 이상 그는 권력자가 아니겠지요. 군중과 권력 사이에는 반드시 '거리'가 있어야 합니다. 또한 권력자는 어떤 경우이든 군중과는 다른 자세를 취해야만 합니다.

콘서트홀 안으로 들어가보겠습니다. 청중은 앉아 있습니다. 무대에는 음악을 연주하는 악단이 있습니다. 연주자들 역시 앉아 있습니다. 콘서트홀 안에서 유일하게 단 한 사람만이 다른 자세를 취합니다. 지휘자입니다. 지휘자만이 서 있습니다. 카네티는 콘서트홀에서 군중과 권력의 관계를 이렇게 읽어냅니다. "그의 앞에는 오케스트라가, 그의 뒤에는 청중이 앉아 있기 때문에 그 혼자만 서 있는 것이 유난히 눈에 띈다. 그는 높은 단 위에 서서 앞에서도 뒤에서도 볼 수 있도록 하고 있다. 그의 동작은 앞쪽의 오케스트라와 뒤쪽의 청중에게 동시에 영향을 준다. 실제로 지휘를 할 때 그는 자기 손만을, 또는 손과 지휘봉만을 사용한다. 그는 아주 미세한 동작으로 이런저런 악기에 마음대로 생명을 불어넣기도 하고 침묵시키기도 한다. 이처럼 그는 소리를 살릴 수도 있고 죽일 수도 있는 권력을 가지고 있다. 오랫동안 죽어 있던 어떤 소리도 그의 명령에 의해 부활될 수 있다."(《군중과 권력》, 523쪽)

권력자의 자세는 군중에게 요구하는 자세의 정반대입니다. 군중이 앉아 있으면 권력자만 서 있습니다. 군중이 부동의 자세를 취한다면, 권력자는 꽉 쥔 주먹을 흔들면서 포효하는 자세로 웅변합니다. 군중을 세워두면 권력자만이 앉습니다. 군중은 서 있게 하고 권력자만 앉는 것도 권력을 표현할 수 있는 공간 배치 중 하나입니다.

## 희망은 항의하는 군중에게 남아 있습니다

　권력이 군중을 장악하는 과정을 카네티는 맹수의 사냥의 비유를 들어 설명했지만, 맹수가 항상 사냥에 성공하지는 않습니다. 맹수에 의해 장악되지 않는 존재도 있지요. 또한 맹수에 의해 이른바 '권력의 내장' 속으로 빨려들어갔다 하더라도, 권력이 집어삼킨 군중 모두를 분해시킬 수 있는 것은 아닙니다. 권력은 소화불량의 상태에 빠질 수도 있지요. 권력에 의해 장악되는 그 순간 권력의 손아귀에서 벗어난 사람, 일단 '권력의 내장' 속으로 빨려들어갔으나 권력의 소화불량에 의해 완전히 분해되지 않은 사람이 있습니다. 카네티는 그들을 '살아남는 자Der Überlebende'라 부릅니다.

　카네티는 자신의 필생의 저작 《군중과 권력》을 '살아남는 자'로부터 희망을 찾으며 끝을 맺습니다. 일단 마지막 문장을 옮겨 보겠습니다. "명령 체계는 어디에서나 인정되어 있다. (중략) 명령이 이르지 않는 문명 생활의 영역은 거의 없으며 우리 중에 명령의 주목을 받지 않는 사람은 아무도 없다. (중략) 우리는 공공연하고 대담하게 **명령을 직시해야 하며** 명령으로부터 가시를 제거하는 수단을 찾아야만 한다."(《군중과 권력》, 622쪽, 강조는 인용자)

　"명령으로부터 가시를 제거하는 수단"은 "명령을 직시"하는 것입니다. 《현혹》이라는 제목으로 번역된 카네티의 소설 원제목은 '블렌둥Die Blendung'입니다. 이것은 기능상의 장애에 의한 영구적인 실명이 아니라 순간적인 실명 상황을 의미합니다. 야간

운전할 때 반대편 운전자가 하이빔을 켜고 있으면 순간적으로 앞이 제대로 보이지 않는 순간적인 실명 상황이 발생하지요.

권력자는 '현혹'의 기술을 능수능란하게 구사합니다. '권력의 내장'에 의해 소화되어 군중을 자신의 목적을 위해 동원하려는 권력자의 속셈을 제대로 알아채지 못해, 권력자의 허물을 '직시' 하지 못한 상황이 블렌둥, 즉 현혹의 순간입니다. 다행스럽게도 블렌둥은 영구적인 실명 상황이 아닙니다. '살아남는 자'는 일시적인 블렌둥에서 탈출하여 상황을 '직시'하기 시작한 사람입니다.

군주가 마땅히 갖추어야 할 자질에 대한 마키아벨리의 오래된 질문에 카네티가 이렇게 답합니다. 좋은 군주, 즉 미래의 군주는 현혹하지 않는 사람이고 미래의 군중은 현혹당하지 않는 존재여야 한다고요. 혹시라도 그때 그 순간은 '현혹'되었기에 '권력의 내장' 속으로 빨려들어갔다가 '살아남는 자'는 그 잘못된 모든 것을 되돌려놓으려고 저항하는 군중을 형성합니다. 권력자는 군중을 장악하려 하지만, 현혹되지 않은 군중은 잘못된 권력을 심판해왔습니다. 역사는 그렇게 진행되어왔죠. '현혹'에서 벗어난 독일인들은 나치 히틀러의 유산을 지금도 청산하기 위해 노력하고 있고, 우리 한국인들이 국정농단을 일삼은 박근혜를 탄핵했고, 위헌·위법적인 계엄령을 선포해 우리를 '권력의 내장' 속으로 흡수하려 했던 윤석열에게 그 자리에서 즉각 내려오라고 외쳤던 것처럼요.

참고·인용 문헌

엘리아스 카네티, 《자유를 찾은 혀》, 김진숙 옮김, 문학과지성사, 2022.

엘리아스 카네티, 《현혹》, 이온화 옮김, 지식의숲, 2007.

클리퍼드 기어츠, 《저자로서의 인류학자》, 김병화 옮김, 문학동네, 2014.

# 6

# 삶을 살찌우기 위해
# 무엇이라도 하는 사람이 있습니다

어빙 고프먼Erving Goffman,
《수용소*Asylums*》, 1961년

어빙 고프먼, 《수용소—정신병 환자와 그 외 재소자들의 사회적 상황에 대한 에세이》, 심보선 옮김, 문학과지성사, 2018.

세상을 살면서 모든 것을 경험할 수는 없습니다. 많은 경험이 잘 축적되면 인간에 대한 이해를 넓히는 데 도움이 되는 자산이 될 수 있지만, 한 인간이 인생을 살면서 직접 경험할 수 있는 경험의 종류와 폭은 제한적일 수밖에 없습니다. 책 읽기는 이런 점에서 좋습니다. 제한된 직접 경험의 한계를 뛰어넘어 인간에 대한 이해를 확장시킬 수 있는 기회를 책 읽기로 습득할 수 있습니다. 세상에는 우리가 갈 수 없는 현장에 있었던 당사자의 목소리가 담겨 있는 책, 그 현장 속으로 우리를 대신해서 들어가서 그곳에서 일어나는 일을 전하는 전령傳令 역할을 하는 책도 많으니까요.

정신병원이 있다는 사실을 모르는 사람은 없습니다. 하지만 정신병원에 입원한 사람은 어떤 사회적 환경에 처하는지, 새로운 환경에 어떻게 반응하는지에 대해 우리는 전혀 알지 못합니다.

미국의 사회학자 어빙 고프먼은 그 정신병원 안으로 들어갑니다. 그리고 베일에 가려져 있던 정신병원이라는 현장에서 일어난 일을 우리에게 전달합니다. 우리는 전령의 신 헤르메스 역할을 맡은 고프먼을 따라 정신병원 안으로 들어가보겠습니다.

## 고프먼은 이 책을 정신병원에서 썼습니다

고프먼은 《수용소》의 책머리에서 자신이 이 책을 쓴 과정을 구체적으로 설명하고 있습니다. 그는 1954년 가을부터 1957년 말까지 메릴랜드주 베데스다에 있는 국립정신건강연구소의 사회·환경 연구 실험실 방문연구원이었다고 합니다. 1955년부터 1956년까지는 워싱턴 DC에 있는 성 엘리자베스 병원에서 현장 연구를 했다고 밝히고 있습니다. 《수용소》는 그가 서문에서 언급한 정신병원이라는 현장을 직접 오랜 기간 관찰한 결과를 바탕으로 쓴 것이죠. 상상력이나 추론이 아니라 관찰 결과를 꼼꼼하게 기술하고 현장을 세밀히 묘사하여 그 현장에 없었던 사람에게 전달하는 방법론을 사회과학에서는 에스노그래피 ethnography라고 합니다.

사회과학에서 가장 많이 사용하는 방법은 데이터에 기반한 통계적 추론이나, 검증하려는 변수를 실험실적 상황에서 통제하여 결론을 내리는 연구입니다. 그렇지만 이러한 방법론 이외에도, 인간 행위를 결정하는 내적 동기를 파헤치려고 할 때 개인의 주관적 영역 파악을 목표로 삼는 에스노그래피와 같은 연구방법을 사용하기도 하는데요, 고프먼은 그 이유를 이렇게 밝히고 있습니다. "성 엘리자베스 병원에서 진행한 현장 연구의 직접적 목표는 **병원 재소자의 사회적 세계를 재소자 자신의 주관적 경험에 비추어 탐구하는 것**이었다."(《수용소》, 5쪽, 강조는 인용자)

자신의 연구는 수용되어 있는 사람의 "주관적 경험에 비추어" 정신병원을 탐구하는 것이라고 분명하게 밝히고 있지요. 그는 그 방법의 장점을 확신하지만 약점도 이미 알고 있습니다. "환자의 상황을 충실히 묘사한다는 것은 필연적으로 **당파적**인 견해를 제시하는 일이다."(《수용소》, 6쪽, 강조는 인용자) 정신병원을 환자의 관점에서만 묘사하면 편파적이라고 비판받을 수 있음을 고프먼은 인식하고 있습니다. 하지만 그는 이렇게 말합니다. "왜냐하면 정신병 환자들을 다루는 거의 모든 전문가 문헌은 정신과 의사의 관점에서 작성되고 있으며, 정신과 의사는, 사회적으로 말하면 **환자의 반대편에 있는 사람**이기 때문이다."(《수용소》, 6-7쪽, 강조는 인용자) 이 편들기는 편파적으로 '기울어진 운동장'에 균형을 맞추기를 목표로 삼기에 정당화됩니다.


### 수용소는 총제적 기관입니다


이 책의 핵심적인 연구대상부터 정리해볼게요. 고프먼은 정신병원에서의 현장 관찰을 통해 이 책을 집필했지만, 자신의 책이 비단 정신병원뿐만 아니라 그가 '총체적 기관'이라고 부른 사회의 영역을 설명하는 데 도움이 될 거라 생각합니다. 고프먼의 이런 의도는 《수용소》의 부제 '정신병 환자와 **그 외 재소자들**의 사회적 상황에 대한 에세이'(강조는 인용자)에 잘 표현되어 있습니다. 《수용소》는 정신병 환자가 수용된 정신병원을 주로 다루지만, 동시에 "그 외 재소자들"의 사회적 상황까지 포괄하여 설명하려는 목표를 지닙니다. 정신병원을 포함한 그 외 재소자가 있는 곳을 고프먼은 '총체적 기관total institution'이라는 개념으로 표현합니다.

그는 자신의 독특한 개념인 '총체적 기관'을 "비슷한 상황에 놓인 **다수의 개인**이 **상당 기간 동안** 바깥 사회와 **단절**된 채 거주하고 일을 하는 장소"(《수용소》, 11쪽, 강조는 인용자)라고 정의 내립니다. 정신병원이 이 책에서 다루고 있는 대표적인 '총체적 기관'이라면, 정신병원 못지않게 '총체적 기관'의 성격이 드러나는 예로 감옥, 군대 그리고 요양원을 들 수 있습니다. 수도원 같은 종교적 기관도 그런 성격을 지닙니다. 설립 목적과 기능은 제각각이지만, '총체적 기관'으로 분류되는 기관을 관통하는 공통점이 있습니다.

'기관'은 일반적 용어입니다. 구청도 기관이고, 학교도 기관, 도서관도 기관입니다. 이 기관과 외부 사이에는 접촉을 차단하는 장벽이 없습니다. 누구나 그 기관에 들어갈 수 있습니다. 그 기관 속에 있는 사람은 외부 세계와 단절되어 있지 않습니다. 고프먼이 '총체적 기관'이라고 정의 내린 기관은 일반적 기관과 달리 바깥 세계와 단절되어 있고, 진입 장벽이 있어 아무나 들어가지 못하고 안에 있는 사람은 바깥으로 쉽게 나갈 수도 없는 기관입니다. 총체적 기관은 또한 "일상 활동의 모든 국면은 빈틈없이 계획"(《수용소》, 18쪽)된 곳입니다. 수용소라는 '총체적 기관'의 하루는 잘 짜인 시간표에 따라야 합니다. 기상 시간은 정해져 있습니다. 세끼 식사도 정해진 시간에 제공되지요. 취침 시간도 개인의 자유 결정이 아닙니다. 샅샅이 일상의 모든 활동이 빈틈없이 계획되어 있는데, 수용된 사람은 빈틈없는 일정표가 왜 만들어졌는지, 누구에 의해 만들어졌는지 알지 못합니다. 일정표에 대한 질문도 허락되지 않습니다. '총체적 기관' 안에 있는 사람은 자신이 통제할 수 없는 권력의 지배에 장악되어 있는 존재입니다.


### 고프먼은 왜 굳이 정신병원 안으로 들어가 연구했을까요?

'총체적 기관'을 외부자의 관점에서는 연구할 수 없는 것일까요? 왜 굳이 고프먼은 현장에서 기나긴 기간의 참여관찰이라는 지루하고 인내가 요구되는 연구방법을 사용한 것일까요? 문서로 드러나지 않는, 짧은 관찰로는 포착해낼 수 없는 수용소의 내적 논리를 발견하기 위해서입니다. 전문가라고 전지전능하지는 않습니다. 연구대상의 현장에 대해서는 깜깜일 수도 있습니다. 오히려 때론 진실을 말해줄 수 있는 사람은 연구대상의 내부에 있기도 합니다. 고프먼은 정신병원 안으로 들어가 외부 전문가가 보지 못하는 진실을, 내부에 수용되어 있는 정신병 환자의 주관적 감정에 의해 밝혀지는 제도의 진실을 찾습니다.

모든 기관은 공식적으로 표방하는 목적과 취지에 따라 설립되었습니다. 외부인도 그 정도의 정보는 각종 자료를 통해 어렵지 않게 접할 수 있습니다. 만약 수용소가 외부로 공개된 설립 목적과 취지에 따라 작동한다면 굳이 내부로 들어가 오랜 기간 관찰하지 않아도 수용소의 특성을 파악해낼 수 있을 것입니다.

공식적으로 표방된 것과 실질적으로 그 안에서 일어나고 있는 것 사이에는 작지 않은 간극이 있습니다. 그 간극을 기관을 설립하고 운영하는 사람이 외부에 공개할까요? 그렇지 않습니다. 만에 하나, 그 간극이 공식적 설립 목적과 기능의 진실성을 의심받을 수 있을 정도로 크다면 더더욱 그 간극은 철저하게 기밀로 봉인되지요.

그 간극을 간파하고 있는 사람은 기관을 운영하는 사람이 아니라 수용된 사람일 가능성이 높습니다. 수용된 사람은 외부 세계와 차단되어 있기에 그 간극을 외부에 증언할 수 없습니다. 유일한 방법은 외부의 연구자가 '총체적 기관' 내부로 들어가 그 간극의 유무를 확인하는 것입니다. 고프먼은 정신병원이라는 '총체적 기관' 내부로 들어가서, 외부 세계 사람에게는 전혀 알려지지 않았던 수용된 사람의 실제 세계를 외부에 있는 독자에게 전달하는 전령 헤르메스가 됩니다. 이런 점에서 그는 인간에게 불을 선물한 프로메테우스Prometheus를 닮기도 했습니다.


## 독서 전략을 세워보겠습니다

《수용소》의 난이도 자체는 높지 않습니다. 《수용소》의 독자가 부딪히는 어려움은 문장과 개념의 난해함이 아니라 '총체적 기관'에 수용되었던 주관적 경험의 부족으로 인해 독서의 과정에서 책에 감정이입하지 못한다는 게 아닐까 싶습니다. 아마 이 책을 읽으시는 독자는 대부분 수용소 경험이 없으실 겁니다. 우리는 《수용소》를 읽어내려면, 우리에게 부족한 주관적 경험 부재를 보완해줄 수 있는 수단을 강구해야 할 텐데요, 저는 수용소의 경험을 자신의 언어로 풀어낸 작가의 작품을 병행해서 읽었습니다.

고프먼의 《수용소》를 읽기 전에 혹은 읽으면서 병렬독서의 방법으로 문학적 상상력과 사회과학적 분석을 교차시키는 연습을 해볼까 합니다. 고프먼의 《수용소》와 더불어 읽어나갈 소설은 알렉산드르 솔제니친Aleksandr Solzhenitsyn의 《이반 데니소비치, 수용소의 하루》《암 병동》과, 소설은 아니지만 수용소에 수감되었던 당사자인 프리모 레비Primo Levi의 《이것이 인간인가》입니다.

솔제니친은 스탈린 시절, 스탈린의 능력을 의심하는 편지를 친구에게 보낸 사실이 발각되어 10년간 수용소 생활을 했습니다. 자신의 경험을 바탕으로 스탈린 시대의 억압적 상황을 우화적으로 묘사해 문학적 성취를 이루어낸 작가입니다. 그 성취를 기려 노벨위원회는 1970년 그를 노벨 문학상 수상자로 결정했습니다. 그의 작품 《수용소 군도》는 자신의 경험뿐만 아니라 수용소에 갇혔던 무수히 많은 민중의 목소리가 솔제니친이라는 문필가를 경유해서 외부로 전달되는 형식으로 쓰인 글입니다.

《수용소 군도》가 병렬독서에 가장 적합하지만 아주 방대한 책이라 배보다 배꼽이 더 클 수도 있어서, 우리는 솔제니친의 다른 소설 《이반 데니소비치, 수용소의 하루》와 《암 병동》을 병렬독서하겠습니다. 《이반 데니소비치, 수용소의 하루》는 그다지 두껍지 않은 소설입니다. 제목 그대로 이반 데니소비치라는 인물을 통해 수용소에 갇힌 사람의 어느 하루를 세세하게 묘사하고 있습니다. 이 소설을 읽으면 '총체적 기관'에 수용되었던 경험이 없는 독자도 수용소에 갇힌다는 것이 어떤 의미인지 절실하게 느낄 수 있을 겁니다. 《암 병동》역시 병원이라는 '총체적 기관'에 수용된 사람의 주관적 경험이 생생하게 담겨 있는 소설이라 안성맞춤인 책이죠.

이탈리아의 화학자인 프리모 레비는 1943년에 체포되어 그 악명 높은 아우슈비츠 수용소로 1944년 2월에 이송된 뒤 나치가 패망하기까지 아우슈비츠에 억류되어 있었습니다. 유대인 수용소로부터 살아남은 프리모 레비는 후에 자신의 수용소 경험을 《이것이 인간인가》라는 책으로 발표했습니다. 누구나 이름은 들어서 알고 있는 아우슈비츠 수용소. 우리에겐 가해자의 만행을 중심으로 알려졌기에 수용되었던 사람들의 주관적 경험을 접할 기회는 그다지 많지 않은데요, 《이것이 인간인가》는 그 공백을 메워주는 책입니다. 지금부터는 어빙 고프먼의 《수용소》를 기본으로 따라가되, 사회과학 서적에서 부족할 수도 있는 생생한 현장의 경험을 살리기 위해 솔제니친과 프리모 레비를 교차해가며 읽어나갈 작정입니다.

《수용소》는 서문을 포함하여 네 개의 에세이로 구성되어 있습니다. 각 에세이는 독립적이기도 하면서 동시에 내용적으로 연결되어 있습니다. 네 개의 에세이는 본래 따로 쓰인 논문이었는데, 수정·확장·재구성되어 《수용소》라는 책으로 편집된 것이지요.

그중에서 마지막 에세이 〈의료 모델과 정신병원 입원〉은 현대의 전문적 서비스라는 이상이 정신병원의 의료 모델에 적용될 때 발생하는 근본적인 문제를 다루고 있어서, 다른 에세이와의 독립성이 상대적으로 강한 편입니다. 반면, 첫번째 에세이 〈총체적 기관의 특징들에 관하여〉에서는 '총체적 기관'에 대한 일반적 고찰을 한 후, 두번째 에세이 〈정신병 환자의 도덕적 이력〉에서 수용된 사람의 변화 과정을 살피고, 세번째 에세이 〈공공 기관의 지하 생활〉에서 수용 과정에 적응한 사람들이 비밀리에 만들어내는 숨겨진 저항세계를 다루고 있습니다. 앞의 세 에세이는 내용적 연속성이 매우 강합니다. 그래서 우리는 《수용소》의 이런 구성을 존중하며 첫번째 에세이부터 세번째 에세이까지를 중심으로 수용된 사람의 변화와 적응 이후의 반작용을 다뤄보겠습니다. 앞서 말씀드린, 《수용소》와 병렬독서를 할 작품을 소개하면서요.

## 총체적 기관은
## 수용된 사람을 완전히 바꾸어놓습니다

수용소에서 태어난 사람은 없습니다. 어느 날 수용소에 갇혔기에 수용소 안에 있습니다. 정신병원을 기준으로 이전과 이후를 언어로 표현하자면, 정신병원에 수용되어 있는 환자는 환자가 아니었던 인생의 시기(전前 환자 국면)와 환자로 정신병원에 수용된 시기(환자 국면)로 크게 구별됩니다.

수용이라는 절차는 크게 두 가지 경우로 나눌 수 있습니다. 첫번째는 자발적인 수용입니다. 성직자의 길을 걷기 위해 수도원이라는 '총체적 기관'으로 들어가는 건 자발적인 과정으로서 고프먼의 탐구대상이 아닙니다. 그건 자기 자율성이 극단으로까지 상승했을 때 개인이 내릴 수 있는 결정이니까요. 고프먼의 관심은 박탈이나 추방의 형태로 수용되는 사례입니다. 정신병원 입원은 본인의 결정이 아니라 가족의 결정인 경우가 대부분이지요. 감옥에 수용되는 경우, 군대에 입소하는 경우도 이런 점에서 공통적입니다. 그렇기에 수용되는 과정에서 그 사람이 살았던 인생의 전前국면은 완전하게 개조되어 수용 전과 후가 극단적으로 대조됩니다.

'총체적 기관'에 수용되는 초기 단계에서 그가 애초에 가지고 있던 모든 인간관계와 권리가 그의 수중에서 사라집니다. '총체적 기관'의 입소 의례는 기존의 자아를 박탈시키는 것을 목표로 삼습니다. 수용되기 이전의 자신을 잊도록 만드는 것이죠. 저도 군대 훈련소에 입소했을 때 제일 처음 들었던 말을 지금도 기억합니다. "이제부터 너희들은 사회에서의 모든 것을 다 잊는다."

입소 의례는 복합적 과정으로 구성되어 있습니다. "입소 과정은 다른 종류의 상실과 모욕을 야기하기 일쑤이다. 직원들은 흔히 소위 입소 절차라는 것을 활용한다. 이를테면 생애사 기록하기, 사진 찍기, 몸무게 재기, 지문 찍기, 수감번호 할당하기, 수색하기, 보관함에 들어갈 소지물 목록 뽑기, 옷 벗기기, 목욕시키기, 소독하기, 이발시키기, 의복 지급하기, 규칙 가르치기, 숙소 지정하기 등. 입소 절차는 '정돈' 혹은 '프로그래밍'이라고도 불린다."《수용소》, 30-31쪽)

첫번째 단계는 개인의 정체성을 드러낼 수 있는 모든 물건의 압수입니다. 소지품은 별것 아닌 듯 보이지만, 인격만큼이나 그 사람의 삶을 설명해줄 수 있는 흔적이지요. 어떤 사람에게 낡은 사진 한 장은 그 사람의 가장 친밀한 인간관계의 증명입니다. 누군가로부터 선물받은 열쇠고리는 그 사람만이 알 수 있는 고유의 인생 추억이지요. 소지품을 반납하며 시작되는 입소 의례는 더이상 개인의 정체성이 허용되지 않음을 예고하는 것이나 마찬가지입니다. 프리모 레비는 《이것이 인간인가》에서 그 과정을 이렇게 표현했습니다. "일상적인 사소한 습관 속에, 손수건, 낡은 편지, 소중한 사람의 사진 등 가장 가난한 거지조차 간직하고 있을 법한 우리의 수백 가지 소지품들 속에 각각 어떤 가치, 어떤 의미가 담겨 있는지 생각해보라. 그것들은 우리의 일부분이었고 우리의 팔다리나 다름없다."《이것이 인간인가》, 34쪽)

소지품을 반납한 후 옷을 갈아입습니다. 수용소마다 고유한 의복이 있지요. '유니폼uniform'이라는 단어가 말해주듯 개인의 차이를 허락하지 않고 수용된 모든 사람을 동질한 집단으로 만듭니다. 환복을 하려면 자아 정체성의 흔적인 과거의 옷을 일단 벗어야 합니다. 환복 과정은 예의를 갖춘 과정이라기보다 일방적 명령과 지시로 이행되는 모욕 주기의 과정입니다. 《이반 데니소비치, 수용소의 하루》에 나타난 수용소의 풍경입니다. "볼코보이 중위의 호령이 떨어지자, 간수들은 일제히 장갑을 벗고, 겉옷의 노끈을 풀고, 속옷의 앞 단추를 모두 끄르라는 (중략) 불호령을 내렸다. 그러고는 온몸을 샅샅이 뒤지기 시작한다."《이반 데니소비치, 수용소의 하루》, 47쪽)《이것이 인간인가》에서도 프리모 레비가 아우슈비츠에 처음 입소됐을 때 절차를 이렇게 묘사합니다. "우리는 모두 그 문 안에 갇힌다. 머리를 빡빡 깎인 채 알몸으로 서 있다. 발이 물에 잠긴다. 샤워실이다."《이것이 인간인가》, 29쪽)

소지품을 반납하고 대신 '표준화된 물품'을 지급받고 사복이 벗겨지고 유니폼으로 환복하고, 머리를 모두 깎아 동일한 헤어스타일을 갖추게 되면 개인성은 사라지고 '권력'에 의해 포획된 '군중'으로 변신하는 외적인 조건은 구비된 셈입니다. 솔제니친의 《암 병동》에도 그런 구절이 나와요. "계단 밑에서 **옷을 갈아입고** 가족들과 헤어져 이 병실로 올라오자마자 이전의 모든 삶은 순식간에 끝장나고, 이제는 종양 자체보다도 더 견딜 수 없는 불쾌감이 그를 덮쳐 왔다."《암 병동》1권, 23쪽, 강조는 인용자) 암 병동에 수용된 환자는 환복을 하며 개성, 자율성, 자기 결정성이 사라져감을 직감했습니다. 자신을 상실했다는 불쾌감은 암환자가 되었다는 불쾌감보다 더 큰 내면의 상흔을 남기죠. 결국 그는 자신이 자신을 잃어버린 이런 존재로 전락했음을 깨닫습니다. "이곳에 온 후 몇 시간 사이에 루사노프는 자신의 직위라든가 지금까지 이룬 업적, 장래의 계획 따위를 송두리째 잃어버리고 그저 내일을 알 수 없는 70킬로그램의 희고 뜨뜻한 고깃덩어리로 변해 버린 것이다."《암 병동》 1권, 25쪽) 루사노프가 "자신의 직위라든가 지금까지 이룬 업적"을 송두리째 잃어버렸다고 느끼고 있으니, 암 병동의 아주 짧은 입소 의례는 성공한 셈입니다.

소지품을 반납하고, 옷을 갈아입고, 머리도 깎인 후에 아직도 남아 있는 개인성의 흔적이 있을까요? 이름이 있습니다. 입소 의례의 마지막 단계는 이름의 박탈입니다. 수용된 사람은 이름 대신 새로운 분류 체계를 부여받습니다. 아버지, 어머니, 삼촌, 누나, 언니와 같은 가족 호칭이나 변호사님, 공장장님, 과장님 같은 직업과 직위로 불리는 대신 마치 상품에 붙어 있는 바코드 기호처럼 의미 없는 숫자의 조합에 의해 만들어진 기호가 할당됩니다. "해프틀링Häftling(포로), 나는 내가 해프틀링이라는 것을 알게 되었다. 내 이름은 174517이었다. 우리는 새로운 이름을 받았고 죽을 때까지 왼쪽 팔뚝에 문신을 지니고 살게 될 터였다."《이것이 인간인가》, 35쪽) 또 프리모 레비가 수용소에서 만난 다른 사람에 대해 이야기합니다. 그는 이름을 뺐겼고 종국에는 자신 본래의 이름을 잊어버리는 지경에 이르렀습니다. "그는 눌 아흐첸Null Achtzehn(018)이다. 그는 자기 번호의 마지막 세 자리

숫자인 018로 불릴 뿐이다. 인간만이 이름을 가질 가치가 있으며 눌아흐첸은 더 이상 인간이 아니라는 것을 모두 알고 있는 듯하다. 나는 그 자신도 자기 이름을 잊어버렸다고 생각한다."(《이것이 인간인가》, 60쪽)

## 입소 의례를 통과한 후
## 개인은 무기력한 존재로 전락합니다

수용소 안에 들어왔지만 아직까지는 자기 자신을 수용된 사람이라고 기꺼이 인정하지 않는 전 환자 국면 기간이 단축될수록 권력은 수용소를 효과적으로 관리할 수 있습니다. 전 환자 국면과 완전히 단절하지 않은 수용소의 인물이 전 환자 국면의 흔적을 완전히 지우도록 '총체적 기관'은 다양한 기법을 사용합니다.

'총체적 기관'이 외부와 다른 곳임을 끊임없이 주입해서 세뇌시키는 방법은 그런 이유로 자주 사용됩니다. '총체적 기관'에는 그 기관에서만 반복적으로 들을 수 있는 문구가 있지요. "그는 웃지는 않았지만 몹시 경멸스러운 듯한 표정으로 내게 대답했다. 'Vous n'êtes pas à la maison'(지금 집에 있는 게 아닙니다) 마치 무슨 후렴구처럼 모든 사람에게서 귀에 못이 박히도록 반복해서 들었던 말이다."(《이것이 인간인가》, 38쪽) 저도 군대에서 가장 많이 들었던 말 중의 하나가 "여기가 집인 줄 알아?"였습니다.

"개인 우편물이 읽히고, 검열당하고, 심지어 면전에서 조롱"(《수용소》, 49쪽)당합니다. 외부 세계와 연결을 시도해도 그 시도는 헛된 것임을 깨닫도록 만드는 방법도 사용됩니다. 면회가 허용되기도 하지만, '총체적 기관'을 관장하는 권력의 영향이 미치지 않는 곳에서의 면회란 있을 수 없지요.

수용 이전의 과정을 일부러 노출시키고 모욕감을 주어 자포자기를 통해 적응을 재촉하는 방법이 사용되기도 합니다. 이것을 고프먼은 '오염적 노출'이라 불렀습니다. 수용소에 있는 사람이 예를 들어 변호사였어요. 입소 절차를 통해 변호사 출신도 여느 사람과 다를 바 없는 사람으로 강등되었죠. 그 사람한테 가장 치명적인 모욕은 수용되기 전에 번듯한 직업을 가지고 있었다는 사실이 모든 사람에게 노출되는 것입니다. 수용 이전과 이후를 극단적으로 대조시켜 더욱더 강렬한 모욕감을 느끼게 해 자포자기에 이르도록 유도하는 방법이죠.

수용소는 명령이 많은 곳이지만 명령의 이유는 없습니다. 오로지 복종만 허용되는 곳이지요. 왜 지시를 따라야 하는지 질문을 해도 그 질문에 대한 답은 돌아오지 않습니다. "'Warum?'(왜 그러십니까) 난 서툰 독일어로 물었다. 'Hier ist kein warum.'(이곳에 이유 같은 건 없어) 그가 나를 막사 안으로 떠밀려 대답했다."(《이것이 인간인가》, 38쪽)

이러한 복합적 방법을 통해 권력에 의한 소화消化 과정을 거치면서 점점 그 존재는 무력해집니다. 그리고 수용하지요. 여기는 출구가 없는 전혀 다른 곳이라는 점을요.

## 수용소는 수용된 사람의 능동성을
## 완전히 박탈했을까요?

정신병원에 수용된 사람은 결국 자기부정의 과정을 통과한 후 환자 국면으로 결국 접어드는데, 고프먼은 전 환자 국면으로부터 환자 국면으로의 전환을 1차 적응이라 불렀습니다. 고프먼이 정신병원에서 발견한 가장 놀라운 점은 1차 적응이 끝이 아니라, 1차 수용 이후에 은밀한 2차 적응이 있다는 것입니다.

정신병원에 수용되어 있는 환자들은 자기만의 은밀한 방식으로 '지하 세계'를 구축합니다. 지하 세계는 정신병원이라는 공식 기관이 설계하거나 프로그램하지 않은 비공식 세계입니다. 정신병원에 수용돼서 1차 적응한 정신병 환자가 스스로 만들어낸 가상의 공간입니다.

어떤 사람은 1차 적응에 그냥 머무릅니다. 1차 적응은 수용된 세계를 문제시하지 않고 그냥 받아들이는 겁니다. 1차 적응에 머문 사람은 권력에 협력자가 되어 은총을 기대합니다. 자신이 그냥 여기에 어울리는 사람이라고 자기 암시까지 합니다. 1차 적응에 잘 적응한 사람은 더 나아가 포섭적contained으로 2차 적응을 합니다. 포섭적 2차 적응이란 총체적 기관에 의문을 달지 않으며 저항이나 비판을 하지 않고 잘 적응한 모범생으로 인정받아 얻을 수 있는 실리를 얻겠다고 작정하는 겁니다. 자율 같은 것은 허울 좋은 명분에 불과하다고 치부하면서요.

모든 사람이 포섭적 2차 적응에 따른 협력자 모델을 채택하지는 않습니다. 협력자 모델이 아니라 교묘한 전술을 펼치는 사람이 있는데 이들은 2차 적응을 통해 실질적으로 수용소의 논리가 통용되지 않는 빈틈을 찾아내서 대항세계를 구축해냅니다. 고프먼의 용어를 그대로 빌리자면 이러한 유형의 2차 적응은 균열적disruptive입니다. 이들은 허먼 멜빌Herman Melville의 소설 《필경사 바틀비》의 주인공 바틀비가 선택의 폭이 지극히 좁은 제한된 상황 속에서 "아무것도 선택하지 않는 것을 선택"하여 자신의 자율성을 지키는 최후의 수단을 사용하는 것처럼, 적응을 선택하지 않는 선택을 하여 적응을 강요하는 권력에 미세하더라도 균열을 냅니다.

## 2차 적응은 다른 방식으로는 얻을 수 없는 만족감을 부여합니다

균열적 2차 적응은 환자 국면에서도 자신을 포기하지 않은 사람이 끈질기게 자율성을 비밀리에 추구한 결과입니다. 예를 들면 다음과 같은 사소한 것으로 나타나기도 합니다. 수용소에 있는 사람은 유니폼을 입고 있지요. 개성의 탈각이죠. "개성 따위는 애초에 없는 거야" "개성을 향한 나의 욕구를 다 지워버릴 거야" 이렇게 끝나버린다면 1차 적응에 머무르는 사람입니다. '그럼에도 불구하고' 자신을 표현할 수 있는 그 어떤 것을 찾아내는 게 균열적 2차 적응입니다. 유니폼이라는 한계 내에서 개성을 표현하는 것이죠. 비록 남들은 그 미세한 차이를 알아채지 못한다 할지라도 말입니다.

균열적 2차 적응을 한 수용소 내 사람들은 "가용한 인공물들을 공식적 의도와 다른 방식으로, 그리고 다른 목표를 위해 사용하며 그럼으로써 개인들에게 프로그래밍된 생활 조건을 변경"(《수용소》, 244쪽)시키는 이른바 임시변통make-do의 대가입니다. 고프먼은 정신병원에서 환자들이 개발한 다양한 임시변통을 이렇게 묘사합니다. "중앙병원은 단순한 종류의 많은 임시변통을 암묵적으로 승인한다. 예컨대 많은 재소자는 화장실 욕조에서 직접 세탁한 개인 빨래를 라디에이터에 널어 말릴 수 있다. 이런 식으로 기관의 공식 업무인 세탁이 개인의 임의에 맡겨졌다. 딱딱한 벤치가 있는 병동에서 환자들은 종종 신문지를 말아 들고 다니는데, 이는 벤치에 누울 때 베개로 쓰기 위해서다."(《수용소》, 245쪽)

프리모 레비의 《이것이 인간인가》에도 등장하는 임시변통의 사례를 하나 볼게요. "우리는 모든 것이 다 쓸모가 있음을 배웠다. 철사는 신발을 묶는데, 천 조각은 발을 감싸는 데 필요하고, 종이는 추위를 막기 위해(불법으로) 상의에 대는 데 필요하다."(《이것이 인간인가》, 45쪽) 수용된 사람에게 제공된 "표준화된 물품"은 표준화된 기능을 염두에 두고 설계되어 있습니다. 표준화된 사용 목적과 기능을 넘어서 전혀 예상하지 못했던 사용처를 수용소에 수감된 사람들이 만들어냅니다. 환자 국면에 접어들었지만 1차 적응에 만족하지 않고 균열적 2차 적응을 통해 자신의 자율성을 은밀히 구축해낸 결과이죠.

공식화되지 않는 공간을 창출해내기도 합니다. 공식적으로 지급된 관물대는 언제든지 당국이 열어볼 수 있는 곳이기에 은 닉한 개인 소지품을 안전하게 보관하기에는 적합하지 않습니다. 나를 표현할 수 있는 소지품을 숨기기에 적합한 곳은 어디일까 요? 가장 좋은 은닉처는 사람이 늘 가지고 다닐 수 있는 어떤 곳 입니다. 호주머니는 권력이 지정한 유니폼의 용도와는 달리 사 적 흔적을 보관하는 장소로 변형됩니다. 정신병원에서 "환자 지 위를 보여주는 확실한 상징 중 하나가 바로 불룩한 주머니"(《수용 소》, 291쪽)입니다. 호주머니가 불룩하다는 의미는 소지품이 많다 는 뜻이고, 소지품이 많다는 건 손상되었던 자아를 균열적 2차 적응으로 몰래 회복했음을 가시적으로 보여주니까요.

《이반 데니소비치, 수용소의 하루》에서 개인물품을 감추는 방법을 살펴볼까요? 어느 운 좋은 날 이반 데니소비치에게 빵 덩 어리가 하나 더 생겼습니다. 빵을 숨기지 않으면 이 횡재는 물거 품이 됩니다. 이반 데니소비치는 매트리스를 임시변통합니다. 매 트리스 사이에 빵을 집어넣고 바느질로 꿰매서 감쪽같이 숨깁니 다. 그 이후 매트리스는 이반 데니소비치에겐 든든한 식량 저장 고입니다.

2차 적응의 단계에서 사람들이 포기하지 않고 자아를 회복 하려는 노력은 새로운 사회관계 창출로 나타납니다. 군대의 인 간관계는 기본 계급에 따라 정해집니다. 사병의 계급은 입소 순 서에 따라 정해집니다. 군대에 하루라도 빨리 입소한 사람의 위계가 높은데, 이것은 기관이 정해준 질서이죠. 1차 적응만 한 사람은 계급의 위계를 그대로 받아들입니다. 나보다 위면 위고 나보다 아래면 아래이며, 위계라는 체계의 허구에 의문을 던지지 않습니다.

친구 관계는 자기 결정의 결과입니다. 내가 누구랑 친할지는 내가 결정하는 거잖아요. 나랑 같은 해에 태어났다고 그 사람과 친구가 되는 게 아니고, 나보다 먼저 태어났다고 그 사람을 그냥 존중하는 것도 아닙니다. 그 사람을 존중할 것이냐, 스승으로 모실 것이냐, 친구로 사귈 것이냐, 이 모든 건 나의 결정입니다. 수용소에 들어오기 전에 인간이 맺는 사회관계는 자율적 판단에 의해 만들어지는데 수용소에서는 그 방식이 통용되지 않습니다. 2차 적응하는 사람은 공식적 위계를 무마시키는, 공식적이지 않은 사회관계를 만들어냅니다. 이 비공식적 사회관계는 수용소 내부의 공식 질서에 은밀한 교란을 일으키기도 합니다.

공식 질서에 의해 만들어지지 않은 관계를 고프먼은 '버디 Buddy 관계'라 부릅니다. 고프먼은 그 극단적인 '총체적 기관'인 정신병원 내에도 심지어 기관의 행정인력과 수용된 사람 사이에도 버디 관계가 있음을 발견했습니다. "젊은 남성 직원과 환자 사이에는 실제 과업 배당과 무관한 사적인 '버디' 관계가 형성되었는데, 이는 조직 내 차별적 지위를 가로질러 연령, 성별, 노동계급 지위가 어우러져 생기는 연대처럼 보였다."(《수용소》, 333쪽)

사소한 용도 변경은 수용소 당국이 용인하지만, 그로 인한 균열이 강해지면 당국은 허락하지 않기에 균열적 용도 변경은 은밀한 세계 구축을 통해 이뤄집니다. "병원의 감시를 피하는 임시적인 수단들에 덧붙여, 재소자와 직원의 암묵적 공모하에 제한된 물리적 공간들이 출현"(《수용소》, 268쪽)하는 것이죠. 고프먼은 그것을 수용소 내부의 '자유 장소'라 명하는데요, 자유 장소는 공식적인 무대 뒤에 숨겨져 있는 배후 무대입니다. 화장실은 애용되는 '자유 장소'입니다. 틈을 이용한 '자유 장소'를 넘어서서 권력의 감시가 미치지 못하는 '집단 영토'도 개척됩니다. 으슥한 창고의 구석은 수용소 권력의 사각지대입니다. 수용된 사람들은 사각지대에 자율적인 '집단 영토'를 구축합니다. 그곳은 "공식적으로 지정된 소수의 환자만이 접근"할 수 있는 "그들을 위한 영토"(《수용소》, 279쪽)입니다. 수용소 권력은 그 영토의 존재를 눈치채지 못합니다.

## 정신병원은 특별한 사례이면서 동시에 보편적 사례이기도 합니다

책을 통해 희귀한 현장의 이야기를 들을 수 있는 것은 책 읽기로 인한 기쁨이지만, 그 현장의 예외성과 특이성을 강조하는 르포르타주reportage(르포)는 현장에 있는 사람을 구경거리로 전락시킬 수도 있습니다. "전격 잠입 르포!"라는 표제로 보도되는 기사는 때론 파파라치의 시선과 구별되지 않기도 합니다. 상업성만을 노린 르포는 선정적인 어조로 예외적인 현장을 전달하기도 합니다. 정신병원은 아주 예외적인 현장입니다. 하지만 고프먼은 덤덤하게 글을 씁니다. 극적인 현장인 정신병원을 외부로 전달하는 그는 건조한 문체를 구사합니다.

고프먼은 책 앞부분부터 정신병원을 구경거리로 전락시키기 위해 자신이 글을 쓰는 게 아님을 분명하게 밝히고 있습니다. 정신병원이라는 개별 사례는 특수한 영역이지만 정신병원이라는 사례 연구를 통해 얻어낸 결과는 정신병원 외부의 사회에도 적용될 수 있음을 그는 믿습니다. 《수용소》 앞부분에서 고프먼은 자신이 정신병원과 같은 극단적인 '총체적 기관'을 연구하는 이유가 "내가 이야기하는 어떤 요소들이 총체적 기관들에만 **국한**"(《수용소》, 17쪽, 강조는 인용자)되지 않아서라고 확실히 말하고 있습니다.

프리모 레비 역시 아우슈비츠 수용소의 상황이 특별한 케이스가 아니라는 점을 강조합니다. 프리모 레비는 "수용소가 뚜렷하고도 거대한, 생물학적·사회학적 실험이었다는 점"(《이것이 인간인가》, 131쪽)을 독자에게 환기합니다. 실험실에서 얻어낸 연구 결과가 실험실 외부의 논리를 유추하는 데 도움이 되는 것처럼, 아우슈비츠라는 특별한 사례가 수용소 외부에서도 작동하는 권력의 메커니즘을 밝혀내는 데 도움이 될 것이라는 믿음이 있기에 그는 자신의 삶에서 잊고 싶은 가장 끔찍한 경험을 되살려 글로 작성한 것입니다. 수용소에 수용된 사람은 예외적인 사람이 아니라 '권력에 장악당한 군중'의 대표 표상임을 그는 알고 있습니다.

## 자아는 무엇에 대항하며
## 형성되는 것입니다

인간은 사회 외부에 존재할 수 없습니다. 사회와 특정 국민국가는 다른 개념입니다. 특정 국민국가 외부로 나가는 것은 가능합니다. 우리는 지금 한국이라는 사회 속에 있고 한국이라는 국민국가 속에 있습니다. 한국이 마음에 들지 않아요. 한국이 수용소처럼 느껴집니다. 그러면 이민을 통해 한국에서 벗어날 수 있습니다. 하지만 한국이라는 국민국가를 떠났다고 사회의 외부로 나갈 수는 없습니다. 새롭게 선택한 국민국가에도 사회는 있습니다.

사회는 이런 맥락에서 보자면 국민국가와 달리 인간이 집합체를 이루고 사는 한 절대 벗어날 수 없는 '총체적 기관'의 성격을 지니고 있죠. 한 사회에는 지배적인 패러다임이 있습니다. 자신이 속한 사회의 지배적인 패러다임에 어긋나는 삶을 살기는 쉽지 않습니다. 결국 많은 사람이 내심 못마땅해도 주류의 삶에 적응하여 인생을 살아갑니다. 사회라는 것이 일종의 '총체적 기관'이고 사회의 외부에 개인이 존재할 수 없다면, 우리는 영원히 무기력한 존재로 사회라는 '총체적 기관'에 순응적 적응을 하면서 살아야만 하는 것일까요? 고프먼이 정신병원이라는 극단적 총체적 기관에서 찾아낸 균열적 2차 적응의 기법은 이런 맥락에서 시사하는 바가 많습니다.

고프먼은 정신병원에 대한 분석을 통해 자아를 이렇게 해석

내립니다. "자아는 무언가에 대항하며 형성된다"(《수용소》, 364쪽) 는 것이죠. 균열적 2차 적응을 하는 사람은 '총체적 기관'에 크든 작든, 때로는 그저 우스꽝스러운 몸짓이라 할지라도 포기하지 않고 대항하며 자아를 만들어가는 사람입니다. 특정한 사회적 지위가 요구하는 역할 모두를 내가 결정할 수 없습니다. 그것은 우리가 벗어날 수 없는 사회라는 '총체적 기관'의 명령과도 같죠. 그런 의미에서 "우리의 사회적 지위는 세계의 견고한 건축물에 의해 지탱"되는 것처럼 보입니다. 그러나 고프먼은 알고 있습니다. "우리의 사적 정체성은 종종 그 건축물의 틈새 속에 자리 잡고"(《수용소》, 365쪽) 있음을.

사회는 나를 옥죄는 것 같습니다. 사회가 설정해놓은 프로그램으로부터 못 벗어날 것처럼 보입니다. 고프먼은 그 상황 속에서도 가능성을 봤습니다. 심지어 정신병원에 갇혀 있는 정신병 환자도 건축물의 틈새 속에서 사적 정체성을 만들지 않느냐고 반문하는 것이죠.

우리가 놓인 사회는 어떻게 프로그램화되어 있습니까? 모두 부자가 되라고 하잖아요. 돈벌이가 되는 일을 일을 가까이하고, 당장 돈벌이에 도움이 되지 않는 일은 멀리하라고들 말합니다. 가능하다면 수단과 방법을 가리지 않고 유명해지고, 그 유명함을 이용해 돈을 많이 벌라고 조언합니다. 이것이 우리를 둘러싸고 있는 '총체적 기관'인 사회가 우리에게 끊임없이 던져준 프로그램입니다.

교양을 목적으로 책을 읽는 교양독서는 사회라는 '총체적 기관'이 설계한 인생 프로그램에서 벗어난 행위입니다. 우리 교양독자는 주류의 물결에 불만족하면서, 만족할 수 없는 불쾌감을 숨기지 않으면서 수용적 적응만을 요구하는 사회에 균열적 2차 적응을 궁리하는 사람입니다. 필경사 바틀비처럼 우리는 주류를 따르며 그저 그런 인생을 사느니 차라리 '하지 않음'을 선택합니다.

> 조직이 열성을 요구하면 그들은 무관심으로 대응한다. 충성에는 불만으로, 출석에는 불출석으로 대응한다. 건강하라고 하면 아프다고 한다. 일을 해야 할 때는 온갖 나태를 부린다. 우리는 무수히 많은 소박하고 사소한 역사들을 발견한다. 각각의 역사는 고유한 자유의 몸짓을 담고 있다. 존재하는 모든 세계에는 지하 생활이 만들어진다.
> ─ 《수용소》, 347쪽.

책이 외면되는 시대에 책 읽기는 지하 생활을 구축하는 행위입니다. 자기계발서와 참고서만 읽히는 시대에 교양 목적의 인문서를 읽는다는 행위는 우리의 "고유한 자유의 몸짓"입니다.

《수용소》의 마지막 부분에서 고프먼은 우리가 어떤 삶을 지향해야 하는가와 관련해 지침으로 삼을 수 있는 소중한 이야기를 우리에게 전합니다. "불복종이 우연적인 방어 기제가 아니라 자아를 구성하는 핵심적인 요소"(《수용소》, 363쪽)라고요.

지배받지 않는 삶을 찾아 떠난 《교양 고전 독서》라는 오랜 여행의 중턱에서 《군주론》《군중과 권력》을 읽고 난 뒤 마침내 지배의 외부로 나갈 수 있는 방법의 실마리를 《수용소》에서 발견한 느낌입니다. "우리는 존재가 뼈가 남은 것처럼 위축될 때" 삶을 살찌우기 위해 무엇이라도 하는 사람(《수용소》, 347쪽)입니다. 그렇지 않나요?

참고·인용 문헌

알렉산드르 솔제니친, 《암 병동 1》, 이영의 옮김, 민음사, 2015.

알렉산드르 솔제니친, 《이반 데니소비치, 수용소의 하루》, 이영의 옮김, 민음사, 1998.

프리모 레비, 《이것이 인간인가》, 이현경 옮김, 돌베개, 2007.

허먼 멜빌, 《필경사 바틀비》, 공진호 옮김, 문학동네, 2011.

# 7

맹신의 지배에 대처하는
계몽주의자는 정원을 가꿉니다

볼테르Voltaire,
《관용론*Traité sur la tolérance*》, 1763년

볼테르, 《관용론》,
송기형·임미경 옮김, 한길사, 2001.

　세상에는 종교가 정말 많습니다. 한 통계에 따르면 전세계 인구 중 어떤 종교이든 신앙을 가진 사람이 72억 명을 넘는다고 합니다. 비교종교학에 의한 종교 분류는 흥미롭습니다. 때로는 적대적이지만 발생과정의 유사성이 강한 이슬람교, 유대교, 가톨릭교, 개신교는 아브라함에 기원을 두고 공통된 철학을 가졌다고 하여 아브라함 종교로 분류됩니다.

　아브라함 종교의 신자는 매우 많습니다. 기독교가 26억 명, 이슬람교는 20억 명, 유대교도 1500만 명 정도 됩니다. 전 세계 인구 중에서 40억 명 이상이 아브라함 계통의 종교를 믿는 것이지요. 그런데 매우 의아합니다. 종교를 믿는 사람이 그렇게 많고, 심지어 비교종교학적으로 유사성이 있는 아브라함 종교를 믿고 있는 사람이 40억 명 이상이나 되는데도 종교 간 분쟁이 끊이지 않고 있으니 말입니다. 오로지 서로 믿는 종교가 다르다는 이유

하나만으로 벌어진 전쟁과 학살이 우리가 살고 있는 시대에도 여전히 되풀이되고 있습니다. 이성적으로 살펴보면 도저히 수긍할 수 없는 사태입니다. 종교 간 대립이 여전한 현대를 살아가는 독자에게 '맹신'에 빠져 허우적대는 우스꽝스러운 상황을 고발했던 18세기의 계몽주의자 볼테르의 《관용론》은 그렇기에 여전히 시사적입니다.


## 볼테르는 연극인으로
## 프랑스에서 명성을 얻었습니다

장 자크 루소Jean-Jacques Rousseau, 몽테스키외Montesquieu와 더불어 이후의 프랑스 대혁명에 큰 영향을 끼친 18세기의 계몽주의 사상가 볼테르는 연극인으로서 최초의 사회적 주목을 받습니다. 1717년 루이 15세의 섭정 오를레앙Orléans 공에 대한 풍자시가 문제 되어 볼테르는 프랑스 대혁명의 상징이나 다를 바 없는 바스티유 감옥에 수감됩니다. 바스티유 감옥에서 그는 헬라스 비극 〈오이디푸스〉를 현대적으로 계승한 작품을 썼습니다. 감옥에서 쓴 작품이 1718년 11월 파리의 코메디 프랑세즈Comédie-Française에서 공연되었는데 대성공을 거뒀습니다.

이 성공은 볼테르 생애에서 중요한 전환점이 됩니다. 우리는 그를 볼테르라는 이름으로 기억하지만, 1694년 파리의 유복한 부르주아 집안에서 태어난 그의 본래 이름은 프랑수아-마리 아루에François-Marie Arouet입니다. 비극 〈오이디푸스〉가 성공을 거두자 그는 자신의 이름을 귀족 신분을 연상시키는 드 볼테르de Voltaire로 바꾸었습니다.

드 볼테르로의 개명은 아마데우스 모차르트Amadeus Mozart를 연상하게 합니다. 모차르트는 귀족과 동등한 지위를 원했지요. 예술가를 하인쯤으로 취급하던 당시, 모차르트는 음악가의 낮은 사회적 지위에 불만을 품었고 자신이 할 수 있는 방법으로 음악가의 지위를 높이고자 했습니다. 물론 가장 중요한 것은 압도적인 음악적 성취이지요. 그에 만족하지 않고 모차르트는 자신이 귀족의 하인이 아니라 귀족과 동등한 사람임을 보여주기 위해 귀족처럼 입고 먹고 살았습니다. 재정 파탄으로까지 몰고 갔던 그의 사치는 단순 낭비벽이 원인이 아니라 귀족과의 동등한 지위를 요구하는 욕망의 다른 표현이기도 했습니다. 프랑수아-마리 아루에는 드 볼테르라는 귀족풍 이름으로 개명을 통해 자신의 예술적 성취를 만방에 알림과 동시에 자신이 귀족과 동등한 위치임을 표현하려 했습니다.

때는 1726년 1월입니다. 로앙Rohan 공작의 아들 슈발리에 드 로앙-샤보Chevalier de Rohan-Chabot는 개명한 유명인 볼테르를 못마땅하게 여겼습니다. 그가 코메디 프랑세즈에서 볼테르와 마주쳤을 때 "볼테르 씨 아니 아루에 씨인가? 뭐라고 불러야 하오?"라고 시비를 걸었다고 하지요. 볼테르가 이렇게 대답했다고 전해집니다. "내 이름은 볼테르요. 내 이름은 나로부터 시작되지만 당신 이름은 당신으로 끝날 것이오." 귀족의 심기를 거스를 수 있는 뾰족한 독설이자 엄청난 자신감이 담긴 발언입니다. 볼테르로부터 모욕받았다고 생각했던 드 로앙-샤보는 온 집안의 연줄을 이용해 볼테르를 혼내려고 바스티유 감옥에 수감시킵니다. 외국으로 떠난다는 조건으로 풀려난 볼테르는 영국으로 건너갑니다. 영국에서 새로운 세계에 눈을 뜹니다.

## 그는 다른 문화를 향해 열려 있는 사람입니다, 특히 영국 애호가였지요

영국은 프랑스와 다른 점이 많았습니다. 영국에 체류하며 신선한 충격을 받은 볼테르는 영국 애호가가 되지요. 그리고 영국 경험으로부터 얻은 성찰의 결과를 《철학편지》라는 책에 담았습니다. 《철학편지》는 영국 견문기 형식으로 프랑스를 비판하는 책인데요, 내용으로는 연극인 볼테르와는 다른 모습을 보여주는 것처럼 보입니다. 하지만 《철학편지》에서도 연극인 볼테르의 장점은 유감없이 발휘됩니다. 볼테르는 심각한 주제를 다루면서도, 자신이 다루는 주제의 대중적 전달성을 고려하여 글쓰기에 연극적 효과를 도입합니다.

볼테르의 책을 읽으실 때는 그가 구사하는 극작가로서의 스타일을 염두에 두시는 게 중요합니다. 그는 자신의 메시지를 철학적 논증의 방식이 아니라 연극적 방식으로 전달합니다. 예를 들어볼게요. 볼테르는 개방적인 태도와 낯선 것에 대한 호기심,

관습에서 벗어나 새로운 것을 과감히 받아들이는 용기가 중요함을 《철학편지》에서 강조하려 합니다. 그래서 자신이 전하고자 하는 메시지의 설득력을 높여줄 수 있는 사례를 제시합니다.

《철학편지》의 열한번째 편지는 〈천연두 접종에 관하여〉라는 제목입니다. 이 편지에서 볼테르는 조지 1세 초기 때 외교관 남편을 따라 이슬람의 도시 콘스탄티노플(현재의 이스탄불)에 간 워틀리 몬태규Wortley Montagu 부인의 사례를 언급합니다. 몬태규 부인은 콘스탄티노플에서는 종두법으로 천연두를 예방하고 있음을 알게 되었습니다. 영국이나 유럽에서는 그 방법이 전혀 알려지지 않았고 천연두를 앓다가 죽은 사람도 있고 살아남아도 평생 얼굴에 자국을 남긴 채로 살아야 하는데, 이슬람교도 지역인 콘스탄티노플에서는 천연두로 사람이 죽지도 않을뿐더러 얼굴도 멀쩡합니다. 이교도의 방법을 사용하는 건 매우 불경한 짓이라 주변 사람들은 말렸지만, 몬태규 부인은 자기 자녀에게 종두법을 사용했습니다. 몬태규 부인은 영국에 돌아와서 종두법을 널리 알렸고, 그 결과 영국에서 받아들여지게 되면서 영국은 천연두의 공포로부터 벗어날 수 있었습니다.

영국의 사례를 제시한 후 볼테르는 묻습니다. 종두법이 도입되지 않은 프랑스에선 "이 세상 사람들 중, 100에 적어도 60은 천연두에 걸리며, 그중 20명이 꽃다운 나이에 사망한다. 또다른 20명에게는 평생 보기 흉한 흉터가 남는다. 그러므로 이 병으로 인류의 오분의 일이 죽고, 오분의 일이 추녀, 추남이 되는 셈이다. 터키나 영국에서 접종을 받은 사람들 중 원래 병약해서 살아

남기 어려운 사람을 제외하면, 아무도 죽은 사람이 없다."(《철학편지》, 61쪽)

종두법 사례를 매우 연극적인 연출 효과를 낼 수 있는 방식으로 제시하면서, 이교도가 만들어냈다고 하여 종두법을 거부하고 죽거나 흉터를 입는 게 과연 이성적인지를 묻는 겁니다. 종두법의 사례를 통해 사람들은 알게 모르게 '이교도'로 취급했던 이슬람을 다른 관점에서 볼 수 있게 만드는 거죠.

다섯번째 편지와 여섯번째 편지는 영국 국교회, 즉 성공회 견문을 담고 있습니다. 프랑스를 포함한 유럽 대륙의 가톨릭과 개신교 사이의 갈등은 좀처럼 해결되지 않은 상태입니다. 프랑스에서는 가톨릭 세력이 1562년 3월 1일 바시Vassy에서 개신교도(위그노Huguenot)를 학살한 사건을 시작으로 서로 종교가 다르다는 이유 하나만으로 죽고 죽이는 일이 다반사로 벌어졌으니까요. 그런데 볼테르가 견문한 영국은 달랐습니다. "런던의 증권거래소에 한번 들어가보라. 이곳은 허다한 왕의 궁정보다 더 존엄한 장소로 인간의 편의를 위해 모든 나라의 대표가 모여 있다. 거기서는 유대인과 이슬람교도와 기독교도가 마치 같은 종교를 믿는 사람처럼 서로 거래를 하며 오직 파산한 사람만 이교도라 불린다."(《철학편지》, 37쪽)

프랑스에서는 종교가 다르다는 이유로 전쟁까지 벌어졌는데, 런던의 증권거래소에서는 종교의 다름은 하등 문제가 되지 않는다는 것입니다. "거기서는 장로교도가 재세례파 교도를 신뢰하며 영국국교도가 퀘이커교도의 약속을 받아들인다. 사람들은 이렇게 평화롭고 자유로운 집회에서 나와 뿔뿔이 흩어진다. 어떤 사람들은 유대교 교당으로, 다른 사람들은 술을 마시러 간다. 어떤 이는 큰 대야 속에서 성부와 성자와 성령의 이름으로 세례를 받고, 어떤 이는 아들을 할례시키면서 뜻도 모르는 히브리어 축성을 듣고, 또 어떤 이는 교회에 가서 머리에 모자를 쓴 채 성령이 임하기를 기다린다."(《철학편지》, 37쪽)

볼테르는 종교 다양성의 인정, 서로 다른 종교의 공존 가능성에 대해서는 한 마디도 하지 않습니다. 하지만 그의 편지를 읽는 사람의 머릿속에선 저절로 종교가 다르면 전쟁이 불가피하다는 생각이 사라질 것입니다. 오히려 런던에서처럼 종교가 서로 달라도 각자의 종교를 유지하면서 평화로운 사회생활이 가능할 수 있다고 생각하겠지요. 볼테르는 편지의 마지막에 슬쩍 다음과 같은 문장을 끼워넣습니다. "만일 영국에 한 가지 종교만 있었다면 그 횡포가 대단했을 것이다. 만일 두 가지가 있었다면 서로 목을 따려고 했을 것이다. 그러나 실제로는 30개가 있기 때문에 모두 평화롭고 행복하게 지낸다."(《철학편지》, 37쪽) 두 개의 편지를 연달아 읽고 나면 다섯번째 편지를 시작하는 다음 문장이 심상치 않게 들립니다. 이미 다섯번째 편지의 앞부분에서 볼테르는 자신이 전하고자 하는 핵심 메시지를 툭 던져놓았습니다. "이곳은 다양한 종파의 나라다. 영국인은 자유인답게 자기 마음에 드는 길을 따라 천국에 간다."(《철학편지》, 30쪽) 각자의 길을 따라 천국에 갈 수 있는데, 왜 믿는 종교가 다르면 절대 천국에 가지 못할 거라고 단정할까요? 계몽주의자 볼테르는 이해할 수 없습니다.

## 그는 동시에 계몽사상을 전파하는
## 대중철학자였습니다

우리가 요즘 사용하는 철학자라는 개념은 철학이라는 분과 학문의 전문가를 의미합니다. 지금과 달리 볼테르 시대에 철학자는 사상을 대중적으로 널리 알리는 글을 쓰는 사람이라는 뉘앙스가 강했습니다. 철학자를 이런 의미로 해석할 경우 볼테르는 의심할 바 없이 대표적인 계몽주의 철학자 중 한 명이죠.

계몽주의啓蒙主義라는 개념부터 정리를 해볼까요? 계몽주의는 독일어로는 '아우프클레룽Aufklärung', 영어로는 '인라이튼먼트 Enlightenment', 프랑스어로는 '뤼미에르Lumières'라고 하는데 서양 언어에서 계몽주의를 뜻하는 단어는 '빛'이라는 이미지를 사용한다는 점에서 동일합니다. 영어로 '인라이튼먼트'는 빛이 없는 곳에 빛을 비추는 것이고, 프랑스어에선 아예 빛이라는 단어가 계몽이라는 의미로 쓰입니다. 어두워서 잘 보이지 않았던 곳에 빛을 비추면, 비로소 무엇이 그곳에 있는지 제대로 볼 수 있겠지요. 그 결과 둔탁하고 흐릿하고 분명하지 않았던 것이 명쾌하고 투명하게 되는 과정을 독일어에선 '아우프클레룽'으로 표현합니다. 안개가 걷히듯 제대로 보이지 않았던 것이 분명해지면 그 결과 계몽이 이루어진 것입니다. 이것을 해내는 인간의 능력이 이성理性입니다.

이성의 힘에 의한 계몽의 반대편에 우리가 《군중과 권력》에서 말했던 '현혹'이 있습니다. 볼테르 식으로 말하자면 이성과 계몽의 반대 세계가 맹신盲信이고 광신狂信입니다. 계몽은 이성으로 설명될 수 있는 것만 믿습니다. 반면 맹신과 광신은 이성적 근거가 없음에도 불구하고 무엇을 그냥 믿어버리거나 무엇을 무조건적으로 믿지 않는 것이지요(《교양 고전 독서》 첫번째 책에서 다루었던 고든 올포트의 《편견》에서 분석한, 편견에 사로잡힌 사고방식입니다).

계몽의 정의와 관련해 꼭 읽어야 할 문헌이 칸트가 쓴 짤막한 기고문 〈계몽이란 무엇인가 하는 문제에 대한 답변Beantwortung der Frage "Was ist Aufklärung"〉입니다. 이 텍스트는 칸트가 1784년에 〈베를린 월보〉라는 잡지에 전문가를 위한 논문이 아니라 대중용으로 썼던 에세이니 칸트라는 이름만으로 겁먹지 마시고 읽어보시기 바랍니다. 칸트는 여기서 계몽을 이렇게 정의 내렸습니다. "계몽이란 인간이 스스로의 잘못으로 초래한 미성년 상태로부터 벗어나는 것이다. 미성년 상태란 다른 사람이 이끌어주지 않으면 자신의 지성을 사용할 수 없는 무능력 상태를 말한다. 이러한 미성년 상태의 원인이 지성의 결핍 때문이 아니고 다른 사람의 지도를 받지 않고서 지성을 사용할 결단력과 용기의 결핍 때문이라면 미성년 상태는 스스로의 잘못으로 초래한 것이다. 과감히 알려고 하라! 자기 자신의 지성을 사용할 용기를 가져라! 이것이 계몽의 슬로건이다."(《계몽이란 무엇인가》, 28쪽)

계몽은 다름 아니라 인간이 미성숙한 상태에서 벗어나 성숙해지는 것입니다. 칸트가 볼 때 계몽의 핵심은 성숙이지요. 그 성숙을 거친 결과가 교양입니다. 인간은 성숙되어야 합니다. 그리고 미성숙 상태에서 벗어나야 합니다. 신체가 아니라 인간의 정신을 고양시키는 방법이 교육이고, 교육에서 책 읽기는 핵심입니다. 교육의 결과로 정신이 고양된 상태를 교양이라고 합니다. 볼테르도 계몽에 대해 같은 생각을 하고 있습니다. "절대적이고, 영속적이며, 지고하고, 지적인 어떤 존재가 있다는 사실이 내게 명백하다. 그건 신앙의 문제가 아니라 이성의 문제다."(《불온한 철학사전》, 293쪽) 그렇다면 계몽주의자 볼테르의 입장에서 자신이 살았던 당대는 어떤 시대였을까요? 계몽주의의 목소리, 이성의 목소리는 소수에 불과했습니다. 오히려 맹신이 지배적이었던 시대였죠. "두서없는 생각들을 지니고 그와 마찬가지로 두서없이 행동하는 것"(《불온한 철학사전》, 301쪽)이라 정의 내렸던 광기가 지배하던 때였습니다. 볼테르는 광기의 시대에 이성의 힘을 믿는 계몽주의자입니다.


### 그는 유럽의 셀레브리티였습니다


볼테르는 감옥에 갇히기도 했고, 영국으로 사실상 추방을 당하기도 했으나 그가 평생 위기로 점철된 삶을 살았던 것은 아닙니다. 영국으로 피신했던 볼테르는 1729년 파리 근교에 몰래 숨어 들어와 복권 사업에 손을 댔다가 큰 이익을 얻지요. 복권 발행 사업을 통해 볼테르가 벌어들인 거액의 돈은 볼테르에겐 사상적 독립 자본이 됩니다. 평생 돈 걱정을 하지 않고 살 수 있을 정도의 돈을 확보했으니, 어느 누구의 눈치를 보지 않고 자기의 생각을 말할 수 있는 문필가로 활동할 수 있는 '경제적 자유'를 획득한 것입니다. 1732년 출판된 《철학편지》는 논란의 대상이 되었습니다. 이 책은 즉시 금서가 되었고 출판업자는 바스티유에 수감되었습니다. 볼테르도 안전하지 않았죠. 신변의 위협을 느낀 볼테르는 연인 에밀리 뒤 샤틀레Émilie du Châtelet와 샹파뉴Champagne 지방으로 도피해 10년간 머물며 책 읽고 공부만 하는 삶을 살았지요. 그의 연인 에밀리 뒤 샤틀레는 작가, 수학자이며 물리학자인 뛰어난 여성이었는데요, 볼테르는 과학을 자신의 연인에게서 배웠습니다. 1745년 그는 그간의 작품 활동을 인정받아 아카데미 프랑세즈Académie française 회원으로 선출되는 사회적 인정을 얻으면서 은둔하는 작가에서 유럽의 유명인, 전 유럽의 베스트셀러 작가로 변신합니다.

18세기에 접어들면 인쇄문화가 유럽에 확산되면서 전 유럽이 하나의 공론장을 구성하게 되었는데, 볼테르의 책은 인쇄문화의 확산에 힘입어 유럽 각국 언어로 번역되었습니다. 볼테르는 그의 책이 출판된 유럽의 각 나라에 영향을 끼치는 당대의 셀레브리티가 된 것이지요.

볼테르의 승승장구와 달리 유럽에는 오래된 고질적인 문제가 있었습니다. 그건 종교 간 대립입니다. 하나의 분파가 '이단'으로 판정되면 학살도 서슴지 않고 벌어졌습니다. 1209년에서 1299년에 있었던 학살을 살펴보겠습니다. 당시 로마 가톨릭은 발칸 반도를 거쳐 전파된, 성직자의 타락을 고발하고 청빈함을 강조하는 기독교 분파인 카타리Cathari파(프랑스 남부지역에서는 알비

Albi파로 불림)를 이단으로 규정했습니다. 카타리파를 토벌하겠다고 교황 인노첸시오 3세Innocentius PP. III는 십자군을 결성한 후 프랑스 남부 지역인 랑그도크Languedoc를 공격해 20만 명에서 100만 명에 달하는 사람이 학살되었습니다. 가톨릭의 부패에 항의해 일어난 개신교 운동은 오랜 기간 유럽의 문제였던 종교 간의 대립을 더욱 격화시켰습니다.

## 개신교의 등장으로
## 유럽의 종교간 대립과 갈등은 더욱 격화됩니다

메디치 가문이 총력을 다해 마침내 만들어낸 교황 레오 10세 때 가톨릭의 부패는 극에 달합니다. 레오 10세는 그 악명 높은 면죄부 판매의 주인공입니다. 레오 10세 이전의 교황도 만만치 않았어요. 교황 알렉산데르 6세는 아예 돈으로 매수해서 교황의 자리에 올랐습니다. 그는 사생아를 여섯 명이나 두었는데요, 그 중 한 명이 마키아벨리의 《군주론》에서 자주 언급되는 밀라노의 체사레 보르자입니다.

그러자 1517년 루터의 75개조 발표를 기점으로 개신교에 의한 종교개혁이 시작됐죠. 종교개혁 이후 유럽은 그야말로 종교 전쟁의 광풍에 휩싸입니다. 가톨릭교도는 개신교도를 죽이고 개신교도는 가톨릭교도를 죽이는, 서로 종교가 다르다는 이유 하나만으로 상대를 죽이는, 군중의 집단 광기 현상이 끊이지 않았습니다.

1641년 10월 23일 아일랜드 학살 사건은 가톨릭의 예수회 창시자 로욜라 축제를 기점으로 가톨릭교도가 개신교도 15만 명을 학살한 사건입니다. 개신교가 다수파를 차지한 지역에선 가톨릭이 탄압의 대상이 되었지요. 스위스의 제네바에서는 칼뱅파가 주류를 차지한 후 1541년에서 1546년까지 5년간 가톨릭교도 13명을 교수형에 처했고, 10명이 참수됐고, 35명이 십자가에 묶여 화형당했고, 76명이 추방되었습니다.

프랑스에서는 1562년에서 1598년 사이에 가톨릭과 개신교가 서로의 절멸을 목표로 삼았던 이른바 위그노 전쟁이 벌어집니다. 위그노 전쟁 기간 중 널리 알려진 사건이 1572년 8월 24일 생바르텔미Saint Barthélemy 축일 학살입니다. 프랑스의 가톨릭 세력이 파리에서 개신교도를 학살한 사건인데요, 그날 단 하루에 5천 명에서 3만 명이 사망했다고 합니다. 독일에서 1618년부터 1648년까지 벌어졌던 30년 전쟁 또한 구교와 신교의 대립이 원인이었습니다.


리스본 대지진은 왜 일어났을까요?


1755년 강력한 지진이 항구도시 리스본을 덮쳐 도시를 초토화시켰습니다. 리스본 대지진은 전 유럽의 이슈가 됐습니다. 리스본이 유럽 안에서 차지하는 사회·경제적 위치 때문입니다.

1755년 당시 리스본은 암스테르담과 더불어 유럽에서 가장 중요한 항구 중의 하나였고 포르투갈 왕실은 에스파냐, 오스트리아, 프랑스, 영국 등의 왕실과 인친 관계로 얽혀 있었습니다. 리스본은 브라질에서 동아시아에 이르기까지 넓은 지역에 식민지를 거느린 포르투갈제국의 정신적, 행정적 중추였을 뿐만 아니라 영국, 네덜란드, 함부르크, 에스파냐, 프랑스를 비롯하여 이탈리아와 발트해 연안 제국, 스칸디나비아 반도의 여러 도시에서 몰려온 상인과 무역업자가 돈을 투자한 도시이기도 했습니다. 그런 리스본이 대지진으로 완전히 파괴되었습니다. 그 여파로 당시의 유럽 경제 교역 루트가 파괴되면서 리스본 대지진은 포르투갈의 문제뿐만 아니라 전 유럽의 근심이 된 것이지요.

리스본 지진으로 인한 비극은 당대 유럽인의 공통 이슈였습니다. 지극히 종교적인 해석에 따르면 하느님이 인간에게 내린 재앙이라는 것입니다. 종교 세력들은 리스본 대지진을 이용해서 이교도를 심판했고, 신앙으로 재무장해야 한다고 주장했습니다. 리스본 대지진을 재종교화를 위한 기회로 본 것이죠. 당시 유럽의 대표적인 논객인 볼테르도 리스본 대지진 논쟁에 참여합니다. 볼테르는 루소와 논쟁을 벌이기도 했습니다. 볼테르는 리스본 대지진을 재종교화의 기회로 삼는 종교주의자들을 패러디하는《캉디드Candide》를 1759년에 출간했습니다. 계몽주의자의 관점이 잘 드러나는《캉디드》는 전 유럽의 베스트셀러가 되었고, 볼테르의 유럽 내 명성은 더 높아졌지요. 리스본 대지진 논쟁을 통해 볼테르는 명성을 어떻게 활용해야 하는지 알게 되었습니다.

볼테르가 독창적이었냐고 누가 질문하면 선뜻 그렇다고 말할 수는 없습니다. 볼테르는 독창성 때문에 영향력 있는 인물이 된 것이 아니라, 당대의 사회 이슈에 기민하게 개입하고 글쓰기를 통해 실질적인 변화를 불러일으켰기에 중요인물이 되었습니다. 볼테르는 자기만의 이론을 만들어낸 사상가라기보다 글을 통해 사회 이슈를 확산시키고 글로써 사회변화를 불러일으킨 뛰어난 기획자에 가깝습니다.

그의 글은 현학적이지 않습니다. 그는 유머러스한 문체를 구사합니다. 전문가들만 알아들을 수 있는 전문용어 사용을 지극히 절제하면서 누구나 이해할 수 있는 언어로 이슈를 표현하는 데 있어서는 감히 따라갈 사람이 없을 정도로 탁월한 그만의 스타일을 구사했습니다. 이러한 볼테르 스타일의 글쓰기와, 유럽의 출판 문화의 확산과 교통수단의 발전에 의한 커뮤니케이션망의 확대가 얽혔으니, 그의 명성이 전 유럽에 확산된 것은 자연스러운 결과입니다.

### 칼라스 사건을 볼테르는 눈여겨봤지요

1761년 10월 13일, 프랑스 남부 툴루즈Toulouse에서 벌어진 사건의 개요는 이렇습니다. 장 칼라스Jean Calas 가족이 오랜만에 모여 저녁식사를 했습니다. 1층은 가게였고 2층을 주택으로 사용했는데 식당은 2층에 있었습니다. 7시 30분경 아들 마르크-앙투안Marc-Antoine이 산책을 하겠다고 집을 나섰고, 10시경 식구들이 손님을 배웅하러 1층으로 내려왔다가 가게 문에 목을 매어 죽은 아들 마르크-앙투안을 발견합니다. 자살한 사람에게 유죄를 선고하고 주민들에게 본보기로 삼기 위해 시신을 끌고 다닌 후 죽은 시체를 다시 교수대에 매다는, 당시의 자살자 시신을 처리하는 법규를 두려워한 가족은 자살을 숨기려 합니다. 하지만 주변에 칼라스의 아들이 아버지에 의해 살해되었다는 소문이 퍼져나갑니다. 그러자 시 행정관이 수사에 착수했고 아들의 죽음은 자연사가 아니라 살인이라는 결론을 내리고 가족이 모두 체포됩니다. 1762년 3월 9일 아버지 장 칼라스가 혐의를 부인했음에도 살해혐의로 사형을 선고받았고, 1762년 3월 10일 그는 차형(車刑, 죄인의 몸을 수레 등에 매달아 찢어 죽이는 처벌)에 처해졌습니다.

칼라스 사건의 배경인 유럽 내의 신구교의 대립상황을 좀 더 자세히 살펴보겠습니다. 프랑스에서는 칼라스 사건이 발생하기 한참 전인 1598년, 앙리 4세가 낭트 칙령을 선포하여 위그노파, 즉 개신교도에게 종교적, 시민적 자유를 인정했습니다. 낭트 칙령을 통해 오랜 기간 프랑스를 휘감았던 '위그노 전쟁'이 끝나고, 가톨릭과 개신교 사이의 화해 가능성이 열린 것이지요. 1648년 베스트팔렌 조약으로 종교의 자유가 허용되었습니다. 가톨릭과 신교의 대립이 원인이었던 30년 전쟁도 막을 내립니다. 일련의 조약을 통해 종교개혁 이후 유럽을 대립으로 몰아갔던 가톨릭과 개신교의 대립은 일단 마무리된 것처럼 보였습니다.

하지만 종교 대립은 법률적으로만 해결된 듯 보였을 뿐 일상과 문화적 관행에서는 뿌리깊은 적대감과 편견이 끈질기게 남아 있었습니다. 칼라스가 살던 툴루즈도 그랬습니다. 당시 툴루즈에는 가톨릭 신도가 5만 명이었는데 칼뱅파 위그노는 불과 200명 정도였습니다. 개신교 중 칼뱅파는 스위스 지역에서, 루터파는 독일의 북부지역과 스칸디나비아 반도로 퍼져나갔지만, 개신교가 확산되는 방향과 정반대의 방향인 프랑스의 남부도시 툴루즈에서 장 칼라스는 소수파 중 소수파인 위그노입니다.

낭트 칙령에 따라 위그노는 종교의 자유를 얻었지만 일상생활에서의 보이지 않는 차별은 사라지지 않았습니다. 위그노는 관직 진출도 사실상 불가능했습니다. 위그노가 출세하려면 가톨릭으로 개종하는 수밖에 없던 시대입니다. 툴루즈 사람들은 위그노 장 칼라스가 가톨릭으로 개종하려는 아들이 못마땅해 아들을 죽였다고 쉽게 믿어버렸습니다.

아들이 종교를 바꾸려고 한다는 이유 하나만으로 아버지가 아들을 죽일 수 있을까요? 상식적으로 생각하면 의심할 수밖에 없는 사건인데, 장 칼라스가 위그노라는 이유만으로 아버지뿐만 아니라 가족 모두 공범으로 재판에 회부되었지요. 기소의견에 따르면 아들을 아버지와 가족이 공모해서 죽였고, 자살로 위장하려 했다는 것입니다. 위그노는 개종한다고 하면 아들까지 죽일 수 있는 것들이라는 당대의 편견이 합리적 의심이 들어설 자리를 없앴습니다.

장 칼라스의 사형이 집행되고 난 후인 1762년 3월 17일 당시

스위스 부근 페르네Ferney에 거주하던 볼테르는 칼라스 사건을 처음 접합니다. 그가 논쟁에 깊숙이 뛰어들었던 1755년의 리스본 대지진처럼, 볼테르는 그 사건이 시대의 징후를 드러내는 사건이라 생각하고 본격적으로 개입합니다.

볼테르는 이 사건을 재구성하고 이 사건의 허구성과 문제점을 파헤치는 것이 이성의 필요성과 맹신의 위험성을 알릴 수 있는 계기라고 생각했습니다. 볼테르는 관련 서류를 샅샅이 검토한 결과 칼라스의 무죄를 확신했습니다. 그리고 그해 10월부터 《관용론》 집필에 착수합니다.

볼테르는 파리에 영향력 있는 인물들에게 편지를 보내 이 사건을 적극적으로 알리지요. 마침내 베르사유 궁전까지 장 칼라스 사건에 관심을 보이게 됩니다. 유명인 볼테르의 영향력, 그의 인적 네트워크가 공공적인 목적을 위해서 잘 활용된 경우죠. 마침내 1763년 3월 7일 국무참사회는 만장일치로 툴루즈 고등법원에 칼라스 재판 관련 서류 일체를 제출하라고 명령했고, 툴루즈 고등법원은 버티다가 7월 말에 서류를 제출합니다. 1763년 11월 《관용론》이 출판되었고 판매가 금지되었는데도 이 책은 엄청난 반향을 불러일으킵니다. 책을 읽은 사람마다 칼라스 사건에 대한 합리적 의심을 합니다. 칼라스 사건이 다시 조사되어야 한다는 여론이 들끓습니다. 여론을 무시할 수 없었기에 1764년 6월 4일 80명의 판사로 구성된 판사회의가 툴루즈 고등법원의 판결을 파기하고 전면적인 재심을 명령했고, 1765년 3월 9일 청원재판소가 만장일치로 칼라스의 복권을 선고했습니다. 공범으로 취급됐던 칼라스의 가족도 모든 혐의를 벗게 되었고요. 책이 한 사람의 누명을 벗게 해준 것이지요.


## 볼테르는 불관용-비이성-광신이라는 의미의 조합과 관용-이성-합리적 종교라는 의미의 조합을 대립시킵니다

《관용론》은 칼라스 사건에 대한 볼테르식의 재해석입니다. 칼라스 사건의 핵심은 볼테르에 따르면 "죄 없는 한 가장의 운명이 오류나 편견 또는 광신에 사로잡힌 자들의 판결"(《관용론》, 23쪽)에 맡겨진 것입니다. "유죄를 입증할 증거란 있지도 않았고 있을 수도 없었"지만 "증거의 빈자리를 어긋난 신앙심"(《관용론》, 30쪽), 즉 광신이 차지한 것이 칼라스 사건의 본질입니다.

종교에 대한 신앙 자체는 문제 되지 않습니다. 하지만 이성적 신앙이 아닌 광신은 문제이지요. 광신은 불관용의 원칙을 떠받듭니다. 그래서 "한 개인이 자신의 형제인 인간을 단지 의견이 다르다는 이유만으로 박해"(《불온한 철학사전》, 515쪽)하는 것을 서슴지 않고 자행합니다. 볼테르는 특유의 화법으로 불관용이 문제라고 이렇게 말하죠. "관용은 절대 전란을 초래한 적이 없었다. 오히려 불관용이 파괴와 살육을 일으켰다."(《관용론》, 54쪽)

불관용 원칙은 현실에서 일관성 있게 지켜질까요? 권력자들의 일관성 없는 정책을 드러냄으로써 볼테르는 불관용 원칙의 자가당착을 지적합니다. 군주는 불관용 원칙을 숭상하며 종교

간 전쟁도 불사합니다. 프랑스의 위그노 전쟁이 그랬고 독일의 30년 전쟁이 그랬지요. 그러던 군주는 다른 종교를 믿는 강력한 군주에게도 그 불관용 원칙을 적용했을까요?

개신교를 탄압했던 프랑스 국왕 프랑수아 1세François I는 같은 가톨릭 신자인 신성로마제국의 카를 5세Karl V에 맞서려고 이교도인 이슬람 세력과 연합했습니다. 프랑수아 1세는 카를 5세의 힘을 약화시키기 위해 자신은 프랑스에서 위그노를 박해하면서도, 독일의 루터교도에게는 자금을 비밀리에 제공해 가톨릭을 믿는 카를 5세에 대한 항거를 지원했지요. 불관용 원칙을 내세우는 사람들이 실제로 보여주는 일관성 없음을 어떻게 설명할 수 있는지 볼테르는 묻습니다. 원칙이 자의적으로 사용되면서 빚어진 자기모순적 상황을 묘사함으로써 불관용 자체가 문제라고 독자들이 판단 내리도록 볼테르는 영리하게 유도하는 것입니다.

예수 그리스도 역시 불관용 원칙의 자가당착 풍자 소재로 사용됩니다. "오늘날의 그리스도교가 예수가 실천했던 종교로부터 얼마나 많이 달라졌는가를 살펴보는 편이 수월할 것"이라고 운을 뗀 뒤 볼테르는 예수는 유대인이었기에 유대인의 풍습을 따랐다고 이렇게 말합니다. "예수는 부정하다는 이유로 돼지고기를 먹지 않았고 갈라진 발굽이 없는 반추동물이라고 토끼고기를 먹지 않았다. 우리가 보기에는 돼지는 하등 더러울 것이 없으니 우리는 아무렇지도 않게 돼지고기를 먹는다. 또한 우리는 토끼고기를 먹는데, 토끼는 갈라진 발이 있고 되새김질은 하지 않는다."(《불온한 철학사전》, 518쪽) 그런데 기독교도는 유대인인 예수 그리스도를 따르면서도 유대교를 적대시하고, 예수와 달리 돼지고기, 토끼고기를 먹으니 이 충돌을 어떻게 설명할 수 있냐고 반문합니다.

그는 독자를 끝없이 자기모순에 빠지게 합니다. 볼테르는 풍자를 멈추지 않습니다. "예수는 할례를 받았고 우리는 포피를 그냥 둔다. 예수는 상추를 곁들인 유월절에 어린양을 먹었고 초막절을 기념하였으나 우리는 그러지 않는다. 예수는 유대교의 안식일을 지켰으나 우리에 와서는 바뀌었다. 그는 희생하였으나 우리는 아무것도 희생하지 않는다."(《불온한 철학사전》, 518쪽)

볼테르는 예수 그리스도가 불관용이 아니라 관용을 원칙으로 삼았던 행적의 증거를 성경 속에서 꼼꼼히 찾아내 광신에 포획된 사람 앞에 들이댑니다. 불관용 원칙을 내세우는 광신이야말로 예수 그리스도의 관용 원칙에 위배되는 게 아니냐고 물으면서요. "예수 그리스도가 남긴 거의 모든 말과 행동은 온유함과 인내와 용서를 가르치고 있다. 돌아온 탕자를 다시 받아들인 아버지의 이야기, 가장 늦게 온 일꾼에게 일찍 온 자들과 같은 품삯을 준 주인의 이야기, 선한 사마리아인의 이야기가 그러한 예이다. 그리스도 자신도 제자들이 금식하지 않은 일을 옹호해주고 죄인을 용서했다. 간음한 여인을 단죄하지 않고 다만 다시는 죄를 짓지 말라 이르기만 했으며, 가나의 혼인잔치에서는 손님들의 무구無垢한 취흥에 쾌히 응해준 일도 있었다. 이미 취한 손님들이 포도주를 더 낼 것을 요구하자, 예수는 그들을 위해 기적을 행해 물을 포도주로 바꾸었던 것이다."(《관용론》, 122쪽)

볼테르가 《철학편지》에서 천연덕스럽게 자주 사용했던 패러디 기법은 《관용론》에서 그 효과를 발휘합니다. 《관용론》에는 예수회 성직자가 어떤 신부에게 보내는 가상의 편지가 들어 있습니다. "저는 신부님의 명을 받들어 예수회를 적들에게서 구해낼 가장 좋은 방안을 제시"(《관용론》, 136쪽)하겠다고 시작한 편지는 "모든 개신교 목사들을 하루 만에 잡아들여 동일한 시각에 같은 장소에서 교수형에 처하는 것"(《관용론》, 136쪽)은 일도 아니라고 하더니 "모든 개신교도 부모들은 그들의 집 안에서 죽이도록"(《관용론》, 136쪽) 하겠다고 합니다. 왜 개신교도를 죽여야 하는지에 대해선 그 어떤 이성적 근거도 제시하지 않습니다. 그저 그들은 개신교도이기 때문에 죽여야 합니다.

편지를 계속 읽어볼까요? "초대교회 이후 1707년에 이르기까지 1,400여 년의 세월이 흐르는 동안, 교리를 위해 5,000만 명이 넘는 사람이 무참한 죽임을 당했습니다. 제가 여기서 교수형으로, 칼로, 독약으로 처형하자고 제안한 사람들의 수는 고작 650만에 불과합니다."(《관용론》, 139쪽) '고작' 650만이라네요. 1,400년 동안 죽은 사람이 5천만 명이나 되니까 내가 제안하는 650만은 별거 아니라는 주장이지요. 어떤 생각이 드시나요? '아니, 아무리 서로 종교가 다르다고 해도 이게 무슨 말도 안 되는 주장이지? 이 사람 미친 거 아냐?' 하는 생각이 저절로 드시죠? 이게 볼테르 스타일입니다. 과장법을 통해 맹신의 해괴망측함을 드러내는 거죠. 맹신이 얼마나 위험한지를 독자 스스로 깨닫게 되는 계몽 효과를 낳습니다. 맹신에 빠진 인간이 끝까지 가면 저런 괴물이 되는구나 하고 자각하게 해주는 것이죠.

《관용론》은 종교 간 갈등을 다루고 있기에 매우 심각한 분위기로 쓰인 책이 아닐까 미루어 짐작할 수 있으나, 행간에는 볼테르식 위트가 곳곳에 숨어 있습니다.《관용론》속의 또 다른 에피소드를 소개하겠습니다.

강희제 시대 초기 광둥의 고위관리가 집에 있는데 이웃이 소란하여 하인을 보내 자초지종을 알아오게 합니다. 하인이 돌아와 말하기를 덴마크 출신 신부, 바타비아(자카르타의 옛 이름)에서 온 신부 그리고 예수회 신부가 싸우는 중이라고 전했습니다. 중국인 관리가 자세한 사연을 듣겠다고 그 셋을 집으로 초대합니다. 관리가 세 신부에게 다투는 이유를 물으니, 예수회 신부는 자신은 언제나 옳으며 언제나 틀린 생각을 하는 사람을 상대하는 게 괴롭다고 말합니다. 다른 신부도 같은 말을 반복하죠. 다들 자기는 옳은데 나머지 두 명이 옳지 않다고 주장하며, 관리 앞에서도 싸움을 그만두지 않습니다.

관리의 눈에 이 신부들이 기괴하게 보입니다. 같은 기독교도인데 서로 으르렁거리는 이유를 도통 납득할 수 없었거든요. 관리가 다시 묻습니다. 세 분 모두 기독교인이 아닙니까? 세 분 모두 기독교를 전하러 우리 제국에 오시지 않았습니까? 세 분이 받드는 교리는 모두 같지 않습니까? 관리의 지극히 상식적인 의문에 아랑곳하지 않고 이 셋은 싸움을 중단하지 않습니다.

한참이나 애를 먹은 끝에 싸움을 진정시킨 관리가 말하죠. 여러분 자신이 먼저 상대방의 의견을 용인한 후에야 우리에게 기독교를 받아들이라고 선교해야 하는 거 아니냐고 말입니다. 셋이 싸움을 중단하지 않자, 점잖게 타이르던 관리는 인내심이 바닥나 세 신부를 감옥에 가둬버리죠. 하인이 관리에게 묻습니다. "나리께서는 이 사람들을 얼마 동안 가두실 생각이십니까?" 관리가 답합니다. "서로의 견해에 동의할 때까지 가두어둘 생각이다." 그 대답을 들은 하인이 이렇게 말합니다. "그렇다면 그들은 앞으로 평생 감옥에서 지내야 되겠군요." 관리가 이렇게 말합니다. "서로 용서할 때까지로 바꿔야겠다." 하인이 덧붙입니다. "그들은 절대 서로를 용서하지 않을 것입니다. 제가 그들을 잘 알거든요." 관리가 어이없어하며 이렇게 제안하죠. "그들이 서로 용서하는 시늉이라도 할때까지로 하자"라고요.

## 우리는 우리의 정원을 가꿔야 합니다

1956년 미국의 브로드웨이에서는 작곡가 레너드 번스타인 Leonard Bernstein이 볼테르의 《캉디드》를 원작으로 작곡한 오페레타 〈캉디드〉가 초연됩니다. 20세기의 번스타인이 17세기의 《캉디드》를 오페레타로 작곡한 사연은 뭘까요? 번스타인은 스스로 좌파라고 공인하는 진보적인 사상의 소유자였습니다. 자신의 정치적 색채를 감추지 않은 사람이었는데, 1950년대 미국엔 이른바 매카시즘이라는 맹신적 반공주의가 판을 치고 있었습니다. 누구를 빨갱이라고 지목하면 빨갱이로 내몰리고 기본적인 시민

권 자체가 위협받는 광신적 상황이었지요. 견디다 못한 희극배우 찰리 채플린Charlie Chaplin이 1953년 스위스로 이주할 정도였습니다. 17세기의 툴루즈와 20세기의 미국이 크게 다르지 않았던 것이지요. 맹신이 지배하고 있는 미국 사회에 경종을 울리는 의미로 번스타인은 볼테르의 《캉디드》를 선택했습니다.

볼테르의 《캉디드》도 번스타인의 오페레타 〈캉디드〉도 "우리의 정원을 가꿔야 한다Make our garden grow"라는 유명한 대사로 끝이 나지요. 《캉디드》에서 볼테르는 만약 모든 것이 순조로운 곳이 있다면 그곳은 엘도라도이지 지상은 아니라고 강조합니다. 우리가 살고 있는 이 세계가 엘도라도는 아니지만, 인간은 그럼에도 불구하고 우리가 살고 있는 이 세상을 조금 더 나은 곳으로 만들기 위해 노력해야 함을 마지막 문장이 표현하고 있습니다.

정원을 가꾸는 건 그렇습니다. 하루 열심히 가꿨다고 정원이 돌연 지상낙원처럼 아름다워지지는 않습니다. 그렇다고 정원 가꾸기에 싫증나 내버려두면 정원은 순식간에 잡초투성이가 되지요. 지치지 않고 실망하지 않으면서 매일 정원을 가꾸어 최소한 이 정원이 쑥대밭이 되지 않도록 하는 것이 우리가 살아내는 삶의 원칙일 것입니다.

우리가 가꾸는 정원이 광신으로 쑥대밭이 되지 않도록 하는 묘안이 있을까요? 계몽주의자 볼테르는 마지막 가능성을 이성의 지성적 능력에서 찾습니다. "광신도 수를 감소시킬 묘안이 있다면 그것은 광신이라는 이 정신의 질병에 이성의 빛을 쬐는 방법일 것이다. 이성이라는 요법은 인간을 계몽하는 데 효과는 느리

지만 절대 실패하지 않는 처방이다."(《관용론》, 57쪽)

광신도라는 이유로 광신도를 잡아 죽이면, 그건 광신도의 어리석음을 되풀이하는 것이겠지요. 광신도를 감소시킬 수 있는 유일한 방법은 꾸준하게 정원을 가꾸듯 이성의 빛을 쬐는 방법 이외에는 없습니다. "이성은 너그러움을 불러일으키고 불화를 잠재운다. 이성은 미덕을 확고히 하며, 기꺼운 마음으로 법에 복종하도록 함으로써 더 이상 강제력으로 법을 유지할 필요가 없게 만든다."(《관용론》, 57쪽)

우리는 책을 읽습니다. 책 읽는 행위는 정원을 가꾸는 것과 닮았고 광신에 대응하는 이성의 대책과 유사합니다. 책 한 권 읽는다고 단박에 현자로 거듭날 리는 없습니다. 정원 일이 그러하듯 힘겹게 책을 읽고 또 읽었지만 뭔가 달라지는 것 없어 보여 힘이 빠지기도 합니다. 그렇다고 책 읽기를 포기하면 어찌 될까요? 굳이 비유를 하자면 가꾸기를 포기한 정원처럼 우리의 머리도 쑥대밭이 되지 않을까요?

번스타인만큼이나 반공주의의 광풍이 휘몰아치던 시대를 살아냈던 철학자 버트런드 러셀은 아주 도전적인 제목의 책 《나는 왜 기독교인이 아닌가》에서 절망적인 시대를 살아내는 마지막 희망의 끈을 '지성'의 힘에서 찾았습니다. "세상의 선한 구석, 악한 구석, 아름다운 것들과 추한 것들. 세상을 있는 그대로 보되 두려워"하지 말자고 제안하며 "세상에서 오는 공포감에 비굴하게 굴복하고 말 것이 아니라 지성으로 세상을 정복하자."(《나는 왜 기독교인이 아닌가》, 41쪽)라고 그는 호소합니다. 볼테르가 가꾸었던 그 정원을 번스타인과 러셀이 물려받아 가꿨습니다. 이제는 우리 차례입니다. 우리는 우리 시대의 정원을 가꿔야 합니다.

참고·인용 문헌

버트런드 러셀, 《나는 왜 기독교인이 아닌가》, 송은경 옮김, 사회평론, 2005.
볼테르, 《불온한 철학사전》, 사이에 옮김, 민음사, 2015.
볼테르, 《철학편지》, 이봉지 옮김, 문학동네, 2019.
볼테르, 《캉디드 혹은 낙관주의》, 이봉지 옮김, 열린책들, 2009.
《세계선교통계International Bulletin of Missionary Research》, 2024년 1월호.
임마누엘 칸트 외, 《계몽이란 무엇인가》, 임홍배 옮김, 길, 2020.
카렌 암스트롱, 《신의 전쟁》, 정영목 옮김, 교양인, 2021.

# 8

# 구조적 억압에 맞서는 방법은 무엇일까요?

아이리스 매리언 영Iris Marion Young,
《차이의 정치와 정의Justice and the Politics of Difference》,
1990년

아이리스 매리언 영,《차이의 정치와 정의》,
김도균·조국 옮김, 모티브북, 2017.

샌디는 도심 아파트에서 두 아이와 함께 살며 교외 쇼핑몰에
서 일하는 싱글맘입니다. 한 개발업자가 샌디가 거주하는 아파
트 건물을 구입해서 콘도미니엄으로 바꾸려 합니다. 집주인은 계
약이 끝난 세입자와 임대계약을 연장하지 않습니다. 세입자 샌디
는 다른 셋집을 구해야 합니다. 샌디는 일터인 쇼핑몰까지 버스
로 출퇴근하는 데 하루에 세 시간이나 쓰고 있습니다. 이번 기회
에 샌디는 가급적 쇼핑몰 근처에 있는 집으로 이사 가고 싶습니
다. 쇼핑몰 근처는 중산층이 주로 사는 단독주택 지구입니다. 샌
디가 쇼핑몰에서 판매원으로 일하고 받는 임금은 월세를 지불하
기엔 터무니없이 부족합니다. 샌디는 감당 가능한 셋집을 쇼핑몰
정반대 단독주택 지구에서 겨우 찾아냈습니다. 그 집에서 직장
까지 버스 출퇴근이 불가능하여 샌디는 자동차를 사야 합니다.
그런데 자동차를 계약하자마자 예상하지 못했던 난관에 부딪힙

니다. 겨우 찾아낸 아파트의 주인이 보증금으로 석 달 치 월세를 선불로 요구합니다. 자동차 계약금을 지불한 상태라 아파트 보증금 낼 돈이 부족합니다. 샌디는 진퇴양난에 빠졌습니다.

아이리스 매리언 영이 《정의를 위한 정치적 책임*Responsibility for Justice*》(《차이의 정치와 정의》는 1990년에 출간되었고 그 후속작이 2011년에 출간된 이 책입니다)은 이러한 샌디의 사례로 시작합니다. 누가 잘못했을까요? 법을 위반한 사람은 샌디 주변에 없습니다. 부동산 업자는 샌디가 살고 있었던 도심의 아파트를 합적으로 구매했습니다. 콘도미니엄으로 변경하는 데 필요한 법적 절차는 다 거쳤습니다. 자동차 계약금을 샌디에게 요구한 딜러는 법적으로 문제가 없습니다. 집주인은 통상의 관례이자 법이 정한 범위 내에서 석 달 치 월세를 보증금으로 요구하고 있습니다. 법으로만 따져보면 어느 누구에게도 위법 사실은 없습니다.

특별히 악독한 사람을 만나지 않았고, 사기를 당한 것도 아닌데 샌디의 삶은 왜 이렇게 힘들까요? 싱글맘 샌디가 열심히 일을 하면서 아이를 잘 기르겠다고 애쓰고 있는데 왜 샌디의 앞날은 깜깜하기만 할까요? 아무리 위법이 없다지만 샌디의 처지를 생각하면 불쌍하고 안타깝고 마음이 아프고 저리죠. 샌디가 처한 이 상황에 언어를 부여한다면 우리는 무엇이라 부를 수 있을까요? 정의롭지 못함, 불의injustice는 샌디가 처한 상황을 가장 잘 표현할 수 있는 개념입니다.

## 법적으로 만인은 평등하지만,
## 사실상 만인은 불평등합니다

모든 인간은 평등한가요? 그렇기도 하고 아니기도 합니다. 사람은 법에 의하면 동등합니다. 죄 있는 사람은 처벌받고 죄 없는 사람은 처벌받지 않습니다. 부자든 가난하든 1인 1투표권을 지니며, 피선거권에서도 경제적 불평등에 의한 차별조항은 없습니다. 법률적으로 차별이 없으면 그 사회는 정의로운가요?

샌디의 사례에서 볼 수 있듯이 비록 법률적으로는 평등하다 해도 실질적으로 평등한 것은 아닙니다. 가난한 사람에게 엄격한 형벌이 처해지는 것과 부자와 권력자가 죄를 지었을 때 솜씨 좋은 법률 전문가의 도움을 받아 요리조리 잘 빠져나가는 걸 보면 법률적 평등과 실질적 평등 사이에는 간극이 있음을 부인할 수 없습니다.

다인종 국가의 경우 인종에, 국제 사회에서는 국적에, 때론 젠더와 성정체성에 따라서 형식적 평등과 실질적 평등 사이의 간극이 벌어져 있습니다. 정의는 법의 관점에서는 보이지 않는 이 간극의 정당성을 묻습니다. 간극이 클수록 세상이 정의롭다고 말할 수 없기 때문입니다.

《관용론》에서 다뤘던 장 칼라스의 사례를 다시 생각해보겠습니다. 칼라스 재판은 그 자체가 정의롭다 할 수 없습니다. 칼라스는 위그노라는 차별받는 집단에 속했기에 아들을 살해하지 않았다는 그의 일관된 주장에도 불구하고 사형선고를 받았습니다. 위그노라는 이유로 칼라스의 주장에 귀를 기울이는 사람이 없었습니다. 만약 그가 위그노가 아니라 가톨릭 신자였다면 칼라스는 재판에 회부되지 않았을 수도 있습니다. 칼라스처럼 사회적 지위가 소수자인 집단에 속한다면 정의롭지 못한 상황으로 내몰릴 가능성이 매우 높습니다. 정의롭지 못한 상황으로 내몰린 사람이 겪는 곤경은 "특정한 개별적 행동이나 정책으로 말미암아 발생하는 잘못과 구분"(《정의를 위한 정치적 책임》, 97쪽)되어야 하는 '구조적 억압'에서 유래합니다. 장 칼라스의 곤경은 그 시대 툴루즈에 살았던 위그노의 곤경입니다. 칼라스는 '구조적 억압'에 처해 있는 개인입니다.

'구조적 억압'이라는 개념을 좀 더 엄밀하게 해석해볼까요? 구조적이라는 단어는 자주 사용되지만, 의외로 정교하지 않게 얼렁뚱땅 남발되기도 합니다. 교양 있는 독자라면 단어를 대충 정의하지 않고 최대한 정확하게 사용해야지요. '구조' 그리고 '구조적'이란 단어는 두 가지 뜻을 포함합니다. 첫째, 개인의 외부에서 개인에게 강한 영향력을 행사하는, 일시적이지 않고 상존하며 지속되는 제도와 힘을 의미합니다. "그건 개인적 문제야"라고 진단 내리면, 문제의 원인이 그 사람에게 귀속된다는 뜻이죠. "그건 구조적 문제야"라는 표현은 문제의 원인이 개인의 외부에 있는 경우에 사용할 수 있는 표현입니다. 둘째, 한 개인이 통제하거나 자신의 의사에 따라 쉽게 바꿀 수 없는 외부의 질서라는 뜻도 지닙니다. 샌디는 부동산 계약을 하려면 석 달 치 임대료를 보증금으로 지불해야 합니다. 샌디의 사정상 보증금이 적으면 적을수록 좋겠지만, 석 달 치 임대료를 보증금으로 내야 하는 의무는 샌디가 마음대로 바꿀 수 없는, '구조적'으로 결정되어 있는 관행입니다.

인간은 누구나 자유의지를 가지고 있죠. 목적을 스스로 결정하는 게 자유의지입니다. 나의 자유의지에 따를 수 있으면 자율적 인간입니다. 추상적이고 철학적인 범주에서 자유의지엔 어떠한 제약이 가해져서는 안 됩니다. 인권과 연결되는 문제니까요.

그런데 우리는 항상 자유의지대로 살 수 있나요? 최고 권력자가 아닌 보통사람이라면 불가능합니다. 게다가 칼라스처럼 종교적 소수집단이거나, 샌디처럼 일하는 싱글맘이라는 사회적 약자 집단에 속한 처지라면 자유의지는 언감생심입니다. 자유의지대로라면 샌디는 일터인 쇼핑센터 근처에 집을 얻고 싶지요. 하지만 샌디가 처한 빈곤층이라는 사회적 처지가 샌디의 자유의지를 좌절시킵니다. 샌디를 옴짝달싹 못 하게 만드는 압박을 사회과학은 '구조적 억압oppression'이라 표현합니다.

우린 보통 물리적인 폭력에 처해 있어야 억압되었다고 생각하지만, 물리적 폭력이 없어도 자유의지 실현이 제약을 받고 있다면 '구조적 억압' 상황 속에 놓여 있다고 표현할 수 있습니다. 샌디는 물리적 폭력의 희생자가 아니에요. 누군가의 '잘못'이나 '해악'의 희생자도 아니에요. 그렇지만 '구조적 억압'으로부터 자유롭지 못합니다.

아리스토텔레스는 《니코마코스 윤리학》에서 '구조적 억압'은 법률로 해결할 수 있는 사안이 아니라고 생각했습니다(《니코마코스 윤리학》에 대해서는 《교양 고전 독서》 첫번째 책을 참조하시기 바랍니다). 그리고 공정한 것의 본성은 "보편적 규정으로 말미암아 모자라는 한에서의 법을 바로잡는 것"(《니코마코스 윤리학》, 198쪽)이라 했습니다. 아리스토텔레스는 법으로 세상의 모든 부당한 것을 해결해주지 못함을 인식하고 있고, 우리가 공정하려면 법률적 위반 여부만을 따지지 말고 사유를 확장하자고 권합니다. 샌디가 그 경우입니다. 샌디가 놓인 '정의롭지 못한' 상황은 법적 제약이 원인이 아니니까요. 법의 결함이 있는 곳에서 법을 교정하려는 시도가 공정함을 만듭니다. 공정한지의 여부는 법률적인 것과 실질적인 것 사이의 간극이 얼마나 벌어졌는지에 대한 질문과 같습니다. 법률적인 것이 실질적인 '정의롭지 않음'을 은폐하고 있다면, 그 사회는 매우 정의롭지 못한 사회입니다. 샌디는 정의롭지 못한 사회를 힘겹게 살아내고 있는 싱글맘입니다.


논문 형식으로 쓰인 글을 읽는
우리만의 방법을 개발해보겠습니다


《차이의 정치와 정의》는 학술 논문형 글쓰기의 전형을 보여주는 책입니다. 아이리스 매리언 영이 스타일이 있는 작가라고 평가할 수는 없습니다. 논문 형식으로 쓰인 글은 독서의 잔재미를 여간해서는 주지 않습니다. 하지만 그 이유 하나만으로 읽지 않는다면 '목욕물과 함께 아이를 버리는' 꼴이 됩니다. 그럴 수는 없으니, 우리 방식으로 재미있게 읽어낼 수 있는 독서법을 개발해야 합니다.

논문 형식의 글은 해당 분야의 전문가를 가상 독자로 전제합니다. 일반 교양독자가 내 책을 읽을 수도 있다는 것을 염두에 두고 글을 쓰지는 않습니다. 동료 학자와 동료 전문가를 대상으로 하기 때문에 글을 쓰는 사람은 논문형 글쓰기가 요구하는 '구조적' 압력에 처합니다. 동료의 연구 성과를 충분히 검토했고 선배 학자의 업적도 충분히 고려했음을 글쓰기에서 증명해야 합니다. 논문형 글쓰기에 인용문이 많고 인용마다 출처가 밝혀져 있고, 책의 뒷부분엔 서지사항과 중요한 키워드와 인명, 지역을 본문에서 쉽게 찾을 수 있는 색인index이 빼곡히 적혀 있는 것도 그 때문입니다.

《차이의 정치와 정의》는 교양독자를 겨냥한 대중서라기보다 전문가 집단을 가상의 독자로 삼고 쓴 논문 형식의 글이 모인 단행본입니다. 책이 만만치 않은 두께인 것도 이 때문인데요, 인용문마다 출처를 다 밝히고 서지사항도 정리해두었지요. 그리고 논문으로 쓰인 단편을 단행본으로 편집했기에 책을 구성하고 있는 내용 중 적지 않은 부분이 중복이기도 합니다. 학자가 어떤 형식으로 글을 쓸 것인지의 결정은 그 사람의 자유의지 문제이기에 독자는 글의 형식에 대해 불평하는 대신 논문 형식으로 쓰인 글을 읽을 때 부딪히게 될 어려움을 예측하고 그 난관을 돌파할 수 있는 노하우를 개발하는 게 더 중요합니다.

《차이의 정치와 정의》를 우리는 교양독자의 관점에서 읽으려

합니다. 이 책이 전문가를 대상으로 쓰였다고 해도 교양독자가 읽을 수 없을 정도로 난해한 책은 아니기 때문입니다. 일단 분량에 기죽지 않기 위해 그리고 무수히 나열되는 수많은 학자의 이름에 질리지 않기 위해 뛰어넘을 건 뛰어넘으려 합니다. 각주도 때로는 뛰어넘어도 돼요. 그런다고 해서 여러분이 이 책을 읽는 데 큰 지장이 생기는 건 아닙니다. 이런 식으로 이 책의 분량을 독서 과정에서 다이어트 하는 것도 방법입니다.

### 도대체 정의를 정의할 수 있나요?

개념을 분석적이고 정교하게 정의 내릴 수 있느냐 여부는 사회과학 글쓰기에서 중요한데 정의를 내리는 방법은 크게 두 가지가 있습니다. 적극적 정의positive definiton라는 게 있고 부정적 정의negative definiton라는 것도 있어요. 적극적 정의는 "무엇은 무엇이다"라는 형식으로 정의 내리는 방법입니다. 반면 부정적 정의는 "무엇은 무엇이 아니다"라고 정의를 내리는 거죠.

적극적으로 정의할 수 있으면 좋겠으나 적극적 정의가 불가능한 개념도 적지 않습니다. 개념이 가시적이고 구체적인 사물과 지시관계를 맺고 있으면 적극적 정의가 가능하지만, 추상적 상태인 경우 결코 쉽지 않지요. 예를 들어 자유를 적극적으로 정의 내릴 수 있을까요? 쉽지 않지만, 우리는 자유라는 개념에 대한 감각은 지니고 있습니다. 이때 부정적 정의는 유용하게 쓰일 수 있습니다. 자유를 부정적으로 정의하면, 억압이 없는 상태 혹은 자유롭지 않은 상태에서 벗어난 것이라 할 수 있겠지요.

이 책의 핵심 주제인 '정의'는 부정적 정의의 방법으로 접근할 수 있습니다. 정의로움justice과 정의롭지 않음injustice을 상호 대조적/부정적으로 사용하는 거죠. 정의는 정의롭지 않음과 부정적 관계를 맺는 상태입니다. 경제학자 아마르티아 센Amartya Sen이 자유를 부자유의 상태가 아닌 것이라 정의 내리는 것과 비슷한 방식이에요(이 점에 대해서는 《교양 고전 독서》 첫번째 책을 참조하시면 좋습니다). 아이리스 매리언 영에게 정의의 상태란 정의롭지 않음(불의, 부정의)의 상태에 벗어난 것입니다. 그래서 정의에 대한 질문은 정의롭지 않은 상태에 대한 비판과 쌍의 관계를 맺습니다. 이 점을 이해하시면 이 책에 수시로 등장하는 정의, 정의롭지 않음, 부정의 등의 용법의 맥락을 꿰뚫은 셈입니다. 이로써 우리는 두꺼운 학술서적으로만 보이던 《차이의 정치와 정의》에 좀 더 가깝게 다가갈 수 있는 준비를 마쳤습니다.


절대적으로 객관적 지식은 가능한가요?


세상을 사는 사람이라면 누구나 세상을 자기 방식으로 해석합니다. 그것을 통념이라고 합니다. 통념에 영향을 주는 요인들은 많습니다. 무엇보다 그 사람의 직접 경험이 통념 형성의 바탕이 됩니다. 하지만 그것 못지않게 사람들의 통념은 지배적 세계관으로부터 영향을 받습니다. 지배적 세계관은 한편으로 당대에 가장 많은 사람에게 강력한 영향력을 미치는 관점이며, 다른 한편으로는 권력을 지닌 사람의 관점에서 해석한 세계이기도 합니다.

지배자의 세계관은 사람들의 사고방식에 영향을 주는 미디어를 통해 자주 재현됩니다. 지배자의 세계관을 빈번히 접하면 사람의 통념은 영향을 받게 됩니다. 이로써 지배자의 세계관이 지배적 세계관으로 사회에 정착합니다. 지배자가 직접 지배자의 세계관을 만들어내지는 않습니다. 지배자의 편에 서서 지배자의 관점에서 지식을 체계적으로 생산하는 학자가 있습니다. 어용학자가 이런 역할을 하지요. 지배자의 세계관이 어용 지식인을 통해 세련화되고 객관적인 것처럼 포장되고, 그렇게 가공된 세계관이 미디어를 통해 유통되면 사람들은 지배자의 세계관을 '객관적' 세계관이라고 오인하게 됩니다. 반면 샌디처럼 '구조적 억압' 상황에 있는 사람은 자신의 목소리를 세상에 전할 수 있는 방법이 없습니다. 그 목소리를 대변해주는 사람도 쉽게 찾을 수 없습니다. 침묵의 장벽에 갇혀 있습니다. 비판적 지식인은 그들의 참혹함에 대해 사회적 환기를 하면서, 주목받지 못하고 대변되지 못한 사회적 약자의 편이 되려 합니다. 아이리스 매리언 영도 이런 역할을 수행하려는 '비판적 지식인'입니다.

비판적 사회과학은 지배적 세계관이 감추고 있거나 현혹시키고 있는 것에 대해서 반대 의견을 내놓음으로써 지배적 세계관에 대항 세계를 구축하는 것이 자신의 본령이라고 생각하지요.

어용학자가 은밀하게 지배자의 편을 든다면, 비판적 사회과학자는 어느 누구도 편을 들어주지 않는, 구조적인 억압에 놓인 사회적 소수자의 편을 들어줘야 합니다. 그것도 대놓고 노골적으로 들어줘야죠. 그들은 자신이 당파적임을 부끄러워하지도 않고 오히려 자랑으로 여깁니다. 당파성이 항상 문제를 야기하는 건 아닙니다. 지배자를 편드는 당파성은 어용학문이 되는 길이니 거리를 두어야 하지만, 억압받는 사람들의 편을 드는 당파성은 비판적 당파성이죠.

## 억압이 없다고 해서
## 지배받지 않는다는 것은 아닙니다

아이리스 매리언 영은 자신이 글을 쓰는 목적을 선명한 당파적 관점에서 이렇게 설명합니다. "나는 모든 사람을 위해서 말하지도 않고, 모든 사람에게 말하지도 않으며, 또 모든 것에 대해서 말하지도 않는다고 주장한다."(《차이의 정치와 정의》, 46쪽) 그러하니 자신에게 기계적인 중립성과 객관성을 요청하지 말라는 것이죠. 매리언 영은 샌디의 신음과 항변을 대변하기 위해 글을 씁니다.

우리는 보통 지배domination라는 개념을 물리적 억압과 구금, 독재에 의한 정치적 부자유의 상황으로 이해합니다. 아이리스 매리언 영은 지배가 항상 물리적인 억압의 형태로만 나타나지 않음을 지적합니다. 앞서 우리가 살펴보았던 자유의지 실현의 기회를 박탈당한 경우, 그리하여 역량 계발의 기회가 원천 차단된 경우, 자신이 속한 집단이 타집단에 의해 회피, 혐오, 고정관념 등으로 정형화되어 폄훼의 대상이 되는 경우, 특정한 집단에 속한다는 이유 하나만으로 비하의 대상이 되는 상황에 지속적이고 반복적으로 노출되는 경우라면 이 또한 물리적 폭력이 없었다 하더라도 지배받고 있다고 해석해야겠지요. 의사결정 과정으로부터의 배제 역시 또 다른 형식임을 잊지 말아야 합니다.

지배를 폭넓게 해석해야만 앞에서 사례로 든 샌디의 처지가 문제로 부각될 수 있습니다. 샌디의 처지를 법률적인 판단의 틀에서만 살펴보면 정의 실현을 위한 공공 차원의 고민거리로 부각되지 않습니다. 샌디는 자신을 대변해주는 사람이 없을뿐더러, 자신의 삶에 제약을 가하는 공공적 결정의 참여 과정으로부터도 배제되어 있습니다. 만약 샌디가 의사결정에 참여할 수 있었다면, 샌디는 싱글맘과 같은 사회적 한계 상황에 놓인 사람이 긴급 상황에서 도움을 요청하는 사회제도가 필요하다고 항변했겠지요.

모든 사람은 자기계발을 통해 더 나은 미래를 준비해야 합니다. 제약의 상황에 오래 노출되어 자기계발 기회가 원천적으로 차단된 삶의 경로를 겪은 사람은 어느새 꿈꾸는 것 자체를 포기하죠. 꿈꾸는 것 또한 사치처럼 느껴지거든요. '제약'이라는 형식으로 등장하는 사회구조에 주목해야 하는 것이 이 이유 때문입니다.

## 소유 중심의 정의론은
## '구조적 정의 없음'의 상황을 알아채지 못합니다

　억압과 지배를 확장된 개념으로 사용하는 아이리스 매리언 영은 이른바 가장 지배적인 패러다임으로 작동하고 있는 기존의 정의론에 대한 비판을 향합니다 지금도 굉장히 영향력을 끼치고 있는 존 롤스John Rawls의 정의론부터 살펴보겠습니다. 롤스에 따르면 최악의 상황이라도 사람으로 살아가도록 기본재를 제공하는 제도를 갖춘 사회가 정의로운 사회입니다. 롤스는 누구나 교육을 받을 수 있고, 의료 혜택을 받을 수 있고, 최소한의 식량이 공급되면 정의롭다고 판단합니다. 겉으로 보면 문제가 없어요. 그런데 아이리스 매리언 영은 롤스의 정의론에서 빈 구석을 발견합니다.

　롤스의 정의론은 기본적으로 개인의 관점에서 정의 여부를 판단하는 접근방식을 취합니다. 롤스는 특정한 사회집단이 구조적인 억압에 처할 수 있는 가능성을 간과하고 있습니다. 동일한 기본재가 제공되었어도, 그 사람이 흑인이나 이민자와 같은 사회적 소수집단이라면 자기계발의 기회에서 동일한 효과를 발휘할 수 없습니다.

　경제학자 아마르티아 센 역시 롤스와는 다르게 공정성은 역량을 계발할 수 있는 기회의 측면까지 고려해야 함을 강조합니다. 자원을 동등하게 배분하는 것도 중요하지만 역량이 결과적으로 동등해지도록 환경을 만드는 것이 더 중요합니다. 아마르티아 센은 사람마다 집단마다 출발점이 동일하지 않음을 외면하지 않습니다. 예를 들어 모든 학생에게 학업에 매진하라고 국가에서 교육수당을 지급한다고 합시다. 부모의 소득 수준과 상관없이 똑같이 10만 원씩 지원을 하면 특정 집단의 구조적 제약은 사라질까요? 아마르티아 센은 10만 원이 똑같은 10만 원이 아니라는 점에 주목합니다. 그 개인이 속한 집단에 따라 10만 원의 의미는 천차만별일 수 있다는 거죠. 재벌집 자녀에게 주는 10만 원은 껌값이지만, 샌디에게 10만 원은 큰돈이죠. 샌디의 아기가 재벌집 자녀처럼 역량을 계발할 수 있는 기회를 제공하는 것이 정의로운 사회라면, 동일한 10만 원이 아니라 샌디의 자녀에게는 그 이상의 돈이 지급되어야 한다는 것입니다. 각각의 집단에 따라서 다른 조치와 정책이 펼쳐져야 한다는 것이 아마르티아 센의 정의론인데, 이 관점은 아이리스 매리언 영이 고민하는 정의롭지 못한 상황에서 벗어날 수 있는 방법 모색과 일맥상통합니다.


물질의 정의로운 분배보다
더 정의로워야 하는 것이 있지요


"얼마면 되겠니?" 세상만사 돈으로 해결된다고 믿는 인간이 등장하는 '막장' 드라마의 대표적인 망언입니다. 문제를 해결하기 위해서는 돈이 필요한 경우가 분명 있지만 이 세상의 모든 문제가 돈 때문에, 즉 자원 분배의 문제로 인해 벌어지지는 않습니다.

　공급과 배분의 관점에서만 봅시다. 예를 들어서 저한테 100만 원의 기본소득이 배당되었습니다. 그런데 기본소득에 관한 논의가 진행되는 줄 전혀 몰랐습니다. 그 논의 과정에 누가 참여했는지, 그리고 어떤 이유로 100만 원으로 결정되었는지에 대해 알려진 바가 없는데, 결과만 통보받으면 기분이 썩 상쾌하지만은 않습니다. 자신이 속한 공동체에서 중요한 의사결정이 내려졌는데, 그 의사결정 과정으로부터 완전히 소외되었다면 어떤 결정이 내려졌든 상관없이 모욕감을 느낄 수 있습니다. 마치 '자세한 건 알 필요 없고, 돈이나 받고 떨어져라!' 하는 메시지로 읽히기도 하니까요. 아이리스 매리언 영은 사회의 정의에 호소하는 상당수 주장이 물질적 배분의 문제로 환원될 수 없음을 지적하며 한 사례를 제시합니다. "매사추세츠 주의 한 농촌 마을의 주민들은 그 인근에 대규모 폐기물 처리시설이 들어서는 것에 반대하여 시위를 조직했다. 그들의 전단지는 주의 법률이 그들에게 거부 의사를 표현할 기회를 주지 않음으로써 자신들의 공동체를 부당하게 대우한 것이라고 사람들을 설득했다."(《차이의 정치와 정의》, 61쪽)

　정의를 분배의 측면에서만 파악하면 의사결정 과정 자체의 참여 여부가 권력이 될 수 있음을 파악하지 못하기에, 자존감, 기회, 권력, 명예와 같은 비물질적 자원의 배분으로까지 정의의 문제를 확대시켜야 한다는 것이지요.

　밀양 송전탑 투쟁의 핵심도 그것이었지요. 송전탑이 밀양을 지나가는데 주민은 그 논의 과정에서 원천적으로 배제되었다는 분노가 투쟁이 오랜 기간 지속될 수 있었던 이유입니다. 정신대 배상금 문제와 관련된 당사자의 분노도 같은 맥락입니다. 배상금의 적고 많음이 문제가 아니라 당사자가 협상 과정에 철저히 배제된 채 권력자끼리 논의와 결정을 해서 일방적 통보를 하는 것은 그 어떤 모욕감과도 비교할 수 없는 자기 존엄에 대한 훼손입니다.


### 어떤 집단은 아예 존재하지 않는 것처럼 취급됩니다

구조적 억압에 처한 사회집단에 소속되는 것은 자유의지에 따른 선택 결과가 아닙니다. 흑인이 흑인임을, 여자가 여자임을, 노인이 노인임을, 어린아이가 어린아이임을, 성소수자가 성소수자임을 선택한 건 아니죠. 우리는 특정 집단으로 내던져진 것입니다. 우리가 내던져진 집단에는 개인의 의지와는 상관없이 다른 집단과의 역학관계에 의해 상투적으로 색칠되는 고정관념이 있는데, 타인은 우리가 속한 집단에 비추어 우리를 식별합니다.

특정 집단에 대한 부정적 고정관념과 상투적인 판단은 그 집단에 속한 개인의 잘못이 아닙니다. 하지만 특정 집단에 속했다는 이유로 구조적 '정의롭지 않음'의 상황에 놓여 있는 사례가 지천인데, 이 사례에 대해 침묵한 채 정의에 관해 이야기할 수 있을까요? 이런 맥락에서 두 명의 작가를 소개하겠습니다. 첫번째

가 《시스터 아웃사이더》의 작가 오드리 로드Audre Lorde입니다.

오드리 로드는 구조적 억압의 총체라고 할 수 있을 정도로 복합적 정체성이 교차하는 인물입니다. 그는 흑인 여성이며 성소수자였습니다. 그는 중층적 구조적 억압을 피해갈 수 없습니다. 《시스터 아웃사이더》의 한 부분을 같이 읽어볼게요. "흑인이자, 레즈비언, 페미니스트이자 사회주의자, 시인 그리고 아들 하나를 포함한 두 아이의 엄마이자, 다른 인종과 커플인 나는, 대부분이 나를 비정상이거나 까다로운 존재, 열등하거나 '잘못된' 존재로 규정하는 이런저런 집단들에 속해 있는 내 자신을 발견하곤 한다."(《시스터 아웃사이더》, 233쪽)

또 다른 인물은 프란츠 파농Frantz Fanon입니다. 파농은 카리브해의 프랑스령에서 태어난 흑인입니다. 제2차 세계대전 동안 파농은 프랑스군의 일원으로 전쟁에까지 참여했습니다. 하지만 검은 피부 프랑스인을 낯설어하는 당시의 분위기에서 그는 프랑스 사람으로 여겨지지 않음을 느껴야만 했습니다. 완벽하게 프랑스어를 구사하는 그는 프랑스에서 교육받고 의사자격증까지 취득한 엘리트였습니다. 하지만 타인의 눈에는 오로지 그의 검은 피부만 보입니다. 그는 어디를 가도 환영받는다는 느낌을 받지 못했습니다. 벗어날 수 없는 울타리가 그를 가두고 있음을 뼈저리게 느꼈지요.

오드리 로드와 프란츠 파농은 법적으로 억압받고 있을까요? 오드리 로드가 성소수자라 해서 그에 대한 법적 차별은 없습니다. 파농 같은 흑인에 대한 차별조항은 존재하지 않습니다. 법은 형식적으로는 공평무사impartiality를 표방하기에 오드리 로드와 프란츠 파농이 당파적partial 대우는 받지 않습니다. 이들은 단지 마치 존재하지 않는 사람으로 취급받고 있을 뿐입니다.

## 인간이라는 동일성에만 주목하면 인간 집단의 차이는 은폐됩니다

어떤 집단의 구성원으로 내던져지는가에 따라 한 사람의 인생의 궤적이 달라짐에도 근대철학은 이 '차이'에 주목하지 않고 보편적으로 정의 내려진 인간의 관점으로 세계의 모든 문제를 다룹니다. '차이'에 주목하는 아이리스 매리언 영은 당연히 이런 질문을 던질 수밖에 없습니다. 샌디의 곤궁은 인간의 곤궁인가요? 우리는 분명히 알고 있지요. 샌디의 상황은 인간 모두에게 나타나는 보편적 상황이 아니라는 점을요.

그런데 우리는 무의식적으로 '보편적'인 것은 '특수한' 사례보다 인식론적으로나 논리적으로 타당하다고 여깁니다. 보편을 우월한 것으로 가정하면, 특수한 것에는 부분적이며 전체를 반영하지 못하고 편파적이며 동시에 불완전하다는 가치 평가가 따라다니지요. 아이리스 매리언 영을 따라 '차이의 정치'라는 관점의 필요성을 수용하려면, 먼저 보편적인 것을 특별한 것보다 우위에 두는 사고방식의 메커니즘과 그러한 사고방식의 한계를 정리하는 게 필요할 것 같습니다.

사과라는 단어는 사과라는 과일하고만 지시관계를 맺습니다. 과일은 사과를 포함해서 배, 딸기, 수박도 포함하는 개념이지요. 사과가 하위개념이라면 과일은 상위개념입니다. 하나의 개념으로 설명할 수 있는 대상이 많으면 많을수록 개념의 설명력은 높아집니다. 그래서 인간은 대상을 정의 내릴 때 가급적이면 보다 많은 사례를 설명할 수 있는 상위개념으로 상승하려고 하지요.

만약 정의 내리려 하는 대상이 단일 속성을 지닌 집단이라면, 정의가 어렵지 않을 겁니다. 하지만 어떤 집단도 동일한 속성을 지닌 단일 집단으로 구성되지는 않습니다. 심지어 하위개념인 사과마저도 그렇지요. 모든 사과가 동일한 빨간색은 아닙니다. 동일한 집단에 속한다고 해서 모두가 같은 속성(보편)을 지니고 있지 않기에 집단 내부에도 특수는 있을 수밖에 없습니다.

인간을 정의 내린다고 해봅시다. 그러고 나서 인간의 보편적 특성에 관한 담론을 만든다고 해봅시다. 인간이라는 보편적 종에 대한 보편적 정의를 휴머니즘humanism이라 합니다. 인간이라는 종 내부의 차이를 들여다볼까요? 남자와 여자가 다릅니다. 인종에 따라 서로 다른 구조적 제약하에 놓여 있습니다. 인간에 대한 정의를 제대로 내리려면 내부의 차이를 설명해야 하는데 그러면서 인간을 정의 내리는 것은 사실상 불가능합니다.

이런 상황에서 기어이 보편으로 상승해야 한다는 사고의 강박에 시달리는 주체는 가장 손쉬운 방법을 선택하지요. 설명할 수 있는 것만 설명하고, 설명되지 않는 것은 아예 존재하는 않는 것처럼 취급하는 것입니다. 이런 편의주의에 따라 인간을 설명하되, 오로지 특수한 인간의 한 형태, 즉 백인이면서 남성이고 또한 재산을 소유하고 있는 사람의 관점에서만 인간을 정의 내리고 마치 모든 인간이 그런 속성을 지니고 있는 것처럼 눈속임을 하는 것입니다.

특수성을 제거하여 관념적으로 정상화된 최상위 범주를 만들어내고, 그 범주에만 맞아떨어지는 것을 '정상성'으로 여기고 그 범주에 벗어나는 존재를 비정상으로 간주하는 것이죠. 이 사고방식에 따르면 백인, 남성, 재산 소유자, 성인, 비장애인, 이성애자는 정상성이고 이 틀에서 어긋나는 것은 비정상성이니, 비정상성으로 판정된 존재는 열등한 특수성으로 치부하면 아주 깔끔하게 인간을 보편적으로 정의 내릴 수 있습니다.

지속적인 '구조적 억압'에 놓인 사람은 이러한 사고방식에 의하면 '비정상적' 존재이기에 눈길을 주지 않아도 됩니다. 아예 심지어 존재하지도 않는, 만약 존재한다 하더라도 비정상적인 상태이기에 그들의 처지를 고려하지 않아도 죄의식을 느낄 필요가 없습니다. 혹시라도 비정상적인 집단이 있다면 그들은 정상성으로 동화되어야 합니다. 만약 동화를 거부한다면, 비정상적인 집단은 불온한 집단으로 치부되죠.

오드리 로드와 프란츠 파농은 동일함만을 강조하며 차이를 은폐하는 동일성 철학의 폭력에 항의하는 목소리를 내기 시작합니다. 보편성이라고 주장되고 있는 것은 사실 허구에 불과하며, 보편적인 것은 백인, 성인, 남성, 이성애자의 특수를 보편으로 위장한 것이며, 더 나아가 보편 타당함이 존재할 수 있다는 주장

자체가 지배자의 자기 알리바이에 불과하다는 것입니다. 아이리스 매리언 영은 당연히 오드리 로드와 프란츠 파농의 편에 서겠지요. 그래서 그는 동일성, 보편성이 아닌 '차이'가 은폐되지 않아야 정의로움이 실현될 수 있다고 봅니다. 책 제목이 괜히 '차이의 정치'인 것이 아닙니다.

정의를 실현하기 위해서는
차이에 대한 감각이 필요합니다

정치는 무엇을 지향해야 할까요? 법률적 판단은 법정의 몫입니다. 정치는 위법 여부를 따져 형사처벌을 판단하는 게 아니라 공정성 확보를 통한 정의 실현을 목표로 삼아야 합니다. '차이의 정치'는 모든 사람에게 동일한 원칙과 규칙, 기준을 적용하는 건 의미 없음을 인식하는 정치입니다. '차이의 정치'는 최상위 인간 개념 구축을 위해 비백인, 비성인, 여성, 성소수자, 빈민의 차이가 은폐되는 추상적 공간이 아니라 이질적인 집단이 뒤섞여 있는 공간에서 펼쳐지는 정치입니다. '차이의 정치'는 동일한 원칙과 기준이 특정 집단에게는 정의 실현이라는 목적을 반드시 가져다주지 않을 수 있음을 무시하지 않는 정치입니다. '차이의 정치'는 사회 정의를 증진하기 위해 구조적 제약 속에 있는 특정 집단을 특별히 우대하는 사회정책이 필요하다고 주장하는 정치입니다.

롤스의 정의론은 한 개인이 속한 집단의 구조적 억압은 살피지 않는 '방법론적 개인주의'에 따라 개인의 출신배경, 가족관계, 사회적 위치, 재산 상태와 같은 "그들이 속한 사회의 특수 사정"(《정의론》, 196쪽)은 가려져야 한다는 이른바 '무지의 베일veil of ignorance' 원칙을 내세웁니다. 그런데 구조적 제약 속에 있는 집단에게 '무지의 베일' 적용되면 어떤 결과가 생길까요? 구조적 부당함을 영속화하는 수단이 될 수도 있지요. 반면 구조적 제약이 없는 사람은 '무지의 베일'을 통해 굳이 절실하게 필요하지도 않는 사회적 자원을 배분받는 이득을 얻습니다.

## 모든 사람에게 적용되는 동일한 원칙, 규칙, 기준이 항상 옳은 것은 아닙니다

구조적 '정의 없음'의 상황 속에서 성장한 사람은 자기계발할 수 있는 기회가 원천적으로 박탈되어 있습니다. 따라서 공정성을 확대하려면 이들을 특별히 대하는 정책이 필요하지요. 부모가 이주민이어서 학업 과정에서 부모의 도움을 받지 못한 학생과, 고학력에 한국어가 모국어인 부모를 둔 학생을 동일한 잣대로 측정하고 대학 입학자격을 부여하는 것이 과연 공정하다고 말할 수 있을까요? 적극적인 차별 시정 조치는 이때 필요합니다. 대학의 입학전형에서 구조적 제약의 위치에 있는 지원자를 별도로 고려하는 농어촌 특별전형 같은 제도가 그러한 적극적 차별 시정 조치의 구체적 형태입니다.

《시스터 아웃사이더》는 이 오드리 로드가 쓰는 여러 가지 연설문들의 모음인데 그중에 백인 여성 페미니스트에게 보낸 공개 서한이 하나 있습니다. 〈메리 데일리에게 보낸 편지 공개 서한〉이라는 편지인데요, 메리 데일리는 여성인 생태주의 학자입니다. 그는 《여성/생태학》이라는 책이 출간된 후 오드리 로드에게 책을 보냈습니다. 오드리 로드가 그 책을 읽고 쓴 공개편지는 시사하는 바가 많습니다. 로드는 묻습니다. "백인 페미니스트들은 그토록 어마어마한 양의 공부를 했다면서, 도대체 왜 흑인 여성에 대해서는, 또 우리 사이의 차이에 대해서는 공부를 안하는 건가요?"(《시스터 아웃사이더》, 180쪽) 로드는 계속합니다. "왜 이 책에 나오는 모든 여신들의 이미지는 백인이며, 서구 유대교와 기독교 전통에서 나온 것일까?" 아프리카 여신 "아프리케테, 〔서아프리카, 브라질, 쿠바의 여신〕 예만제, 〔나이지리아 요르바족의 여신〕 오요, 〔아프리카 다호메이의 여신〕 마올리사는 어디에 있을까?"(《시스터 아웃사이더》, 95쪽)

로드는 공허한 보편성의 공론장에서 하강해 차이를 외면하지 말아야 한다고 주장합니다. "우리 내면 깊숙이 존재하는 앎의 장소로 내려가 거기서 꿈틀대는 차이에 대한 공포와 혐오를 마주해야 합니다. 그것이 누구의 얼굴을 하고 있는지 보세요. 그래야만 비로소 개인적인 것이 정치적인 것이 되고, 그간 우리가 해온 모든 선택들이 무엇이었는지 분명해지기 시작할 것입니다."(《시스터 아웃사이더》, 181쪽)

추상적 보편성에서 하강할 때 역설적으로 정의에 대한 우리의 인식은 고양되기도 합니다. 로드는 여성과 같은 사회적 소수자가 그들의 좌절, 불행, 걱정이란 경험을 공유하면서 매우 개인적인 사정을 구조화하는 공통의 억압 유형을 발견하는 과정을 '의식 고양'이라고 언어화합니다.

차이의 정치는 사회적 약자의 '의식 고양'으로 가득 찬 공간을 무대로 삼습니다. 구조적 억압의 상태에 있는 사회집단은 '의식 고양'을 통해 내가 속한 집단을 구조적으로 억압하고 있는 것이 무엇인가를 질문하며, 그 질문에 대한 답을 찾습니다. '시 poetry'라는 단어의 의미는 왜곡되어왔지만 로드는 시는 "불모의 말장난"이 아니라 '의식 고양'을 통해 "새로운 것을 일깨워 주는 경험의 정수"의 다른 뜻이기에 "우리 여성들에게 시는 사치가 아니"(《시스터 아웃사이더》, 41쪽)라고 했는데, 이 말을 아이리스 매리언 영 방식으로 바꾸어본다면 "구조적 억압하에 있는 사람에게 로드가 말하는 의미의 시는 사치가 아니다"라고 할 수 있겠지요. 목소리를 부정당했던 존재가 자기 목소리를 내는 것이 '시'라면 사회적 소수자에게 시는 있어도 그만 없어도 그만인 사치가 아니라 '의식 고양'을 위한 필수재일 것입니다.


구조적 제약의 책임은 사회의 몫입니다


시는 "그 시가 있기 전까지는—이름도 형식도 없이, 미처 태

**252**

어나지 못한 채 느낌으로만 존재하던 아이디어에 이름을 부여"《시스터 아웃사이더》, 39쪽)하는 것이라 했습니다. 샌디의 이야기를 들으면서 함께 가슴 아파한 사람이 만약 샌디의 처지를 '미혼모 팔자'라 말한다면 그것은 시가 아닙니다. 샌디의 곤궁은 우리 모두의 사회적 책임이라는 인식의 전환이 이뤄질 때 샌디의 슬픈 사정은, 오드리 로드의 언어로 표현하면, 시로 전환될 것입니다.

샌디의 사례에서처럼 특정인을 구조적 억압의 상황으로 내몬 직접적 행위자가 없으니, 구조적 억압에 빠진 특수 집단의 존재가 시를 통해 알려졌다고 해서 우리는 그저 어깨를 으쓱하며 어쩔 수 없는 거 아니냐는 표정을 지어야 할까요? 그렇지 않습니다. 죄지은 사람이 없으니 그만이라고 외면하는 것이 아니라 구조적 억압이 되풀이되지 않을 방법을 모색하는 것까지 우리의 사유는 상승해야 합니다.

죄와 책임을 구별해야 합니다. 죄가 없다고 해서 책임으로부터까지 면제되지는 않습니다. 괜찮은 인간, 더 나은 사람은 구조적 '정의 없음'의 상황에 놓여 있는 어떤 집단을 봤을 때 함께 책임져야 할 문제로 상승시키는 사람입니다.

책임으로부터 무관한 사람은 없음을 강조하는 아이리스 매리언 영의 멋진 문장들을 한번 같이 읽어보겠습니다. "나는 정치적 책임 관념 안에서 본질적으로 미래 지향적인 개념을 발견한다. 이런 식의 정치적 책임은 도덕적 행위자의 의미를 의식하고 있는 사회 구성원들에게 부과된다. 여기서 **도덕적 행위자란 타인의 운**

**명에 무관심하지 않은 사람**이며 국가나 다른 조직화된 기구가 종종 일부 사람들에게 가할 수 있는 위해에 무관심하지 않은 사람이다."(《정의를 위한 정치적 책임》, 169쪽, 강조는 인용자)

기왕 사는 인생, "타인의 운명에 무관심하지 않은" "도덕적 행위자"로 삶을 사는 게 좋겠지요. 물론 우리 개개인은 힘이 약하고, 구조적 억압을 근절시킬 권력을 가지고 있지도 않음은 분명해요. 하지만 타인의 운명에 무관심하지 않은 도덕적 행위자의 수가 늘어난다면, '혼자서' 할 수 없는 그 일을 '다 함께'의 힘으로 해낼 수 있을 겁니다. "정치적 책임은 혼자서 무언가를 하는 것이 아니라 타인에게 집단행동을 함께할 것을 권하는 것"(《정의를 위한 정치적 책임》, 170쪽)이라 했습니다.

앞서 《신곡》에서 단테는 자기 시대의 판단에 따른 죄의 항목을 나열했습니다. 그래서 제가 21세기의 독자는 《신곡》을 읽고 21세기의 죄에 대해 성찰해야 한다고 말씀드렸는데요, 우리 교양 독자는 21세기의 죄로 구조적 억압에 대한 침묵을 꼽으면 어떨까요?

참고·인용 문헌
아리스토텔레스, 《니코마코스 윤리학》, 강상진·김재홍·이창우 옮김, 길, 2011.
아마르티아 센, 《자유로서의 발전》, 김원기 옮김, 갈라파고스, 2013.
아이리스 매리언 영, 《정의를 위한 정치적 책임》, 허라금·김양희·천수정 옮김, 이화여자대학교출판문화원, 2018.
오드리 로드, 《시스터 아웃사이더》, 주해연·박미선 옮김, 후마니타스, 2018.
존 롤스, 《정의론》, 황경식 옮김, 이학사, 2003.
프란츠 파농, 《검은 피부 하얀 가면》, 노서경 옮김, 문학동네, 2014.

# 9

# 지배자는 알지 못했던
# 인디오의 영혼 속 비밀을
# 밝혀봅니다

에두아르두 비베이루스 지 카스트루Eduardo Viveiros de Castro,
《인디오의 변덕스러운 혼The Inconstancy of the Indian Soul》,
2011년

에두아르두 비베이루스 지 카스트루,
《인디오의 변덕스러운 혼─16세기
브라질에서 가톨릭과 식인의 만남》,
존재론의 자루 옮김, 포도밭출판사, 2022.

통계에 따르면 1년에 한국에서 신규 출판되는 책의 종수는
6만 권이 넘습니다. 그중 한국어로 번역된 외국책은 2022년 기준
10,472종이나 됩니다. 통계상으로는 한국의 독자는 책이라는 미
디어를 통해 다른 언어권에 속하는 세계인의 생각과 문화를 수
용할 수 있는 기회가 적지 않은 듯합니다. 번역된 책 읽기는 가
장 쉽게 적은 비용으로 다른 문화권에 대한 이해를 높일 수 있
는 수단입니다. 교양을 여러 가지로 정의 내릴 수 있지만 제가 생
각하는 교양을 구성하는 요소 중 하나는 타문화에 대한 열린 태
도가 아닌가 싶습니다.

　UN이 발표한 〈세계 인구 전망〉에 따르면 2024년 기준 지구
에는 82억 명의 사람이 살고 있고, 7천 개 이상의 언어가 사용되
고 있습니다. 그런데 번역 통계를 살펴보면 일본어, 영어, 프랑스
어, 독일어 4개 언어의 비중은 9,001종으로 85.9%를 차지하는데,

4개 언어 이외의 다른 언어의 책은 전체 출간된 책 중에서 14%에 불과한 1,471종입니다. 전세계에서 2억7,400만 명이나 사용하고 있는 아랍어, 2억5,770만 명이나 사용하고 있는 포르투갈어로 쓰인 책 중 한국어로 번역되는 책은 1년에 몇 종이나 될까요? 언어별 사용인구 순위에 따르면 영어 사용자가 지구에서 가장 많고, 그다음이 중국어, 힌디어, 에스파냐어 등인데요, 중국 책은 352종 3.3%, 남아메리카 책은 45종 0.4%, 아프리카 책은 22종 0.2%에 불과합니다.

서양문화에 비해 그 외의 대륙의 문화에 대해 무지하다는 것은 부인할 수 없는 부끄러운 사실입니다. 세계에 대한 인식을 확장해보자고 《교양 고전 독서》 첫번째 책에서 우리는 이븐 칼둔의 《무깟디마》라는, 한국에서 귀한 아랍어로 쓰인 문헌 읽기를 통해 이슬람 문화에 한 걸음 다가서기도 했었습니다.

그 기세를 몰아 이번엔 포르투갈어 사용국가인 브라질 리우데자네이루 출신의 인류학자 지 카스트루의 《인디오의 변덕스러운 혼》을 통해 남아메리카, 라틴아메리카 등 다양한 이름으로 우리가 부르는, 아는 듯하면서도 정작 제대로 알고 있다고 할 수 없는 그 대륙으로 가보겠습니다. 《무깟디마》에서 그랬던 것처럼 《인디오의 변덕스러운 혼》 독해의 가장 큰 난적은 책의 분량도 난이도도 아니라 라틴아메리카의 역사에 대한 배경지식 부족일 것입니다. 그래서 우리는 배경지식부터 쌓아놓은 다음 책 속으로 들어가보겠습니다.

세계사 공부는 고전 이해에
언제나 필요한 배경지식입니다

한반도에서 동쪽 방향으로 태평양을 건너가면 북반구와 남
반구에 걸쳐 있는 광활한 대륙과 마주합니다. 적도가 대륙의 가
운데를 지나가기에 북반구를 북아메리카 그리고 남반구를 남아
메리카라 부르기도 하지만 이 대륙은 어떤 관점에서 보는지에
따라 다양한 이름으로 불립니다.

북아메리카는 영어와 프랑스어(캐나다 일부 지역)가 공용어이
고 개신교가 주류인 지역이라면 남아메리카는 가톨릭이 다수이
고 에스파냐어와 포르투갈어가 통용됩니다. 이러한 역사적 배경
때문에 남아메리카는 이베리아 반도의 에스파냐와 포르투갈의
식민지 지배를 받았던 지역이라는 의미로 이베로아메리카 혹은
라틴아메리카로 불리기도 합니다.

《교양 고전 독서》에서 다루었던 책을 중심으로 세계사를 간
단하게나마 정리해볼까요? 인류 문명의 발생지, 가장 오래된 문
명 지역은 메소포타미아 문명입니다. 우리는 메소포타미아 문명
을 《길가메시 서사시》를 통해 만났습니다. 문명이 서쪽으로 옮
겨가면서 고대 헬라스 문명이 시작됩니다. 고대 헬라스 문명과
연관되어 있는 호메로스의 《일리아스》와 《오뒷세이아》 또한 우
리는 접했지요.

헬라스 반도로부터 다시 동쪽으로 가볼게요. 다신교 지역이
었던 아라비아 반도에 무함마드가 등장하면서 이슬람교라는 유

일신교가 등장합니다. 이슬람교는 이집트를 거쳐서 북아프리카 지역으로 전파되었습니다. 711년에는 지브롤터 해협을 넘어 이베리아 반도까지 진출합니다.

## 이베리아 반도는
## 이슬람 문화권의 일부였던 적이 있었습니다

이베리아 반도는 오랜 기간 이슬람 문화와 기독교 문화가 공존하는 문화적 복합지대를 구성했습니다. 현재에도 에스파냐의 안달루시아Andalucía는 문화의 독특성 때문에 관광객에게 매력적인 곳인데 그 지역에는 기독교와 이슬람교의 혼종에 의한 독특한 문화 풍경을 만들어내기 때문이지요. 711년에 이슬람이 이베리아 반도로 들어간 후 안달루시아는 완전히 재기독교화된 15세기까지 혼종문화 지역이었습니다. 안달루시아는 종교적 다양성뿐만 아니라 인종적 다양성도 있던 지역이지요. 아프리카에서 건너온 사람도 안달루시아 지역에 살고 있었습니다. 이베리아 반도에서 살던 사람을 부르는 다양한 명칭에서도 그 흔적을 찾아볼 수 있습니다. 이슬람교를 믿는 그들을 무어인Moors이라고 합니다. 이슬람 문화를 받아들이는 기독교도를 모사라베스mozárabes라고 합니다. 무데하레스mudéjares는 기독교도 밑에서 살아가는 무어인을 의미하고, 물라디에스muladíes는 이슬람교로 개종한 기독교도, 토르나디소스tornadizos는 기독교로 개종한 무어인, 에나시아도스enaciados는 두 종교의 경계 선상에 있는 사람으로 스파이라는 부정적인 뜻으로 사용됩니다 (《라틴 아메리카의 역사》, 62-63쪽).

코르도바Córdoba만큼 안달루시아 지역의 문화적 혼종성을 입증하는 도시가 없을 겁니다. 코르도바의 자랑거리는 코르도바 대성당인데요, 외양만 보면 영락없는 모스크인데 안으로 들어가 보면 가톨릭 성당입니다. 코르도바는 이베리아 반도로 진출했던 이슬람왕국의 중요한 수도 역할을 했던 도시였기에 코르도바에 는 거대한 모스크가 지어졌지요. 이베리아 반도가 다시 기독교화 되면서 예전의 모스크가 가톨릭 성당으로 바뀌게 된 것입니다.

### 이슬람 문화권이었던 이베리아 반도가
### 다시 기독교화됩니다

이슬람은 지브롤터 해협을 건너서 이베리아 반도로 전파되면 서 남쪽에서 북쪽으로 확산되었습니다. 이슬람화된 이베리아 반 도를 재기독교화하려는 움직임을 '레콩키스타Reconquista'라고 합 니다. '재정복' '탈환'이라는 뜻이에요. 레콩키스타는 이베리아 반 도의 북쪽에서 남쪽을 향합니다.

1000년경 이베리아 반도 북쪽을 제외한 대부분의 지역이 코 르도바의 이슬람 세력에 의해 지배되고 있었지요. 이베리아 반도 의 북쪽에 있던 카스티야Castilla왕국과 아라곤Aragón왕국은 남쪽으로 내려오며 기독교 지역 회복에 앞장섭니다. 레콩키스타의 전면에 나선 사람을 '레콩키스타도르Reconquistador'라고 부릅니다. '정복자'라는 뜻이죠. 이슬람 지역이었던 곳의 재기독교화에 혁혁한 공을 세운 레콩키스타도르에게는 엄청난 상이 주어졌습니다. 정복한 땅을 나누어주는 것이죠.

하층민에게는 엄청난 기회가 열렸습니다. 하층민 중 이렇게 세상을 사느니 레콩키스타도르로 큰 공을 세우면 일종의 인생역전을 기대할 수 있는 기회가 생겼습니다. 기독교 지역을 되찾는다는 명분을 내세웠지만, 레콩키스타도르는 실익을 좇는 사람입니다. 전설적인 레콩키스타도르 중의 하나였던 엘 시드El Cid는 이렇게 말했죠. "무어인과 싸우며 빵을 얻는다"(《라틴 아메리카의 역사》, 73쪽)라고. 기독교 재정복은 명분일 뿐 레콩키스타도르가 무어인과 싸우는 단 한 가지 이유는 돈입니다.

1085년에 톨레도를 시작으로 1248년에는 세비야가, 1492년 마침내 그라나다까지 재기독교화되면서 이베리아 반도는 이슬람 지역에서 기독교 지역으로 전환합니다. 그 과정에서 카스티야왕국의 공주인 이사벨Isabel과 아라곤왕국의 왕자 페르난도Fernando가 중요한 역할을 수행합니다. 이 둘은 1479년에 결혼하고 1492년 1월 그라나다를 함락함으로써 레콩키스타를 마무리합니다. 1496년 교황 알렉산데르 6세는 이 공을 치하해 두 사람을 가톨릭 공동왕Reyes Católicos이라는 칭호를 하사하지요. 그 이후 이들은 가톨릭 공동왕이라고 불립니다.

## 1492년 이후 유럽은
## 다른 대륙을 타자화하기 시작합니다

가톨릭 공동왕은 레콩키스타가 완료된 이베리아 반도에 순수 기독교 왕국을 세우려 합니다. 가톨릭 신앙을 의무로 정한 법령을 만들고 순수 기독교 왕국 건설에 방해가 되는 요소를 제거해 나갑니다. 가톨릭 공동왕은 유대인을 탄압하고 감시하고 추방했지요. 근데 문제가 생겼어요. 유대인이 상업 금융을 꽉 쥐고 있었는데, 유대인을 탄압하면 기독교 왕국을 재건하기 위해 필요한 재정 수익에 차질이 생깁니다. 세금을 징수하는 사람도 유대인이었고, 왕국의 주납세자도 유대인이었기 때문입니다.

당시 유럽인의 세계 인식을 살펴보겠습니다. 이베리아 반도에 기독교가 전파될 때 결정적인 기여를 한 사람이 세비야의 대주교였던 성 이시도르Saint Isidore입니다. 성 이시도르는《어원학 *Etymologies*》이라는 책을 썼는데, 그 책에 유럽인의 세계 인식을 엿볼 수 있는 이른바 〈T-O 지도〉가 실려 있습니다. 지구는 알파벳 O자처럼 둥근 모습인데 O자 속에 T자 형태로 대륙이 배분되어 있다는 것이죠. 이 지도에 따르면 상단의 반원이 아시아, 하단의 왼쪽이 유럽 그리고 오른쪽이 아프리카입니다.

최소한 북부 아메리카는 이베리아 반도의 유럽인에게는 낯선 곳이 아니었지만, 아시아는 알지 못하는 대륙의 대명사입니다. 아시아 대륙에 관해 아는 게 없으니까 알지 못하는 모든 것, 신비로운 것은 모두 아시아라는 기호 아래 편입시켰습니다. 아시아는 유럽인에게 언젠가 도달해야 하는 신비한 땅이자 기회의 땅이 었습니다. 유럽인은 유럽에 결여된 모든 것이 있는 대륙이 아시아라 생각했으니까요.

레콩키스타가 진행되는 동안 이베리아 반도의 지정학적 의미는 변형됩니다. 헬라스 반도의 관점에서 세계의 끝으로 간주되는 이베리아 반도의 지중해 도시가 미지의 대륙 아시아로 갈 수 있는 관문 도시로 성격이 바뀌지요. 그중 우리가 가장 주목해서 봐야 할 곳은 세비야입니다.

1453년 오래된 기독교 왕국인 동로마제국(비잔틴제국)이 이슬람에 의해 붕괴되면서 유럽과 아시아의 육로 무역이 위험해지자, 바다를 통해 아시아로 갈 수 있는 길을 뚫는 것이 기독교 세력의 주된 관심이었습니다. 지정학적으로 불리한 위치에 있었던 에스파냐와 포르투갈이 대서양에 가까웠기에 오히려 지정학적으로 유리해졌습니다. 포르투갈이 먼저 아시아로 가는 새로운 해로 개척에 나섰습니다. 포르투갈의 엔히키Henrique 왕자는 북아프리카의 기독교도와 교분을 쌓아 확장되는 이슬람 세력에 대항하고 아프리카를 돌아 인도로 가는 새로운 항로 개척에 깊은 관심을 기울였습니다. 1488년 바르톨로메우 디아스Bartolomeu Diaz 원정대가 아프리카를 돌아 인도로 가는 것이 가능함을 알아냈고, 1497년 출항한 바스쿠 다가마Vasco da Gama 원정대는 아프리카 대륙의 끝을 돌아 인도에 도착합니다.

포르투갈이 인도양을 탐색하자 그에 자극받은 가톨릭 공동왕은 서쪽으로 대서양을 건너 아시아까지 가는 항로 개척에 관심을 가집니다. 대서양은 아주 작은 바다이며 대서양 서쪽으로 계속 가면 인도에 도달할 수 있다고 믿었던 크리스토발 콜론 Cristóbal Colón(이 에스파냐어 이름을 영어식으로 표기하면 우리가 잘 아는 크리스토퍼 콜럼버스Christopher Columbus입니다)의 항해를 공동왕이 후원하기로 결정합니다. 가톨릭 공동왕의 재정 후원을 받아 콜론이 세비야의 과달키비르Guadalquivir 강을 떠나 대서양 서쪽으로 항해를 시작합니다.

1492년 10월 12일 콜론은 대서양을 서쪽으로 가로질러 현재의 바하마 제도에 도착했습니다. 콜론은 자신이 인도라는 대륙 부근의 섬에 도착했다고 생각했죠. 하지만 그곳에서 자신이 기대한 만큼의 금은보화는 발견하지 못했습니다. 진짜 아시아 대륙을 찾지 못한 채 콜론은 세상을 떠났지요. 그의 관은 세비야 대성당에 안치되어 있습니다. 이베리아 반도의 옛 왕국인 레온, 카스티야, 나바라, 아라곤을 상징하는 네 사람이 이베리아 반도에 라틴아메리카의 존재를 알리는 결정적 기여를 한 콜론의 관을 들고 있습니다.

세비야 성당은 세계 3대 성당 중에 하나라고 손꼽힐 정도로 엄청나게 큰 성당입니다. 세비야 성당에는 '보물실'이 있는데 금은보화가 가득한 곳입니다. 이 금은 대체 어디에서 온 걸까요? 라틴아메리카에서 온 겁니다. 1492년을 기점으로 이베리아 반도와 라틴아메리카는 이렇게 관계를 맺기 시작합니다. 이베리아 반도 사람에게는 기회가 열린 해이고, 라틴아메리카 원주민에게는 재앙이 시작된 해이지요.

## 레콩키스타는
## 이베로아메리카로 확장됩니다

콜론이 도착한 곳이 인도가 아니라 유럽인에게 알려지지 않았던 라틴아메리카였음을 증명한 사람은 아메리고 베스푸치 Amerigo Vespucci입니다. 1503년 그는 아메리카 대륙을 탐험하고 난 후《신대륙*Mundus Novus*》이라는 지리서를 출간하며 이 사실을 알렸죠. 라틴아메리카의 아메리카는 아메리고의 이름에서 유래했다는 것이 정설입니다.

이베리아 반도에서 레콩키스타가 끝이 났기 때문에 이슬람 지역을 재정복함으로써 일확천금을 얻을 수 있는 방법은 더 이상 불가능해졌습니다. 횡재를 노리는 사람들에게 새로운 가능성이 생겼어요. 대서양을 건너서 새롭게 알게 된 대륙에서 금을 가지고 오는 거죠.

명분도 충분했습니다. 기독교가 전파되지 않은 대륙, 기독교인이 발견한 새로운 대륙에 하느님의 뜻을 전한다는 것이었지요. 1493년 교황 알렉산데르 6세는 아라곤과 카스티야의 가톨릭 공동왕에게 이미 발견했고 앞으로 발견할 대서양의 영토를 영유할 권리와 복음화할 의무를 부여했습니다. 교황까지 나섰으니 라틴아메리카 식민지 건설에 걸림돌은 없습니다. '정복자'라는 뜻의 콩키스타도르Conquistador가 라틴아메리카에서 새로운 땅을 발견하면, 에스파냐는 그 땅이 자신의 땅이라고 선포했고 그 땅을 발견하는 데 공을 세운 사람에게는 그 땅의 상당 부분을 할양해주

없습니다. 이베리아 반도 곳곳에서 싸움깨나 하는 사람, 야망이 있는 사람, 새로운 곳에 가서 뭔가 삶의 전환점을 만들어야 되는 사람이 배를 타고 서쪽으로 가지요.

바스코 누녜스 데 발보아Vasco Núñez de Balboa가 아메리카 대륙 서쪽에 아시아로 가는 태평양이 있음을 발견했습니다. 콩키스타도르인 프란시스코 피사로 곤살레스Francisco Pizarro González는 아즈텍제국을 정복한 후 잉카제국까지 멸망시켰습니다. 현재의 멕시코부터 남아메리카 전역이 유럽의 라틴 국가의 수중에 넘어감으로써 유럽인이 알지 못했던 그 대륙은 라틴아메리카 혹은 이베로아메리카라 불리기 시작했습니다.

16세기에 접어들면서 곳곳의 수도회에서 아메리카 지역으로 선교단을 파견했는데 1524년에 프란치스코 수도회(아시시의 성 프란치스코의 뜻을 따르는, 청빈을 제일 목표로 세운 수도회)가, 1526년에는 도미니크 수도회(《군주론》과 《군중과 권력》에서 언급했던 사보나롤라가 소속되었던 수도회)가 예수의 열두 제자를 본 따 열두 명의 수사를 파견하면서 유럽인의 시각으로 '발견'된 대륙의 '영혼 정복'이 시작되었습니다. 이냐시오 데 로욜라Ignatius de Loyola에 의해 창설된 예수회Societa Jesu는 종교개혁 운동에 맞서 로마가 가톨릭 교회와 교인의 중심임을 다시 천명한 트리엔트 공의회 이후 라틴아메리카 복음화에 본격적으로 뛰어들었습니다.

기독교 신앙을 전파하는 이들에게 원주민 인디오는 거친 사람, 어린아이, 미성숙한 사람으로 정의되었고 인디오에게 복음을 전하는 것은 이들을 계몽시키는 거룩한 행위라고 치장되었지요.

이베리아 반도 정복자들은 공격을 하기 전 원주민 앞에서 이른바 기독교 신앙을 받아들이라는 권고문을 낭독했습니다. 권고문에 따르면 인디오가 기독교로 개종하면 패배의 고통을 면할 수 있다는 내용인데 당연히 원주민은 유럽의 정복자의 말과 그 뜻을 이해할 수 없었겠지요. 권고문을 여기에 옮겨보겠습니다. "너희에게 요청하고 권고하나니, 이 말을 새겨듣고, 충분한 시간을 두고 잘 생각한 다음에, 교회를 세계의 최고 통치자로 인정하고, 교황 성하와 폐하를 섬과 물의 최고 지배자와 왕으로 인정하라. (중략) 만약 너희가 그렇게 하지 않거나 고의로 늑장 부리면, 확언하노니 하느님의 가호 아래 너희를 향해 돌진할 것이며, 수단과 장소를 가리지 않고 전쟁을 벌일 것이 아니라. (중략) 너희 아내와 자식을 취하여 노예로 만들어 팔 것이며, 너희의 재산을 취하며, 너희에게 온갖 손실을 입힐 것이다."(《1492년, 타자의 은폐》, 76쪽) 형식은 권고문이나 내용은 정복선언문입니다. 이렇게 라틴아메리카는 정복당했습니다.


예수회 신부가 브라질 대서양 해안가에 사는
투피남바족을 관찰했습니다

브라질의 대서양 해안쪽에 살던 원주민 투피남바Tupinambá족 지역 선교는 예수회의 몫이었습니다. 예수회 신부들은 예수회 특유의 학구적 성향을 발휘해서 원주민에 관한 기록을 매우 많이 남겼습니다. 《인디오의 변덕스러운 혼》의 저자 지 카스트루는 예수회 신부가 남긴 방대한 기록 속에 담긴 원주민에 대한 유럽 기독교인의 편향을 분석함으로써 라틴아메리카의 역사를 정복자의 관점이 아니라 원주민의 관점에서 해석할 수 있는 실마리를 제공합니다.

이 책은 예수회 수사 안토니우 비에이라António Vieira가 남긴 기록으로부터 출발합니다. 그는 1653년 브라질의 현재의 파라주 브라질 토칸틴 강Rio Tocantins 유역에서 선교를 시작하여 다수의 원주민을 기독교로 개종시키는 데 성공했습니다. 그러나 비에이라의 눈에 투피남바족의 행태는 뭔가 이상했는데요, 그는 투피남바족의 특징으로 변덕스러움을 꼽으며 그 변덕스러움을 대리석 조각과 다른 은매화 조각이라는 비유로 이렇게 설명했습니다.

> 대리석 조각은 소재의 경도와 저항 탓에 제작하기가 매우 힘들다. 그러나 한번 만들어 놓으면 다시 매만질 필요가 없다. 대리석 조각은 언제나 같은 모습을 유지한다. 은매화 조각은 가지를 쉽게 구부릴 수 있어서 모양내기가 쉽지만, 그것을 유지하기 위해서는 늘 매만져주어야 한다. (중략) 다른 민족—브라질 민족과 같은—은 배운 모든 것에 대체로 **순종**하고 관대하게 수용하며 논쟁과 반론도 의심도 저항도 하지 않는다. 그러나 이자들은 은매화 조각이다. 즉 정원사가 손가위로 매만져주지 않으면, 새로워진 모습을 곧 잃어버리고 자연의 옛 야수의 모습으로 되돌아가 일찍이 그랬던 것처럼 덤불숲이 되고 만다.
> – 《인디오의 변덕스러운 혼》, 12–13쪽, 강조는 인용자.

하느님 말씀을 전했더니 투피남바족은 저항 없이 하느님을 받아들였습니다. 그러니 이들의 신앙심은 대리석 조각처럼 변치 않을 거라 생각했는데 "영혼이 정복"(선교)되고 난 이후에도 신앙을 받아들이기 이전의 풍습을 그대로 유지하고 있음을 비에이라 수사는 한탄하고 있습니다.

예수회 신부가 브라질 원주민에 관해 남긴 엄청난 기록은 객관적이고 과학적인 사실일까요? 예수회 신부는 인디오만의 독특한 해석 양식, 상징 체계, 의미 체계를 완벽하게 파악했다고 보기 힘듭니다. 이들은 꼼꼼하게 기록했습니다만 이들이 파악하지 못한 원주민의 내재적 맥락이 있습니다. 《인디오의 변덕스러운 혼》은 유럽인의 시각, 예수회 신부의 관점이 아니라 안데스의 사람, 아마존의 사람, 아스테카의 사람, 투피남바족의 시선으로 이베로아메리카의 16세기를 바라봅니다.

## 1492년 이후
### 서로 다른 세계관이 만났습니다

유럽인이 아메리카 대륙에 상륙한 이후 이슬람의 변방에 불과했던 유럽은 세계적 패권을 장악하기에 이릅니다. 레콩키스타가 완수되고 콜론이 대서양을 건넌 1492년은 세계사의 변방이었던 유럽이 다른 문명 지역을 자신의 주변으로 구성하는 전환점이 됩니다. 다시 말해, "서유럽 근대성의 출생일이며, 유럽의 자아가 다른 주체와 사람들을 대상으로, 도구로 구성하는 '경험'을 한 최초의 날짜"(《1492년, 타자의 은폐》, 142쪽)입니다.

　1492년 이후 만나게 된 유럽의 세계와 원주민의 세계는 여러 가지 점에서 달랐습니다. 유럽인, 기독교인, 예수회 신부는 이분법적으로 종교를 이해합니다. 종교는 성聖과 속俗, 믿으면 믿는 것이고 안 믿으면 안 믿는 것이죠. 세속에 있던 사람이 성스러운 세계로 옮겨오면 신앙을 갖게 되는 거고, 그 반대의 경우라면 변절이고 배신이 되는 겁니다. 사이에 중간지대란 없습니다. 믿거나 말거나, 하느님을 받아들이거나 받아들이지 않거나 두 가지 중의 하나예요. 그렇기에 기독교에서 복종 개념은 매우 중요해요. 신앙을 갖는다는 건 절대자에게 복종하는 것을 의미합니다.

　투피남바족은 다른 생각의 체계를 가지고 있었었는데 이들이 생각하는 종교는 성과 속이 뒤섞여 있습니다. 이분법적으로 설명할 수 없는 상태를 투피남바족은 불편해하지 않습니다. 유럽인의 시선에서는 양립할 수 없는 것이 투피남바족의 사고 체계에서는 양립했습니다. 이들은 한편으로 종교에 절대적 순종이라는 개념을 갖고 있었지만, 종교에 대한 불복종도 얼마든지 가능하다는 생각과 뒤섞여 있었습니다. 투피남바족은 종교에 의해 삶이 규정되기도 했지만 그 크기만큼의 무관심도 병존했지요.

　동일성의 철학에 기반을 두고 해석하는 유럽 기독교인에게 투피남바족의 기독교에 대한 태도는 아리송하기만 합니다. 유럽인의 기준으로 보면 신앙을 갖기 이전과 이후가 확실하게 달라져야 합니다. 신앙 간증의 핵심은 그거잖아요. 하느님을 알고 난 후 저는 완전히 변했습니다. 이런 고백이 신앙 간증의 알파요 오메가입니다. 이런 극단적인 개종으로 인한 변화를 기대하며 예수회 신부는 하느님 말씀을 투피남바족에게 전했어요.

투피남바족은 기독교적 세례도 거부하지 않았습니다. 그런데 자신들의 과거와 단절하지도 않았습니다. 투피남바족에겐 하느님을 받아들이는 동시에 전통을 따르는 것은 전혀 이상하지 않습니다. 그들은 이분법적으로 세계를 보지 않습니다. 투피남바족은 '이렇기도 하고 저렇기도 하다'의 관념 체계를 가지고 있습니다. "예수회 수사들이 화가 난 이유는 '브라질 사람들'이 다른 신앙의 이름으로 복음에 대한 적극적 저항을 해서가 아니라, 오히려 신앙이라는 것 자체에 대해 이 사람들이 **복잡다단한 관계**를 품고 있었다는 사실 때문이다."(《인디오의 변덕스러운 혼》, 23쪽, 강조는 인용자)

투피남바의 전통적 종교에는 복종의 의례가 없습니다. 투피남바족은 전통적 의례를 집행하는 주술사를 믿으면서도 믿지 않습니다. 그들은 예수회 신부의 선교를 거부하지 않습니다. 그렇지만 거부하지 않는다고 복종한다는 뜻은 아닙니다. 이들은 거부하지 않으면서 동시에 복종하지 않습니다. 개신교도인 장 드 레리Jean de Léry가 남긴 기록입니다. "투피남바는 (중략) 그 모든 의례를 연행하기는 하지만 무릎을 꿇거나 여타 외적 기호를 따르는 식의 숭배 행위를 하지 않는다."(《인디오의 변덕스러운 혼》, 63쪽)

또한 이런 기록도 있습니다. "투피남바 사람들은 예언자들과 사제들이 시키는 것은 무엇이든 했다."(《인디오의 변덕스러운 혼》,

65쪽) 복종하는 것처럼 보였던 거예요. 그런데 그다음에 핵심적인 맥락이 있죠. 기독교의 모든 것을 수용하는 게 아니라 기독교 중 어떤 것은 수용하고 어떤 것은 수용하지 않습니다. "자기들이 원하지 않는 것"(《인디오의 변덕스러운 혼》, 65쪽)은 빼고 수용하는 것이지요. 예수의 신부에게 그래서 투피남바족은 일관성 없는 변덕스러운 집단으로 보입니다. 그들은 꼭 은매화 조각을 닮았다는 것이죠.


## 총체성 개념이 없으면
## 타자라는 개념도 성립하지 않습니다


기독교 신앙에 따르면 신은 오직 한 분이시며 그분은 전지전능하십니다. 신은 유일한 절대자이지요. 전지전능하며 모든 것을 포괄하고 관장하는 그것을 철학의 용어로 표현하면 '총체성 totality'입니다. 하느님은 '모든 것'을 권장하고 '모든 것'을 알고 있습니다. '모든 것'은 전지전능한 하느님의 뜻에 따라 창조되었고 이 세계의 모든 질서 역시 마찬가지입니다.

총체성 개념으로 세상을 보면 전지전능한 하느님의 우산 아래 있느냐 없느냐, 즉 내부와 외부도 명확하게 구별됩니다. 외부에 있는 사람을 내부로 들어오도록 권하는 게 선교이고, 그 사람이 하느님의 말씀을 받아들이면 그는 내부로, 즉 하느님의 총체성 안으로 들어온 것입니다. 안에 있다가 밖으로 나가는 행위는 배교, 즉 용서할 수 없는 배신의 행위입니다. 총체성은 기독교적 유럽인에게는 익숙한 개념인데 투피남바족에겐 총체성에 대한 인식 자체가 없습니다. 그들의 사유에 따르면 절대자는 존재하지 않습니다. 절대자가 존재하지 않는다고 생각하기에 하느님을 받아들이고도 전통 종교를 유지할 수 있었던 것이지요.

기독교적으로 생각하면 총체성이라는 우산의 외부에 있는 사람이 타자입니다. 타자는 불안정합니다. 타자는 총체성이라는 단하나의 우산 밖에 있으니까요. 그래서 총체성의 내부에 있는 사람은 우산 밖의 사람을 안으로 데리고 들어와야 합니다. 그가 순순히 들어오면 좋고, 만약 거부하면 억지로라도 우산 안으로 들여와야 합니다. 우산 안으로 데리고 들어와 같은 우산을 쓰는 것, 그것이 선교이고 문화적으로 말하자면 동화 정책입니다. 그 과정에서 발생할 수 있는 약간의 물리적 충돌은 그 목적이 선하기에 크게 문제 되지 않습니다. 하느님의 말씀을 전하는 가톨릭이 라틴아메리카를 정복하고 원주민을 유럽의 문화 안으로 동화시키는 정책을 사용하면서도 그걸 폭력이라 느끼지 않았던 것도 바로 이런 생각 때문이지요.

총체성 개념을 지니면 자아와 타자의 관계가 위계적 관계, 옳고 그름의 관계가 됩니다. 투피남바족은 총체성 개념이 없기에 나와 다른 존재, 즉 타자의 존재를 그 자체로 수용합니다. 타자를 나의 곁으로 오도록 해야겠다는 생각 자체가 투피남바족에겐 성립 안 되는 것이지요. 그리고 자아와 타자의 관계는 수직적이지도 않고, 가치평가에 따른 우열 관계도 아닙니다.

투피남바족의 관점으로 1492년의 경험을 정리해보겠습니다. 어느 날 낯설게 생기고 말도 다른 예수회 신부가 투피남바족의 마을에 도착했습니다. 투피남바족의 관점에서 예수회 신부는 다른 사람, 즉 타자로 보였겠지요. 타자를 위계의 관계로도 옳고 그름의 관계로도 보지 않기에 투피남바족은 예수회 신부에 대해 적대적일 이유가 없습니다. 예수회 신부들이 하느님의 말씀을 전합니다. 말씀 그 자체가 나쁘다고 판단되지 않기에 그들은 하느님의 말씀을 수용합니다. 그렇다고 전통적인 종교에서의 주술사와의 관계를 바꿀 필요도 느끼지 않습니다. 지금까지 살아왔던 생활방식으로 머리끝에서 발끝까지 완전히 새롭게 재규정해야 할 필요도 없습니다. 그런데 예수회 신부들은 우리가 이상하다고 합니다. 투피남바족에겐 자신들을 이상하다고 여기는 예수회 신부의 생각이 이상해 보입니다.


## 식인의 풍습은
## 원주민의 야만성의 증거일까요?


투피남바족의 행태 중 예수회 신부의 관점에서 가장 경악스러웠던 것은 식인食人이라는 카니발리즘cannibalism이었습니다. 유럽인의 시각에서 식인은 살인입니다. 기독교를 받아들인다는 건 야만에서 벗어나서 문명으로 이행하는 것이니 예수회 신부들은 기독교 수용과 카니발리즘은 양립할 수 없다고 여겼어요. 그런데 기독교를 받아들이고 난 후에도 투피남바족의 카니발리즘은 중단되지 않았습니다.

《인디오의 변덕스러운 혼》 2부는 투피남바족이 기독교 신앙을 받아들이고 난 이후에도 카니발리즘을 멈추지 않았던 이유를 예수회 신부의 관점이 아니라 투피남바족 내부의 논리로 해석합니다. 예수회 신부들은 투피남바족 모두가 카니발리즘에 경사되어 있다고 생각했습니다. 투피남바족 내부로 들어가보니, 예수회 신부들의 가정과는 달랐습니다. 투피남바족 안에서도 식인 풍습을 꺼려하는 사람도 있었어요. 아예 식인을 거부하는 사람도 있었습니다. 하나로 환원될 수 없는 차이가 투피남바족 내부에도 있었던 것이지요.

내집단과 외집단의 관계에서 외집단의 속성에 대한 충분한 지식 없이 지레짐작으로, 외집단은 한 치의 오차도 없는 동질한 집단이며 그 집단에 속한 사람은 어떠한 속성을 공유하고 있으리라 단정내리는 것, 그것이 편견입니다(이런 맥락에서 《교양 고전 독서》 첫번째 책에서 다뤘던 고든 월포트의 《편견》이 연상되실 겁니다). 예수회 신부들은 투피남바족에 대해 편견을 갖고 있었던 것이죠.

기독교는 죽음의 종교라 해도 과언이 아닐 정도로 죽음은 기독교 신앙의 핵심입니다. 예수 그리스도가 십자가에 못 박힌 것과 죽은 자들 가운데 사흘 만에 부활한 것을 믿느냐 여부가 기독교 신앙의 핵심 중 핵심이지요. 현생을 어떻게 살았는지에 따라 구원받은 자는 천당으로, 구원받지 못한 자는 지옥으로, 아직 결정되지 않은 사람은 연옥으로 갈 것이라는 가르침(단테의

《신곡》을 참고해보세요)을 기독교인은 받아들입니다. 기독교는 죽음의 의미에 대한 해석과 아주 밀접하게 관련이 있습니다.

카니발리즘의 의미를 제대로 해독하기 위해서는 카니발리즘 그 자체보다 카니발리즘과 연결되어 있는 가치 체계를 찾아내는 것이 중요한데요, 지 카스트루는 예수회 신부의 눈에 악습으로 보이는 모든 것의 근원에 '복수의 테마'가 있음에 주목합니다. "전사의 복수는 모든 악습의 근원에 자리한다. 식인, 일부다처, 만취, 이름 수집, 명예. 이 모든 것들이 **복수의 테마**를 중심으로 돌아가는 것처럼 보인다."(《인디오의 변덕스러운 혼》, 79쪽, 강조는 인용자)

보통 전쟁은 영토 확보와 경제적 이윤 확보(레콩키스타가 그랬고, 유럽인의 아메리카 대륙 정복이 그러했지요)를 목적으로 시작되는데, 투피남바족의 전쟁 이유는 유럽인과 다릅니다. 1614년에 예수회 신부가 투피남바족을 관찰하고 쓴 기록을 같이 읽어보겠습니다. "그들이 전쟁을 벌이는 이유는 땅을 수호하거나 확장하기 위해서도 아니고 적의 전리품을 통해 부유해지기 위해서도 아니며 **오로지 명예와 복수**를 위해서라는 점이다."(《인디오의 변덕스러운 혼》, 88쪽, 강조는 인용자) 명예와 복수는 서로 연결되어 있습니다. 투피남바족의 명예는 타 부족에게 복수함으로써 얻을 수 있는 것입니다. 복수를 통해 투피남바족의 구성원은 집단 내에서 자신의 집단에 대한 충성심을 증명하고, 그를 통해 명예를 얻지요. 살아생전 전사로서의 명예를 떨친 자는 사후에도 안락한 생활을 기대할 수 있으나, 겁쟁이는 비참하게 이승을 떠도는 운명에 처합니다.

복수의 테마는 투피남바의 성인식에도 적용됩니다. "여성의 초경 의례에 대응하는 남성의 통과의례는 포로의 처형의식"(《인디오의 변덕스러운 혼》, 81쪽)입니다. 아명兒名을 버리고 성인의 이름을 얻어야 결혼의 전제조건을 충족시키는데, 성인의 이름을 얻는 방법은 전사가 되어 전투에 나가 포로를 잡아오는 것입니다. "남자는 결혼하면 아내의 부모와 형제들에게 포로를 선물"(《인디오의 변덕스러운 혼》, 81쪽)해야만 합니다. 결혼, 아명 버리기, 전투 참여는 투피남바 남성의 성인의례를 구성하는 핵심 요인이 됩니다.


## 식인이라고 쓰인 기호를
## 집단압력이라고 읽어내야 합니다


인디오는 시체의 부패를 무서워합니다. 그들은 죽고 난 뒤 썩은 내를 풍기며 짐승에게 먹히는 것은 슬픈 일이며, 그렇게 죽으면 이름은 영원히 나쁜 땅을 떠돌 것이라 걱정합니다. 기독교에서는 구원을 받아서 영생을 얻는 것이 방법이지만 인디오의 해결책은 싸우다 죽는 것입니다. 그것은 병들거나 늙어서 죽거나 짐승에게 먹히는 죽음과 달리 유일하게 명예로운 죽음입니다. "타인의 손에 의한 죽음은 훌륭한 죽음이었다. 앙갚음할 수 있는 죽음, 즉 정당화할 수 있고 복수할 수 있는 죽음이었기 때문이다. 그것은 의미 있는 죽음이며 가치와 인격을 만들어낼 수 있는 죽음이었다."(《인디오의 변덕스러운 혼》, 88쪽) 전쟁을 하다 타인의 손에 의해 죽으면, 죽은 사람은 공동체의 구성원에게 복수를 해서 회복할 수 있는 기회를 제공한다는 의미로 영광으로 해석됩니다.

투피남바족의 식인은 족외族外식인입니다. 적의 살을 먹지, 부족 내부의 살은 먹지 않습니다. 이들의 식인은 공동체에 속한 사람이 참여 의무를 지닌 장례 절차입니다. 투피남바족의 복수라는 관점에서 보면 다른 점들이 부각되기 시작합니다. "적들이 자신들을 먹지 않고 다만 죽여서 구더기로 가득 차게 만들 것이라고 말한다. 이것이 이 야만인들 사이에서는 최대의 불명예다."(《인디오의 변덕스러운 혼》, 86쪽) 포르투갈 출신의 예수회 수사 자코메 몬테이루Jácome Monteiro의 기록입니다. 죽은 적을 길바닥에 내버려두어 시신이 썩어 문드러지게 내버려두는 것은 최대의 불명예입니다. 자신이 전투에서 사망했을 때도 적이 자신의 시신을 내버려두는 것이 최대의 불명예이기에 자신을 식인하는 것은 문제 되지 않습니다. "적들에게 죽임을 당하고 잡아먹히는 것은 부패하기 쉬운 사람의 일부를 승화시켜 달성하는 불멸화 immortalization"(《인디오의 변덕스러운 혼》, 87쪽)이며 "타인의 손에 의한 죽음을 그들은 훌륭한 죽음"(《인디오의 변덕스러운 혼》, 88쪽)으로 여깁니다. 포로로 잡힌 사람조차 자신이 곧 처형되고 먹힌다는 소식을 들어도 충격받지 않습니다. "그는 자신의 죽음이 명예로우며, 고향에서 전염병으로 죽는 것보다 훨씬 좋다고 생각"(《인디오의 변덕스러운 혼》, 88쪽)합니다. 병에 의한 죽음은 비참한데, 그렇게 죽으면 복수의 기회는 설 자리가 없기 때문입니다.

식인 관습은 예수회 신부들 입장에서 보면 야만성의 증거라서 투피남바족이 기독교를 받아들여야 할 이유 중의 하나였습니다. 하지만 지 카스트루가 볼 때 식인 관습이 팽배한 것은 이들이 사회성이 없기 때문이 아니라 오히려 극단적으로 사회화되면서 지나친 집단압력에 의해 지배되었기 때문입니다. 식인을 모두 다 즐겨하지 않았고 꺼려하는 사람도 있습니다. 그렇지만 극단적인 집단압력이 행사하는 극단적인 사회성은 개인의 기호를 드러내지 못하도록 합니다. 식인은 탐식과 포식의 순간이 아니라 공동체의 의식입니다. 식인을 통해 공동체의 결속을 강화시켜내는 하나의 장치가 있는데, 적을 죽인 당사자는 식인의 의례에서 제외된다는 점입니다. 만약 적을 죽인 당사자까지 식인의 과정에 참여하면 명예와 복수를 위해 전투에 참가한 것이 아니라 먹기 위해서 사냥을 한 꼴이 되니까요.

"앞으로 먹힐 포로의 고기는 어떤 의미로는 음식물이 아니다. 그것은 기호다."(《인디오의 변덕스러운 혼》, 98쪽) 투피남바족에게 식인은 기호식semiophagy(문자 그대로의 의미로, 살이 아니라 기호를 섭취하는 것)입니다. "투피남바족의 경우, 식인관습은 사회체 전체와 일치했다. 남자들, 여자들, 아이들 모두 적을 먹어야 했다. 사실상 적이야말로 식인 연회의 순간에 사회체를 밀도와 외연의 최대로 구성했다."(《인디오의 변덕스러운 혼》, 137-138쪽) 구조적인 압력이 하나의 구조에 속한 개인에게 한 치의 자유도 허락하지 않을 때 어디까지 갈 수 있느냐를 보여주는 사례가 카니발리즘이었습니다. 그것과 관련된 중요한 문장을 마지막으로 보겠습니다. "사교성sociability이라는 곡선의 한 극점에 무관심과 소통불가능성이 있다면, 반대극에는 식인주의가 위치할 것이다. 식인은 사교성의 완전한 결여가 아니라 사교성의 **과잉**을 표현한다."(《인디오의 변덕스러운 혼》, 139쪽, 강조는 원문)

투피남바는 어느 순간 식인을 중단했습니다. 유럽인은 투피남바의 식인 중단을 드디어 그들이 야만에서 벗어나 문명적 존재로 개조되었다고 판단했을 것입니다. 유럽인의 시선으로 투피남바의 식인 포기는 인디오 특유의 '일관성 없음'의 또 다른 증표라고 해석했을지도 모릅니다. 인디오의 변덕스러움을 은매화 조각에 비유했던 예수회 수사 비에이라처럼요. 인디오는 변덕스러워 보이지만, 그들은 예수회 수사는 눈치채지 못했던 일관성을 지니고 있었습니다. 그들을 극단적인 사회성으로 이끌었던 내부의 구조적 압력이 포르투갈이라는 지배자에 의한 구조적 압력으로 바뀌었기 때문입니다. 식인을 하게 된 이유도 식인을 중단한 이유도 모두 구조적 압력이었다는 점이 투피남바의 일관성이었던 것이지요.

다른 문화를 이해하는 건 결코 쉽지 않습니다. 외부인의 시선으로는 보이지 않는 내부의 단단한 의미 체계가 있기 때문입니다. 그렇기에 다른 문화에 대한 호기심을 우리는 언제나 가져야 하지만, 호기심만으로 다른 문화의 이색적인 면을 발견하고 그 이색성을 자신의 가치 판단으로 속단하는 어리석음을 경계해야 합니다. 어느 문화에나 외부인에게 쉽게 열어젖혀지지 않는 그리고 외부인이 단박에 파헤칠 수 있는 내부의 단단한 의미 체계가 있기 마련입니다.

책을 덮으며 제가 아는 브라질을 생각해봅니다. 축구, 카니발 그리고 삼바춤이 떠오릅니다. 그것이 전부입니다. 《인디오의 변덕스러운 혼》의 무대 브라질에 대해 저는 아는 게 거의 없습니다. 책 한 권 읽었다고 브라질에 대해 알게 되었다고 말할 수도 없습니다. 단지 저는 브라질에 대해 알고 있지 못하며, 제가 알고 있는 몇 가지 인상으로 브라질을 판단해서는 안 된다는 결론을 얻을 뿐입니다. 《인디오의 변덕스러운 혼》이 전달하는 가장 강력한 메시지는 "한 집단을 겉만 보고 속단하지 말라"일 테니까요.

참고·인용 문헌
에두아르두 비베이루스 지 까스뜨루, 《식인의 형이상학》, 박이대승·박수경 옮김, 후마니타스, 2018.
엔리케 두셀, 《1492년, 타자의 은폐》, 박병규 옮김, 그린비, 2011.
존 H. 엘리엇, 《대서양의 두 제국》, 김원중 옮김, 그린비, 2017.
카를로스 푸엔테스, 《라틴 아메리카의 역사》, 서성철 옮김, 까치, 1997.

# 10

# 독일과 인도의 두 여성이 억압의 복합 체계로부터 탈출을 모색합니다

마리아 미스Maria Mies, 반다나 시바Vandana Shiva,
《에코페미니즘*Ecofeminism*》, 1993년

마리아 미스, 반다나 시바,
《에코페미니즘》, 손덕수·이난아 옮김,
창비, 2020.

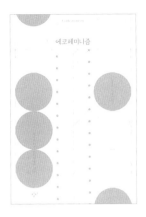

　　1492년 8월 23일 세비야를 떠난 콜론은 두어 달이나 걸린 항해 끝에 대서양을 서쪽으로 횡단해 10월 12일 바하마 제도에 도착합니다. 그 이후 라틴아메리카의 원주민은 서양적 남성주체에 의해 정복의 대상인 야만적 타자가 되었습니다. 1927년 찰스 린드버그Charles Lindbergh는 뉴욕에서 5월 21일에 비행기를 타고 출발하여 서른세 시간 만에 5월 22일 파리에 도착하여 서양적 남성주체의 결단력과 자연 정복의 용기를 증명합니다. 콜론이 1492년 대서양을 배로 횡단하는 데 두 달이 걸렸던 반면, 20세기에 접어들자 비행기로 고작 서른세 시간이면 대서양을 건널 수 있게 되었습니다. 그사이에 인류가 이룩한 기술적 진보는 놀랍기만 합니다. 그런데 그사이에 이 지구는 더 나아졌을까요?

## 아도르노와 호르크하이머는
## 서양적 남성주체의 희생자입니다

1938년 2월 16일 아도르노는 뉴욕으로 향하는 배에 올랐습니다. 콜론처럼 정복하기 위해서도, 린드버그처럼 기술적 진보를 확인하기 위해서도 아닌 망명객이 되어서 말이죠. 그보다 먼저 1933년에 미국으로 망명한 호르크하이머는 프랑크푸르트 대학의 사회연구소를 뉴욕의 컬럼비아 대학에 설치하고, 대서양을 건너 미국에 도착한 옛 연구소 멤버를 맞이했습니다. 망명객의 신분으로 다른 나라에 정착하는 것은 쉽지 않았지요. 아도르노와 호르크하이머는 뉴욕의 정반대, 아메리카 대륙의 태평양 연안 로스앤젤레스로 이주했고, 그곳에서 그들을 망명에 이르게 한 원인에 대해 심도 싶은 대화를 나누었습니다. 1492년에는 두 달이나 걸리던 대서양 횡단이 1927년이 되자 불과 서른세 시간이면 횡단할 수 있을 정도로 인간의 기술은 눈부신 진보를 이루었는데, 유대인이라는 이유 하나만으로 목숨의 위험을 피해 대서양을 건너 미국으로 망명할 수밖에 없었던 자신들의 비극적 삶의 궤적을 인류사의 파국으로 이해하기 위해 두 망명 지식인은 매일 밤 만났습니다.

아도르노와 호르크하이머는 유대인이라는 '구조적 억압'에 노출된 소수집단에 속한 개인이었고, 나치로부터 생명을 지키기 위해 조국 독일을 버리고 미국으로 망명한 지식인입니다. 히틀러에 의한 희생자인 이들이 피지배자의 관점에서 세상을 바라봤더니

서양적인 것과 남성적인 것, 계몽적 주체라는 것이 얼마나 위험한 존재인지를 간파했고, 서양적·계몽적·남성적 주체에 의해 주조된 현대사회로부터의 탈출구를 성찰의 대상으로 삼았습니다.

기술적 진보에 상응하지 못한 인간성의 퇴행을 고발하는 책 《계몽의 변증법》은 그렇게 쓰인 것이지요. 나치의 패망 이후, 두 망명객은 독일로 귀환했고 두 지식인은 나치즘이라는 인류 역사에서 되풀이되어서는 안 되는 퇴행현상을 설명한 공로로 존경받는 지식인으로서의 삶을 살았습니다.


## 오늘날은 무엇이 달라졌을까요?


아도르노와 호르크하이머를 망명의 상태로까지 몰아간 그 파국의 기원은 어디에서 찾을 수 있을까요?《계몽의 변증법》의 저자들은 우리가 이미 읽은 《오뒷세우스》의 분석을 통해 오뒷세우스의 귀향은 자연을 정복하는 과정이며, 자연 정복의 과정에서 오뒷세우스라는 서양적·계몽적·남성적 주체가 형성되었다는 결론을 내렸습니다. 계몽적 주체는 자연을 정복해나갔는데 그 과정에서 인간의 일부가 피지배 대상으로 전락하게 됨을 놓치지 않은 것입니다.

대서양을 건너 라틴아메리카 대륙으로 건너간 유럽인은 대서양을 횡단함으로써 대서양이라는 자연을 정복했습니다. 자연 정복은 곧 인간 정복이기도 했습니다. 아메리카 대륙에 상륙한 유럽 남성은 원주민을 계몽되지 않은 야만인, 즉 자연의 상태에서 벗어나지 못한 존재로 보고 정복했습니다. 그래서 원주민은 서양적 남성주체의 자연 정복 과정에서 피지배의 상태로 전락했습니다. 《인디오의 변덕스러운 혼》에서 살펴본 인디오의 역사에서 확인했던 것처럼요.

나치는 패망했고, 제2차 세계대전도 끝났고, 현대적 야만의 희생자였던 아도르노와 호르크하이머도 독일로 돌아갔습니다. 종전 이후 상당수의 식민지가 독립을 했습니다. 《인디오의 변덕스러운 혼》의 무대 라틴아메리카도 더 이상 포르투갈과 에스파냐의 식민지는 아닙니다. 투피남바족이 살던 브라질은 일찌감치 1822년 독립국가가 되었습니다. 인류는 잠시의 퇴행을 뒤로하고 제2차 세계대전 이후 다시 진보하기 시작했을까요?

《인디오의 변덕스러운 혼》을 낳은 시대의 야만은 사라졌을까요? 브라질은 포르투갈로부터 독립했으니, 지구는 억압이 사라진 보다 자유로운 공간으로 변화했을까요? 《계몽의 변증법》이 발표된 지 한 50년쯤 후에 두 명의 여성이 우리가 살고 있는 시대의 안녕을 묻기 시작합니다.

1세계 독일의 여성 사회학자 마리아 미스와 3세계 인도의 여성 물리학자 반다나 시바는 서양적 남성주체의 희생자였던 남성 지식인 두 명이 쓴 《계몽의 변증법》의 분석을 물려받아 우리가 살고 있는 시대의 전지구적 차원의 지배-피지배 관계를 묻습니다. 그들은 "세계화가 자연과 여성에게 무엇을 의미"하는지 성찰하며 인류세Anthropocene(인류문명의 발전에 의한 지구환경의 변화를 강조하기 위해 만든 지질시대의 구분 중 하나로 기후변화, 생물다양성의 상실, 화석연료 사용과 핵실험에 의한 퇴적물의 변화를 주요 특징으로 하는 시대)를 살아가고 있는 우리가 직면한 전지구적 문제의 근원과 그 문제로부터 벗어날 수 있는 "모든 대륙을 가로지르는 움직임에서 발견되는 풀뿌리 에너지"(《에코페미니즘》, 5쪽)를 발견하기 위해 언젠가 아도르노와 호르크하이머가 그랬던 것처럼 대화를 나눕니다. 1992년 6월 브라질의 리우데자네이루에서 열린 '환경과 개발에 관한 UN회의'가 개최된 지 1년 후 마리아 미스와 반다나 시바가 나눈 대화의 기록인 《에코페미니즘》이 출간되었습니다.


## 마리아 미스와 반다나 시바는
## 서로의 차이를 잘 알고 있습니다


아도르노와 호르크하이머는 같은 시절 대학을 다녔고, 철학자, 유대인, 독일인, 망명객이며 귀환 후 존경받는 지식인으로 삶을 마감했다는 점 등에서 기질적, 성격적 차이를 제외하면 그들의 사회적 삶은 매우 동질합니다. 《계몽의 변증법》이 공동저작으로 발표될 수 있었던 것은 어디까지나 아도르노와 호르크하이머를 관통하는 이런 공통성의 힘이 있었기 때문일 것입니다.

《계몽의 변증법》의 문제의식을 물려받았지만 《에코페미니즘》의 공동저자 마리아 미스와 반다나 시바 사이에는 공통점보다 오히려 차이가 더 강합니다. 그리고 로스앤젤레스의 거실에 모여 나치즘이라는 현대적 야만을 낳은 사고방식을 분석하고 《오뒷세이아》에서 그러한 사고의 원형을 발견한 아도르노와 호르크하이머와 달리, 마리아 미스와 반다나 시바는 "함께 독서하고 토론하는 과정을 통해 오랜 기간 동안 지속적으로 대화하며 작업"(《에코페미니즘》, 47쪽)하는 방식으로 공동저작을 쓸 수 있는 형편이 아니었습니다. 지구적 불평등을 흔히 남북문제(선진산업국이 주로 북반구에 있고 남반구에 개발도상국이 있음에 착안해 잘사는 나라를 북北으로 못사는 나라를 남南으로 표현하는 것)라 표현하는 데 반다나 시바는 이른바 남에 속한 인도인, 마리아 미스는 그 반대편인 북에 속하는 독일인이기 때문입니다. 남과 북의 지리적 거리 차이뿐만 아니라 각자 훈련받은 배경에도 차이가 있습니다. 반다나는 환경운동 출신의 이론물리학자인 반면 마리아는 여성운동 출신의 사회과학자이지요.

이 둘은 자기들의 차이를 명확히 알고 있어요. 그런데 둘은 또 믿죠. "우리의 차이—인도인과 독일인, 자연과학자와 사회과학자, 환경운동과 페미니즘 운동—가 장애물이 아니라 자양분이며 힘의 원천"(《에코페미니즘》, 42쪽)이라고 믿습니다. 1세계와 3세계의 자연과학과 사회과학의 차이 그리고 생태운동과 페미니스트 운동 사이의 차이를 분명히 인식하면서 차이를 자양분으로 삼아 공동목표인 달라진 미래를 상상합니다. 이들은 "북이 남을 지배하고, 남성이 여성을 지배하며, 갈수록 더욱 불평등하게 분배되는 경제적 이익을 위해 점점 더 많은 자원을 광적으로 약탈하며 자연을 유린하는 세계 구조의 내재적 불평등의 문제"(《에코페미니즘》, 49쪽)를 여러 방식으로 분석하여 서양적·계몽적·남성적 주체가 만들어놓은 억압의 체계에서 벗어나려는 미래의 꿈에 합의합니다. 《에코페미니즘》에서는 그리하여 인류세 시대의 악몽과 달라진 미래에 거는 희망이 교차합니다.

마리아 미스와 반다나 시바가
지구적 억압 체계를 논의하는 테이블로 우리를 초대합니다

《계몽의 변증법》은 어디가 아도르노의 생각이고 어느 부분이 호르크하이머의 생각인지를 구분하는 것이 불가능하고 무의미할 정도로 공동저작의 모범이라 할 만큼 화학적 융합에 성공한 경우입니다. 반면 《에코페미니즘》은 공동으로 작성한 서론을 제외하고는 각 장을 마리아 미스와 반다나 시바가 번갈아가면서 집필했습니다.

공저이면서 화학적 결합이 돋보이지 않기에 《에코페미니즘》은 체계성과 일관성이 부족한 건 사실입니다. 우리는 이 약점을 오히려 장점으로 전환시키는 독서법을 사용하려고 합니다. 이 책의 각 장을 상대방에게 보내는 교환편지라고 이해하면 어떨까요?

마리아 미스와 반다나 시바는 각자 독일과 인도에서, 여성운동과 환경운동을 계속합니다. 그리고 이론물리학과 사회과학이라는 각자의 전문영역 연구를 하면서 전지구적 차원의 지배 문

제를 우리 시대의 핵심 문제로 여긴다는 근심의 공동성에 기반하여 서로에게 편지를 띄우는 겁니다. 그 편지를 받은 사람이 답장을 쓰지요.

독일 여성 마리아 미스가 첫번째 편지를 보냅니다. 반다나 시바는 1세계의 독일 여성의 말을 들은 후, 인도의 관점에서 그리고 3세계 여성의 관점에서 부족한 점을 보충합니다. 인도 물리학자의 이야기를 경청한 독일의 사회학자 마리아 미스는 1세계 사회학자의 입장에서 이야기를 더해가면서 편지가 오갈수록 내용은 점점 풍성해집니다. 이런 상상을 하면서 읽으면 어느새 이 책의 단점은 장점이 됩니다. 시차를 두고 주고받는 필담 특유의 차분함과 생동감 그리고 상호 존중하는 분위기를 만끽하면서 전문가가 나누는 수준 높은 대화가 담긴 교환편지를 읽고 있노라면 기분이 좋아지지요.


이들의 모든 차이에도 불구하고
근심은 동일합니다


1984년 12월 2일 인도의 보팔에 있는 유니언카바이드 살충제 공장에서 40톤이 유독가스가 방출되어 3천 명이 목숨을 잃은 재난이 발생했습니다. 전형적인 남과 북의 문제입니다. 북의 산업국가는 위험산업을 가난한 나라인 남으로 이전하고, 남의 국가들은 빠른 성장만을 우선시하는 발전 전략을 채택한 나머지

GDP의 성장을 가능하게 하는 것이라면 그 산업이 얼마나 생명과 자연에 위험한지를 따지지 않고 무조건적으로 수용한 결과입니다. 보팔 공장의 사고로 인해 인도 노동자와 주민이 희생당했지만, 이는 인도만의 문제가 아닙니다. 이 문제를 해결하기 위해서는 자본주의적인 개발주의와 시장 원리 우선시에 대한 비판적 시각과 더불어 세계체제라는 관점에서 1세계와 3세계의 지배-피지배 관계를 분석하는 것이 필요합니다.

마리아 미스와 반다나 시바는 지금 현재의 지배적 체제를 '자본주의 가부장제 세계체제'(《에코페미니즘》, 49쪽)라고 명명하고 이 체제의 한계를 극복하기 위해 미래를 함께 상상합니다. '자본주의 가부장제 세계체제'는 "여성 및 '이異'민족과 그들의 땅을 식민화함으로써 생겨나 뿌리내리며 유지되고, 자연 역시 식민화하고 점차 파괴"(《에코페미니즘》, 49쪽)하는 체제입니다. 인류세의 위기를 가져온 환경재앙의 원인은 '근대화' 및 '개발'이 '진보'라고 칭송했던 것에서 찾을 수 있습니다. 경제개발은 또한 이윤을 우선시하는 자본주의적 생존논리에 기반을 두고 있습니다. 과학과 기술은 중립적이라는 이데올로기를 내세웠는데, 그것은 결코 젠더 중립적이지 않음에 대한 인식이 '자본주의 가부장제 세계체제'라는 표현 속에 담겨 있습니다.

## 자본주의 가부장제 세계체제의 뿌리에는
## 주체-객체의 철학이 있습니다

젠더에 의한 지배-피지배, 1세계와 3세계의 지배-피지배, 인간에 의한 자연 지배가 얽혀 있는 체제가 '자본주의 가부장제 세계체제'이기에 인류세 시대의 전지구적 문제를 하나의 관점에서만 살펴보면 한계가 있습니다. 자본주의만을 문제 삼는 좌파의 논리, 가부장제만을 문제 삼는 페미니즘, 3세계와 1세계의 불평등만을 문제 삼는 종속이론, 인간의 자연 지배만을 문제 삼는 환경주의의 좁은 틀에서 벗어나 마리아 미스와 반다나 시바는 이윤 추구형 개발주의와 식민주의, 인간중심주의, 주체와 객체 철학의 한계까지 복합적으로 사유하지요. 그런 점에서 《에코페미니즘》은 인류세 시대의 비판적 인문과학이 지향해야 할 패러다임을 잘 보여줍니다. 게다가 《에코페미니즘》은 《교양 고전 독서》에서 '지배'를 키워드로 읽어낸 모든 책의 종합판이라 해도 과언이 아닐 정도로 스펙트럼이 넓습니다.

복합적 억압 체계의 철학적 기초라 할 수 있는 주체-객체의 철학은 서양 근대철학의 출발점인 르네 데카르트René Descartes로부터 시작하죠. 데카르트는 전형적인 심신心身 이원론자입니다. 그는 여러 가지 이분법들을 만들어내는데 "나는 생각한다. 고로 존재한다cogito ergo sum"에서 '코기토cogito'는 사유한다는 뜻이고 사유는 주체의 몫입니다. 그는 주장합니다. "나는 존재한다. 나는 현존한다. 확실하다. 그러나 얼마 동안? 물론 내가 사유하는 동안. 왜냐하면 어쩌면, 내가 모든 사유를 그친다면, 나는 그 즉시 존재하기를 완전히 멈추는 일이 생길 수도 있기 때문이다."(《제일철학에 관한 성찰》, 48쪽) '정신res cogitans'의 사유대상은 '물체勿體, res extensa'입니다.

'물체'는 객체라고 표현해도 되고, 자연으로 구체화될 수도 있습니다. 지배-피지배 관계를 주체-객체의 이분법 틀에 따라 정리를 해볼까요? 사유하는 주체를 남성이라 간주하면, 사유의 능력이 없다고 간주된 여성은 '물체'입니다. 여성이 사유의 대상이 된다면 여성의 자리에 여성적인 것으로 치부된 다른 것이 자리잡을 수 있습니다. 호메로스 서사시 《일리아스》에서 아가멤논과 아킬레우스가 전쟁의 전리품인 여성을 두고 싸움을 벌였던 것도 바로 이런 사고방식이에요. 여성은 사유하는 '정신'이 아니라 '물체'에 불과하니 흥정과 교환의 대상일 수 있다는 것이죠.

데카르트가 사유의 주체와 사유의 대상이 되는 물체를 구별할 때도 중요한 심신 이원론적 이분법이 등장합니다. "물체는 그 본성상 언제나 가분적이지만 정신은 전적으로 불가분적이라는 점에서 정신과 물체 사이에 커다란 차이가 있다는 것이다."(《제일철학에 관한 성찰》, 118쪽)

정신이 분리될 수 없는 속성을 지닌다면, 물체는 분리될 수 있습니다. 신체는 '물체'입니다. "신체 전체와 정신 전체가 합일된 것으로 보인다고 해도, 그럼에도 불구하고 나는 다리, 팔 또는 임의의 다른 신체 부분들이 절단된다고 해서, 정신에서 감해지는 것은 아무것도 없음을 인식한다."(《제일철학에 관한 성찰》, 119쪽)

신체에서 팔만을 잘라낸다 하더라도 불구가 되기는 하지만 신체는 유지될 수 있습니다. 인간의 신체가 '물체'이기 때문에 가능합니다.

오뒷세우스는 자신을 계몽적 주체로 보니 사유의 능력이 있는 주체입니다. 자신이 '정신'의 존재라면 오뒷세우스에게 그의 부하는 '물체'에 불과합니다. '물체'인 부하들의 양적 크기가 100이라면 외연이 96으로 줄어들어도 상관없습니다. 이 논리에 따라 오뒷세우스 일행이 스퀼라와 카뤼브디스 사이를 지나갈 때 고민하지 않고 카뤼브디스를 선택할 수 있었던 것이지요(이 책의《오뒷세이아》편을 참고해보세요).

지배자의 입장에선 피지배 대상은 모두 사물(객체)에 불과합니다. 제가 왕이라고 간주해보죠. 저는 유일한 주체입니다. 여러분은 통치의 대상인 백성입니다. 주체인 왕에게 여러분은 객체이자 물체입니다. 백성 한 명이 죽어도 왕은 슬퍼하지 않습니다. 물체인 백성은 줄어들 수도 있고 늘어날 수도 있는 거니까요. 주체인 왕은 인구의 총량만을 생각하지 인구를 구성하는 한 명 한 명이 주체라고 생각하지는 않으니까요. 데카르트적인 이분법적인 시각에는 은근슬쩍 지배자의 논리에 내재되어 있는 것입니다. 이런 사유가 더 확장되면 베이컨의 그 유명한 명제 "아는 것이 힘", 즉 권력이라는 명제가 도출됩니다. 앞서 살펴보았듯이 오뒷세우스가 폴리페모스를 제압한 힘은 '정신'의 힘이었죠.

근대적 사유방식을 구성하고 있는 주체-객체 철학이 유럽에서 뿌리 내리는 시기는 유럽이 확장하고 팽창하는 시기와 겹칩니다. 그들은 아메리카 대륙을 발견했습니다. 라틴아메리카에 원주민이 살고 있습니다. 그들은 객체이며 지성적이지도 이성적이지도 않은 존재입니다. 권력은 이성적인 서양적 남성주체인 에스파냐 정복자에게 있습니다. 라틴아메리카 대륙으로의 확장, 즉 라틴아메리카가 지배의 대상으로 전락하는 것은 당연합니다. 그것은 폭력이 아니라 이성이 없던 곳, 기독교 신앙이 없던 곳에 새로운 빛을 비추는 신성하고 은혜로운 행위이니까요.

'물체'인 자연은 '정신'을 지닌 주체를 위해 존재합니다. 정신을 지닌 인간이 영혼 없는 물체에 불과한 자연을 인간의 목적을 위해 이용하는 건 당연한 권리로 해석됩니다. 자연은 비용을 지불하지 않고도 이용해도 되는, 정복하는 자의 전리품입니다. 이런 사고방식에 따라 유럽인은 라틴아메리카 대륙에 원주민의 의사와 상관없이 그 땅을 사유화했던 것이지요. 자신들이 발견하고 정복한 자연은 자신들의 것이며, 원래 그 땅에 살고 있던 원주민은 사유의 주체라는 지위를 부여받을 수 없습니다.

1세계가 3세계를 식민화할 때 감행한 영토 침탈도 마찬가지입니다. 복음을 전파하는 자가 하느님의 땅을 넓힌 거니, 그 땅은 하느님을 믿고 있는 우리가 가져도 된다는 생각은 자연을 전리품으로 여기는 지배자의 사유방식과 일맥상통하는 것입니다. "일부 범주의 사람들(유럽의 남성)만이 '인간화'되고 그들만이 이성과 역사와 자유의 영역에 들어가는 것은 다른 범주의 사람들(갈색인, 흑인, 여성)을 '자연화'하는 것에 변증법적으로 토대를 두고 있으며, 후자의 사람들은 이제 '야만인'으로, 즉 순전히 생물학적이고 이성과 윤리의 역사가 결여되어 있으며 생물학적 재생산의 끝없는 순환에 그 존재에 묶여 있는 것으로 정의된다."《에코페미니즘》, 306-307쪽)

남성 중심주의엔 인종적인 관점이 개입됩니다. 백인 남성만 사유능력이 있는 계몽된 주체로 인정됩니다. 백인 남성이 아닌 다른 존재인 백인 여성, 유색인 여성, 유색인 남성은 백인 남성의 지도를 받아야 하는 미숙한 존재이며, 백인 남성은 침략자가 아니라 미숙한 자연적 존재를 교화시키고 계몽시켜 야만의 상태에서 문명의 상태로 올려주는 해방자라는 사고방식이 등장합니다.

이런 사고방식이 연장되면 전 지구적인 식민지배 체제가, 이윤 확보를 위한 자연의 무차별적인 정복과 파괴가, 타자로 취급된 인간에 대한 무자비한 지배가 죄의식 없이 자행되며 우리는 그 결과 파국을 물려받았습니다. 이제 우리는 그 과거와 절연하고 새로운 미래로 나아가야 합니다. 자연 정복의 자리에 생태주의적 관점이 미래의 대안으로서 가능성이 있습니다. 마리아 미스와 반다나 시바는 생태주의를 자연 지배적 세계관으로부터 절연할 수 있는 기회로 보지만 생태주의만으로는 부족하다고 생각합니다.


**생태주의와 페미니즘을 재정의합니다**

이 지구는 우리만의 것이 아니며 미래 세대에게 맑은 물과 깨끗한 공기를 물려줘야 한다는 주장은 생태주의의 기본 요구라 할 수 있습니다. 이러한 관점의 생태주의는 자연보호, 환경보호라는 뉘앙스가 강합니다. 미스와 시바가 볼 때 보호 측면의 생태주의는 그 자체로 의미는 있지만 한계가 있습니다. 추상적 보편성으로서의 '우리'라는 허구성 위에 기반하고 있기 때문입니다. 앞서 살펴본 보팔 공장 참사가 환경보호라는 좁은 의미의 생태주의의 한계를 잘 보여주고 있습니다. 환경적으로 치명적인 위험을 낳은 공장을 북에서 남으로 이전하면서, 북의 국가는 환경보호에 성공했다고 할 수 있겠으나 가난한 남의 국가는 환경 위험을 물려받았습니다. 세계체제론적 관점을 결여하면 생태주의는 허망한 구호가 될 수 있습니다.

1세계 내에서 환경규제가 강화되면 쓰레기와 공해산업은 3세계 국가로 이전됩니다. 3세계 국가 중 일부는 이윤 추구라는 시장주의적 원칙에 충실하여 쓰레기 자체를 수입하기도 하고 각종 환경오염을 유발하는 공해산업을 1세계로부터 유치합니다. 이 점을 도외시한 채 우리 모두를 위한 지구, 다음 세대를 위한 맑은 물과 깨끗한 공기라는 환경보호 캠페인은 추상적인 탁상공론에 불과하다는 것입니다. 생태주의는 자본주의 세계체제론의 분석과 결합되어야 하는 이유가 이것입니다.

자유주의 페미니즘의 한계에도 이들은 주목합니다. 오드리로드는 연설문 〈주인의 도구로는 주인의 집을 무너뜨릴 수 없다〉에서 지배를 비판하기 위해서는 새로운 언어가 필요하다는 주장을 했는데 그 부분을 한번 잠깐 읽어볼게요. "우리 여성들 사이에 존재하는 수많은 차이를 성찰하지 않으면서, 또 가난한 여성, 흑인 여성과 제3세계 여성, 레즈비언 여성들의 중요한 이야기를 외면하면서, 페미니즘 이론을 논한다는 건 오만한 탁상공론에 불과한 일이 될 것입니다."(《시스터 아웃사이더》, 174-175쪽)

《에코페미니즘》은 오드리 로드의 지적에 대한 응답과도 같은 책이에요. 1세계 여성과 3세계 여성은 여성이라는 공통점은 있지만, 그것만으로는 부족합니다. 각 여성이 처한 구체적 상황은 계급과 인종에 따라 분화됩니다. 우리가 여성의 공통성에 관해서 이야기하면서도 여성 내부의 차이에 관해서 주목하지 않으면 탁상공론에 불과하다는 것이 오드리 로드의 주장이었는데, 이 책은 1세계 여성과 3세계 여성이 지나온 근대의 여정을 비판적으로 검토하면서 미래를 설계하는 책입니다.

오드리 로드는 백인 페미니스트 대회에서 야단치듯 내뱉었습니다. 백인 중산층 이상의 페미니스트가 모여서 페미니즘에 관해 이야기하는 것은 가사노동을 대신하고 있는 3세계 여성이 있었기 때문에 가능한 것이 아니었겠느냐고 로드는 반문했지요. 로드의 주장을 이들은 받아들입니다. 마리아 미스와 반다나 시바는 자유주의 페미니즘의 한계를 외면하지 않습니다. 3세계 여성의 희생 위에 1세계 여성이 페미니즘적 성과를 얻는다면, 그 성과를 위해 지구 다른 한편에서 여성이 억압받고 있다면 그게 다 무슨 소용이겠느냐는 주장입니다. 세계체제론적 관점 없이 여성과 남성의 대립이라는 관점에서만 바라보는 페미니즘은 전 지구적 억압 체계 앞에 무력해질 뿐입니다. 그래서 그들은 1세계의 교육받은 중산층 여성의 권리신장만을 가져올 뿐인 자유주의 페미니즘의 한계를 돌파하고자 합니다.

마리아 미스는 특히 시몬 드 보부아르Simone de Beauvoir를 강력 비판합니다. 보부아르는 사르트르가 그랬던 것처럼 헤겔식 주인과 노예의 변증법의 이원론에서 벗어나지 못했고, 헤겔식 관점에서만 페미니즘 운동을 성찰한 결과 페미니즘 운동의 목표가 잘못 설정되었기 때문입니다. 헤겔의 주인과 노예의 변증법은 전형적인 이원론이죠. 노예는 주인의 명령에 따라 노동을 하는데 주인은 권력을 장악해 지배자의 위치에 올랐지만 노동을 노예에게 전가시켰기에 주인은 자기계발의 기회를 상실합니다. 피지배자였던 노예는 지배받는 사람이었기 때문에 노동을 통해 자신의 능력을 계발할 수 있게 됩니다. 종국에는 주인과 노예의 관계가 전도되어 주인이 노예가 되고 노예가 다시 주인이 된다는 것이 헤겔식 주인과 노예의 변증법으로 살펴본 지배-피지배 관계입니다.

마리아 미스는 여성이 남자의 권리, 즉 주인이 가지고 있는 권리와 동일한 권리 획득을 위해 싸워야 한다는 자유주의적 페미니즘의 목표만으로는 충분하지 않다고 생각합니다. 주인과 노예가 단순 전도된다고 해도 지배-피지배 관계의 틀은 변하지 않는다는 점 때문입니다. 마리아 미스는 지배-피지배 관계의 해체 가능성을 고민합니다. 왜 인간과 인간 사이의 관계는 지배와 피지배의 관계로만 환원되는 것일까? 인간 사이에 공생의 관계, 수평적 관계는 불가능한가? 우리가 진짜 달라진 미래를 꿈꾼다면 지배 체제의 주인 자리가 다른 사람에 의해 교체되는 것이 아니라 지배 체제 자체를 해체하는 것을 꿈꿔야 한다는 것입니다.

## 에코페미니즘은 다른 수단으로 다른 미래를 꿈꿉니다

계몽주의 철학은 미성숙한 상태에서 벗어나 성인의 상태로 옮겨간 계몽된 주체의 특징으로 자율성과 그에 기반을 둔 자기 결정권을 꼽습니다. 주체의 자율성이란 "타자(자연, 다른 인간들, 주체의 '열등한' 부분)의 타율성(남에게 지배받음)을 근거"(《에코페미니즘》, 372–373쪽)로 합니다. 자기 결정권을 우월한 것으로 언급할수록 자기 결정권이 없다고 간주된 여성, 원주민, 자연, 3세계 국가는 역량이 없는 존재이며 역량을 지닌 서양적·계몽적·남성적 주체에 의해 보호받거나 정복되어야 하는 대상으로 간주됩니다. 마리아 미스가 볼 때 자기 결정권은 재산 소유자 남성, 인종적으로 좁히면 백인 남성, 지역적으로 좁히면 서양의 남성만 누릴 수 있는 덕목입니다. 그러니 자기 결정권은 한 개인의 자질이나 탁월성을 보여주는 것이 아니라 그 사람이 지배집단의 일원임을 보여주는 표지입니다.

그러면 서양적·계몽적·남성적 주체의 반대극에 있는 비백인, 비남성, 비인간 주체는 어떤 선택을 할 수 있을까요? 이 틀이 유지되는 한 유일하게 가능한 전략은 서양적·계몽적·남성적 주체를 '따라하기'입니다.

자기 결정권이 있는 사람만이 '따라하기'를 성공적으로 할 수 있을 것이라 간주됩니다. 만약 피지배 상태에 있는 주체가 자기 결정권을 획득하여 '따라하기'를 완수해 마침내 '전도'에 성공했다고 간주해봅시다. 지배자의 위치에 있는 사람이 교체된 것일 뿐, 지배-피지배 관계는 전혀 손상을 입지 않았습니다. 에코페미니즘은 지배-피지배 관계의 전도가 아니라 지배-피지배 관계의 해체를 목표로 삼기에 '따라하기'를 모범으로 삼지 않습니다. 자기 결정권은 기본적으로 지배자가 자기의 지배를 정당화시킬 때 사용하는 논리이기에 지배-피지배 관계의 해체를 목표로 하는 사람은 지배자의 논리를 되풀이해서는 안 됩니다. 오드리 로드가 "주인의 도구론 주인의 집을 허물어뜨릴 수 없다"고 외쳤던 것처럼요.

그렇기 때문에 다른 수단, 다른 언어가 필요합니다. 공생의 윤리는 다른 언어입니다. 인간과 자연의 공생, 인간과 비인간의 공생, 남과 북의 공생, 서로 다른 인종의 공생, 여성과 남성의 공생을 불가능하게 만드는 요인이 무엇인지 탐색하고, 그걸 극복해 궁극적으로 공생의 가능성을 실현하는 것이 에코페미니즘이 꿈꾸는 미래입니다. 그 미래를 향한 방향의 지침을 우리는 이렇게 정리해볼 수 있습니다.

첫째, 지식과 권력의 결합관계는 전도되는 게 아니라 해체되어야 합니다. 여성이 남성보다 더 많이 배운다고 문제가 해결되는 것은 아닙니다. 단순 전도는 전지구적 억압을 해결할 수 있는 수단이 될 수 없습니다. 여성은 배워야 하지만 그 배움의 목적은 전도가 아니라 지식과 권력의 결합관계를 해체하기 위해서입니다.

생각학교가 내걸고 있는 "배워서 남 준다"는 "아는 것이 힘(권력)이다"라는 근대적 계몽적 주체의 구호를 해체하고자 만들어진 구호이지요. 우리의 지식이 모두가 더 나아지는 방향으로 가기 위해서는 '아는 것'은 독점되어 권력의 기반이 되고 지배의 수단으로 사용되는 것이 아니라 공유되어 지식과 권력의 결합을 해체해야 합니다.

둘째, 이 방향을 모색하려고 하면 가치 중립적인 과학은 가능하다는 신화적 믿음에서 벗어나는 게 중요합니다. 아이리스 매리언 영의 《차이의 정치와 정의》에서 대놓고 편드는 게 필요하며, 중립적인 것은 때론 위선임을 지적했습니다. 기계적 중립을 내세우는 자들의 논리는 지배자의 세계관을 답습한 경우가 많지요. 기계적 중립으로는 세계의 변화를 불러일으킬 수 없습니다. 아무것도 변하지 않으면 유리한 사람은 지배하는 사람입니다. 에코페미니즘은 현재를 지배 체제로 규정하기에 변화를 꿈꿉니다. 그렇기에 에코페미니즘은 변화를 가능하게 하는 주체를 대놓고 편듭니다. 지 카스트루가 왜곡된 지배의 역사를 해체하기 위해 잠들어 있던, 들리지 않았던 인디오의 목소리를 세상에 전하기 위해 대놓고 인디오의 편을 들었던 것처럼요.

셋째, 아래로부터의 시각이 필요합니다. 민중으로부터의 배운다는 시각이라고 바꿔봐도 됩니다. 민중적 지식과 전문 학자의 지식 사이에는 오래된 위계관계가 있습니다. 소수의 배운 사람만이 지식을 독점하고, 민중은 무지렁이에 불과하다는 이분법적 대조에 기반해 "아는 것이 힘(권력)이다"라는 테제가 작동해왔습니다. 민중은 이 전제처럼 무지몽매한 존재일까요? 에코페미니즘은 민중이 근대적 학문분과의 지식 체계와는 다른 방식으로 작동하는 토박이 지식 보유자임에 주목합니다. 가르치고 교화하는 대상으로 민중을 간주할 것이 아니라 거꾸로 학자들이 민중 속으로 들어가서 민중의 토박이 지식으로부터 무엇인가를 배워야한다는 것이지요. "연구자와 '연구대상' 간의 수직적 관계 즉 위로부터의 시각은 '아래로부터의 시각'"(《에코페미니즘》, 102쪽)으로 바뀌어야 하는 것이지요.

넷째, 에코페미니즘은 사변적이고 개입을 회피하는 관찰자 지식과는 거리를 둔 여성해방을 위한 적극적 참여 행동과 운동과 투쟁의 다른 이름입니다. 에코페미니즘은 현재의 지배 체제를 해체하는 것을 목적으로 삼습니다. 변화가 이루어지기 위해선 뭔가 행동이 있어야 하죠. 행동하지 않으면 변화라는 것은 일어날 수 없는 거니까요.

### 3세계의 여성과 연대하여
### 그들로부터 배웁니다

시바는 인도 여성들이 가지고 있는 민중적 지식의 가능성을 토착 인도 여성의 경험을 통해 우리에게 알려줍니다. 근대적 지식이 단일성을 추구한다고 하면 3세계 여성의 토착 지식은 놀라운 다양성의 체계입니다. 근대과학, 계몽적 주체에 의한, 유럽적 주체에 의한, 남성적 주체에 의한 과학이 수백 년 동안 진행되어 왔으면서도 공생 가능성을 제시하지 못했는데 이미 인도 여성에겐 그 실마리가 있습니다.

다국적 종자회사와 결합한 다국적 식품회사의 과학적·근대적·서양적 농사법(자연지배적인 단일농법)과 토착 농법을 비교하면서 반다나 시바는 공생의 가능성을 인도 여성의 삶으로부터 제시합니다. 조금 길지만 함께 읽어보겠습니다. "비료를 생산하고 준비하는 과정에서 여성들은 기술과 지식이 필요하다. 종자를 준비하려면 그들은 종자분비와 발아에 필요한 것들과 적합한 토양의 성질에 관해 알아야 한다. 종자를 준비하는 데는 시각적인 분별능력, 정교한 모터조정법, 습도와 날씨 조건에 대한 민감함 등이 요구된다. 종자를 뿌리고 심는 데는 계절, 기후, 식물의 요구, 기상조건, 세부 기후요인들과 토질향상 등에 대한 지식이 필요하며, 신체적인 요령과 힘도 필요하다. 식물을 제대로 가꾸려면 식물 질병의 성질, 가지치기, 막대로 지탱하기, 물대기, 동반 작물, 천적, 배열, 생장기에 토양유지에 대한 정보를 알아야 한다. 꾸준함과 인내와 육체적인 힘, 식물의 요구에 대한 관심도 필수적이다. 수확에서도 기후, 노동력, 등급에 대한 판단력과 보존할 것과 즉시 쓸 것, 종자용에 대한 지식이 필요하다."(《에코페미니즘》, 288쪽) 전문분야 사이의 칸막이 치기에 의한 근대적·서양적 학문의 체계의 전문가는 해당 분야의 범위를 넘어서면 '전문가 바보'가 됩니다. 반면 인도 여성의 농법은 전문분야의 분절화가 아니라 각 분야를 횡단하는 통합적 지식에 근거하고 있다는 것이지요.

인도 여성의 가축에 관한 토착 지식은 그 자체가 상호연관성의 지식이며 통섭의 지식입니다. "여성의 지식은 토착 낙농업에서도 대들보 역할을 했다. 인도에서는 농촌 여성들이 주로 꾸려가는 낙농업은 유럽과 북미에서 들여와서 인도의 정규 교육기관에서 낙농과학으로 가르치는 것과는 상당히 다르다. 여성들은 소와 들소뿐 아니라 돼지와 닭, 오리, 염소 등을 키우는 데도 전문가였다."(《에코페미니즘》, 288쪽) 근대적 과학 체계에 의한 전문가는 한 가지 동물의 전문가입니다. 반면 인도 여성은 집에서 기르는 모든 동물을 알고 있지요. 그래서 인도 여성은 한 동물에게 나타나는 변화가 다른 동물에 끼치는 영향을 잘 알고 있습니다. 토착 민중의 지식을 통해 축적한 그들의 통합적 지식은 농업과 산림 자원의 종다양성을 지키는 핵심적 방법을 터득하고 있습니다.

인도 여성의 논리로 보면 종자는 여성 농민에게는 생물다양성이라는 내재적 가치를 지니지만, 국제적인 종자회사의 관점에서는 생명공학 산업을 위한 원료로서만 가치를 지닙니다. 종자회사는 이른바 터미네이터 종자를 상품으로 개발합니다. 씨를 걷어서 뿌려도 그 작물이 안 나오게끔 유전자 조작을 거친 씨앗이지요. 터미네이터 씨앗 개발로 악명 높은 몬산토(현재는 바이엘에 인수합병되어 몬산토라는 기업명은 더 이상 존재하지 않습니다) 같은 다국적 종자회사의 관점과 달리 인도 여성에게 종자는 생명의 지속 그리고 자연과 인간이 계속 대화하는 호흡의 연결고리입니다.

다국적 종자회사와 식품회사에게 쌀은 그저 수확량으로 표현되는 식량일 뿐이지만, 인도 여성은 쌀은 식량이자 동물 사료이고 지붕을 덮을 수 있는 건축재료이기도 합니다. 자본의 논리가 사물을 하나의 용도로 환원한다면 인도의 농촌에서는 하나의 생명이 다른 생명과 맺는 연결고리를 충분히 활용하는 기법이 도처에 널려 있습니다. 인도 여성은 생물다양성의 관리자였는데, "생물다양성을 개발하고 보존하는 그들의 역할은 비노동이요 비지식이라 치부"(《에코페미니즘》, 289쪽)되어 지금까지 주목되지 못했을 뿐입니다. 미래는 인도 여성의 토착 지식 속에 맹아적으로 존재함을 반다나 시바는 그들의 목소리를 듣지 못했던 우리에게 알려줍니다.

## 마리아 미스는 1세계에서 답습되는
## 지배의 문제를 찾아냅니다

1세계 여성인 마리아 미스는 반다나 시바의 편지를 받고 1세계에서 발생하는 인간 재생산으로까지 성찰을 확대합니다. 1세계에서 자본은 불임치료를 위한 방법에 집중 투자합니다. 돈이 되기 때문이지요. 반대로 3세계에서는 국가가 다국적 제약회사와 결합하여 피임과 낙태의 강요라는 형태로 여성의 신체에 대한 지배를 강화하고 있습니다. 양태는 다른 것처럼 보입니다. 생명공학은 1세계 여성을 상대로는 불임과 난임 치료로, 3세계 여성을 상대로는 피임 기술로 이윤을 추구합니다. 그로 인해 1세계 여성과 3세계 여성 건강이 동시에 위협받고 있다는 점은 차이가 없습니다.

3세계의 사회문제는 인구증가입니다. 인구증가를 조절하기 위해 3세계에서는 국가의 개입이 횡행하지요. 국가는 여성의 몸을 국가적 목표 달성을 위한 도구 그 이상 그 이하로도 취급되지 않습니다. 어머니와 아이의 공생관계는 자본의 논리에 의해 훼손됩니다. "성차별적 편견은 새로운 재생산기술과 유전공학의 모든 단계에 스며들어 있다. (중략) 여기서는 엄마와 아이 간의 공생관계가 파괴될 뿐 아니라 전과정이 의료전문가들에 의해 합리화되고 대상화되며 계획되고 통제된다. (중략) 이 새로운 재생산기술에서는 하나의 온전한 대상도 못되고 떼어내어 검사하고 재조합하고 팔아먹고 빌려주거나 혹은 실험이나 수정에 사용되지 않는 난자처럼 그저 버려질 한 묶음의 대상들에 불과하다. 이는 인간으로서, 개인으로서, 나누어질 수 없는 온전한 존재로서 여성의 완전성이 파괴됨을 뜻한다."《에코페미니즘》, 317쪽) 여성의 몸에 어떤 일이 벌어질지 아직까지 입증이 되지 않았는데, 3세계 국가의 방조하에 다국적 생명공학기업은 개발이 완료되지 않은 제품을 3세계 여성을 상대로 실험을 하고 있습니다.

'따라잡기' 전략이 대안이 아님은 1세계가 잘 보여주고 있습니다. 자연 정복적인 개발이 1세계 사람에게 행복을 가져다주었느냐는 점과 관련해서 마리아 미스는 독일 여성으로 할 말이 많습니다. 1세계 사람들은 더 이상 굶주리지 않지만 그들이 가장 많이 앓는 병은 왜 우울증이고 온갖 흉흉한 범죄와 마약은 왜 근절되지 않는지 마리아 미스는 되묻습니다. 1세계의 이런 상황은 개발 우선주의와 시장 발전이 모든 문제를 해결해줄 것이라는 그릇된 믿음에서 벗어나야 할 필요성을 증명해주는 것입니다. 자연 정복적 성장주의가 '악개발maldevelopment'로 귀결되었음이 분명해진 이상 명확한 단절이 필요합니다. 자족적이고 자율적인 생계형 경제를 회복하는 것이 우리가 상상하는 미래라고 제시함으로써 이 책은 끝이 납니다.


지배하는 삶이 아니라
함께하는 삶이 미래입니다


《에코페미니즘》에서 인도 한 부족의 전래동화가 소개되는데 같이 살펴볼게요. 숲이 불타고 있는데 그 숲에 살고 있는 새가 그 숲을 떠나지 않는 거예요. 그래서 한 노인이 물어봤대요. 너 왜 떠나지 않았니? 이렇게 물어봅니다. "작은 새야, 왜 날아가지 않니? 날개가 있다는 걸 잊었느냐?" 그러자 새가 대답합니다. "할아버지, 여기 이 빈 둥지가 보이나요? 여기가 내가 태어난 곳이에요. 그리고 지저귀는 소리가 들리는 이 작은 둥지에서 내 작은 새끼를 키운답니다. 이 나무의 꽃에서 나오는 즙으로 새끼를 먹이고 나는 나무에서 익은 열매를 따먹고 살지요. 저 아래 숲의 바닥으로 떨어지는 새똥이 보입니까? 많은 어린 나무들이 거기서 자라날 것이고 이렇게 해서 나도 녹음이 퍼져나가는 걸 돕지요. 전에 내 부모들이 그랬고 나중에 나중에 내 새끼들이 그럴 것처럼요. 내 삶은 이 나무와 연결되어 있어요. 나무가 죽는다면 나도 함께 죽을 거예요. 날개가 있다는 걸 잊어서가 아니랍니다."(《에코페미니즘》, 196-197쪽)

불타는 숲에서 새가 나무를 떠나지 않는 이유를 한마디로 표현하자면, 우리가 개발주의와 지배자의 관점에서만 대상을 생각하면서 잊고 있던 공생의 윤리라 할 수 있을 것입니다. 인간과 자연의 공생이 가능해야 인간과 인간의 공생도 가능합니다. 지배의 문제를 탐색하다보니, 결국 우리는 또 '공생'을 키워드로 책을 계속 읽어나가야 하겠다는 생각에 이르게 되는군요. 《교양 고전 독서》의 두번째 책은 그리하여 함께 사는 삶을 주제로 하는 다음 권으로 이어집니다.

참고·인용 문헌
르네 데카르트, 《제일철학에 관한 성찰》, 이현복 옮김, 문예출판사, 2021.
아도르노, 호르크하이머, 《계몽의 변증법》, 김유동 옮김, 문학과지성사, 2001.
오드리 로드, 《시스터 아웃사이더》, 주해연·박미선 옮김, 후마니타스, 2018.

# 지배받지 않는 기술은
# 21세기가 요구하는 처세술입니다

우르의 왕 길가메시의 시대로부터 거의 5천 년에 가까운 세월이 흐른 후인 21세기입니다. 길가메시의 시대 이후 인류는 위대한 진보를 이룩한 것처럼 보입니다. 그것을 증명하는 찬란한 기술적 진보의 증거는 차고도 넘칩니다. 비행기의 등장으로 길가메시의 메소포타미아 지역은 한반도로부터 멀지 않은 곳이 되었습니다. 전기라는 인공 에너지 덕택에 밤과 낮의 구별이 무의미한 인공의 빛 속에 살고 있고, 휘발유로 움직이던 자동차를 뒤로하고 전기로 자동차가 움직입니다. 도시에 살고 있는 사람은 초고층 아파트에 살면서 고속 엘리베이터를 이용하고, 도시 내에서는 지하철로 이동하고, 초고속 열차가 도시를 서로 연결하고, 인간이 로켓에 로봇을 탑재해 화성을 탐사하게 하는 시대입니다. 우리는 최첨단 가전제품과 전자기기로 가사노동과 각종 업무를 스마트하게 해치웁니다. 길가메시 이야기를 메소포타미아 인들은 토판tablet에 기록했지만, 우리는 길가메시 이야기를 태블릿 피시tablet PC로 읽기에 이르렀습니다. 기술적 진보라는 측면에서 과거를 돌이켜보면 현재의 인류는 지구의 역사 이래 가장 경제적으로 풍요롭고 기술적으로 완벽한 시대를 살고 있는 듯합니다.

인류가 도달한 기술적 진보에 대한 찬사를 잠시 접고, 우리의 20세기를 냉정하게 되돌아보겠습니다. 기술적 혁신을 자랑하는 지난 세기의 포장지를 벗기면 파국에 파국이 더해진 파국의 산더미가 드러납니다. 국가 간의 갈등을 외교술로 해결하려는 의지와 능력이 없는 정치 지도자들이 손쉽게 전쟁이라는 방법을 선택했고, 그 선택이 대량살상 무기를 인간의 손에 쥐여준 기술적 진보와 맞물리면서 제1차 세계대전에서는 최대 2,500만 명(추정)이, 제2차 세계대전에서는 최대 8,500만 명(추정)이 희생되었습니다.

뿐만 아닙니다. 자연을 상품생산을 무료 원료 창고이자, 정복하여 경제적 이윤 획득을 위한 상품으로 개발해야 한다는 자연 지배 지향적 사고방식은 현재의 기후위기를 낳았습니다. 기술적 혁신의 속도와 달리 남성에 의한 여성 지배의 청산 속도는 거북이걸음을 면치 못하고 있습니다. 서양에 의한 비서양의 정신적·경제적 지배는 여전하여 비서양의 정신세계는 마땅히 받아야 할 대접을 받고 있지 못하고 전지구적 불평등은 가속화되고 있습니다. 일반의지를 제대로 반영하지 못하는 정당성을 상실한 정치적 지배는 문제를 해결하기는커녕 그 자체가 문제의 근원이 되고 있습니다.

체념하는 삶은 지배-피지배의 관계가 불가피한 인간의 운명

이라고 여깁니다. 하지만 반복되고 있는 각종 지배-피지배 관계
는 혹시 지배에 대해 인간이 끈질기게 묻지 않았고, 해결할 수
있다는 믿음으로 무엇인가 행하지 않았기에 만들어진 굴레가 아
닐까요? 《고전 교양 독서》 두번째 책에서 우리는 용기를 내어 지
배라는, 여전히 인간이 벗어나지 못하고 있기에 지속적으로 질
문할 수밖에 없는 '고전적' 질문에 대한 답을 '고전'에서 찾아내기
위해 노력했습니다.

'좋은 삶'은 자율적 삶을 전제로 합니다. 자율적 삶을 지향하
는 사람은 지배를 당연시하지 않고 지배의 정당성을 묻습니다.
'좋은 삶'은 그냥 '살아지는', 연명하는 삶이 아니라 모든 것을 당
연하게 여기지 않고 질문을 이어가는 교양적 삶을 오랜 시간 동
안 영위해야 도달할 수 있는 경지입니다. 그곳에 도달하려면 정
당하지 않은 지배를 알아채는 안목과, 각종 부당한 지배에 중단
명령을 내리는 용기도 필요합니다. 그것이 지행합일知行合一이라
는 고전적 이상을 현대적으로 계승한 21세기의 교양이고 21세기
를 살아내기 위해 요구되는 처세술입니다.

열 권의 책을 친구 삼아 그들의 이야기를 경청하며 함께 고
민해왔습니다. 그들과 함께 생각한 덕택에 식견이 조금은 더 넓
어진 것 같고 미처 생각하지 못했던 것들도 알게 되어 사유의 폭
또한 넓어진 느낌입니다. 이제 우리는 열 권의 책을 한자 '전典'
자의 의미대로 각자의 책상에 올려놓고 수시로 꺼내들어 펼쳐보
게 되겠지요. 그 과정을 통해 그저 유명한 책이었을 뿐인 고전,
책 이름만 들어서 알고 있었지만 읽을 엄두는 내지 못했던 고전

이 여러분 인생의 소중한 친구로 자리 잡기를 기대합니다.

＊

교양독서는 지혜를 쌓기 위한 기나긴 노력입니다. 그러하기에 교양독서는 계속 이어질 수밖에 없습니다. 친구로 삼을 만한 열 권의 고전을 통해 '지배받지 않은 삶'을 주제로 한 교양독서를 이 제 마치며 다음 교양독서의 질문을 생각해봅니다.

지혜를 쌓는 여정에서 우리가 다음으로 다룰 주제는 '함께 사는 삶'입니다. 그 주제를 향해 가는 길도 쉽지만은 아닐 터이니 마지막으로 다룬 마리아 미스와 반다나 시바의 《에코페미니즘》의 다음 문장에서 일단 에너지를 충전해봅니다. 그들은 '좋은 삶'의 가능성을 예전과는 다른 가치들, 즉 "타인 및 자연과의 경쟁 아닌 협동, 지구상의 모든 생명체와 그 다양성에 대한 존중, 인간 및 인간 아닌 존재의 주체성에 대한 믿음, 호전적인 사리사욕이 아닌 공동체적 합치"(《에코페미니즘》, 417쪽)에서 찾습니다. 그리고 또한 우리의 지성을 "정복하고 훼손하기 위해서가 아니라 보전하고 치유"(《에코페미니즘》, 26쪽)하기 위해 사용해야 한다고 권유했습니다.

우리는 '함께 사는 삶', 즉 '공생'을 주제로 하여 사유의 친구로 삼을 고전 열 권을 아주 오래된 책부터 현대적 문제의식을 담은 책에 이르기까지 다양하게 선정해 읽을 예정입니다.

인간 됨의 본원적 의미를 인간의 의무라는 개념에서 끌어내는 고대 로마의 철학자 마르쿠스 툴리우스 키케로Marcus Tullius Cicero의 《의무론》을 여는 생각으로 삼아, 함께 사는 삶에 대한 근대적 사유를 담고 있는 장 자크 루소Jean-Jacques Rousseau의 《사회계약론》과 토머스 모어Thomas More의 《유토피아》를 읽어낼 예정입니다. 인간과 인간 사이에서 공생하는 비지배 관계의 가능성의 실마리를 찾기 위해 마르셀 모스Marcel Mauss의 《증여론》을 상세히 살피겠습니다.

도시는 그 자체로 다양성의 공간입니다. 인간 다양성이 펼쳐지는 공간이 도시에서의 '함께 사는 삶'을 고민한 제인 제이콥스Jane Jacobs의 《미국 대도시의 죽음과 삶》을 정독한 후, 르네상스 문학의 걸작인 프랑수아 라블레François Rabelais의 소설 《팡타그뤼엘》과 《가르강튀아》를 통해 엘리트 중심의 세계에 의해 가려져 있던 민중적 삶에 다가가도록 하겠습니다.

교양 있는 사람은 세계를 향해 열린 인식을 갖고 있는 사람입니다. 《교양 고전 독서》 첫번째 책에서는 이븐 칼둔의 《무깟디마》를 통해 아랍문화권과 친숙해졌고, 두번째 책에서 에두아르두 비베이루스 지 카스트루의 《인디오의 변덕스러운 혼》을 통해 라틴아메리카에 다가갔다면 세번째 책에서는 월레 소잉카Wole Soyinka의 《오브 아프리카》를 통해 아프리카로 가보도록 하겠습니다.

인간들이 공존할 수 있는 방법은 없을까를 고민하기 위해 라인홀드 니버Reinhold Niebuhr의 《도덕적 인간과 비도덕적 사회》를 들춰보고, 비인간 존재와의 공생하는 삶의 가능성 고민하기 위해 도나 해러웨이Donna Haraway의 《트러블과 함께하기》, 린 마굴리스Lynn Margulis의 《공생자 행성》까지 읽으면 우리는 좀 더 나은 사람이 되어 있지 않을까요?

　빨리 여러분과 《교양 고전 독서》의 세번째 책에서 만나고 싶습니다.

# 니은서점 생각학교

생각학교는 인문사회과학 전문 독립서점 니은서점이 시민들과 함께하는 고전 읽기 교양 학교입니다. 언젠가는 꼭 읽어보고 싶은 잘 알려진 책이지만, 시간 부족으로 혹은 너무 두껍고 어렵다는 이유로 감히 완독에 도전하지 못했지만, 읽어두면 정말 좋은 책들이 있습니다.

10년을 살아남아 독립서점의 레전드가 되고 싶은 니은서점은 2022년에 이어 2023년에도 '지배받지 않는 삶'을 주제로 열 권의 고전을 시민들과 함께 읽는 생각학교를 열었습니다. 니은서점의 마스터 북텐더 사회학자 노명우가 고전을 먼저 읽고 교양독자가 고전을 읽어낼 수 있도록 매달 한 권씩 생각학교를 통해 소개했습니다.

니은서점과 물리적 거리가 있는 분도 참여하실 수 있도록 생각학교는 '줌 Zoom' 강의로 진행되었고, 생업으로 인해 라이브로 듣지 못하는 분을 위해 강의는 녹화되어 언제든 필요할 때 볼 수 있게 하였습니다. 생각학교와 함께하지 못했던 분들이 책을 통해서라도 참여하실 수 있도록 '생각학교 2023'은 《교양 고전 독서》 두번째 책이 되었습니다.

2024년 현재 '함께 사는 삶'을 주제로 생각학교가 계속 진행되고 있습니다. 2024년의 생각학교 강의록은 《교양 고전 독서》 세번째 책으로 세상에 선보일 예정입니다. 4년 과정의 생각학교는 2025년까지 이어집니다. 함께하실 분은 언제든 bookshopnieun@gmail.com으로 문의해주시기 바랍니다.

# 생각학교 2023와 함께한 친구들

| | | | | | | |
|---|---|---|---|---|---|---|
| 강경옥 | 강수미 | 강은경 | 권효진 | 김도경 | 김라희 | 김문정 |
| 김미숙 | 김미현 | 김선희 | 김성수 | 김아랑 | 김언정 | 김원경 |
| 김유민 | 김은경 | 김정화(시나브로) | | 김현주 | 김혜련 | 남기평 |
| 류소영 | 박세경 | 박오순 | 박현희 | 백나은 | 백정민 | 서지연 |
| 송수림 | 심슬기 | 안미향 | 양은숙 | 우명화 | 윤선덕 | 윤영훈 |
| 이수경 | 이지연 | 임경아 | 전현주 | 정미진 | 정원이 | 정은주 |
| 정진희 | 조은정 | 최주영 | 한보경 | 한상원 | 함상원 | 홍지흔 |

교양 고전 독서 두번째

1판1쇄 펴냄 2024년 12월 30일

지은이 노명우

펴낸이 김경태
편집 조현주 홍경화 강가연
디자인 박정영 김재현
마케팅 유진선 강주영 정보경

펴낸곳 (주)출판사 클
출판등록 2012년 1월 5일 제311-2012-02호
주소 03385 서울시 은평구 연서로26길 25-6
전화 070-4176-4680   팩스 02-354-4680
이메일 bookkl@bookkl.com

ISBN 979-11-94374-16-9 04300
ISBN 979-11-92512-31-0 04300 세트

출판사 클의 책을
만나보세요.